장애유아 통합교육

양명희 저

학지사

머리말

『장애유아 통합교육』은 교사가 유아교육현장에 통합되어 있는 장애유아를 더 잘 이해하고, 장애유아를 일반유아의 활동에 최대한 의미 있게 참여시켜서 발달이 이루어지도록 교육하는 방법을 설명하기 위한 책이다.

이 책은 크게 3부로 되어 있다: 제1부 유아발달의 이해, 제2부 장애유아의 이해, 제3부 장애유아 통합교육의 이해와 실제. 구체적으로 살펴보면, 제1부인 제1장과 제2장은 전형적인 유아발달 과정에 대한 이해를 바탕으로 장애유아의 발달을 이해할 수 있도록 유아발달의 저해 요인과 유아의 발달영역별 발달과정을 설명하였다. 그리고 제2부에 해당하는 제3장부터 제6장까지는 장애유아에 대한 전반적인 이해를 돕기 위해 통합교육현장에서 자주 만나게 될 장애유형별 특성과 그 특성에 따른 특별한 지도방법을 설명하고, 장애유아의 가족(부모와 형제자매)을 이해하고 장애유아 통합교육과 관련 있는 전문인력(유아교사, 유아특수교사, 보조인력, 언어재활사, 작업치료사, 물리치료사)의 역할을 이해할 수 있도록 설명하였다. 제3부인 제7장부터 제13장까지는 장애유아 통합교육에 대한 기본 개념에서부터 이론과 실제까지를 담고 있다. 구체적으로 통합교육에 대한 개념적 설명, 장애유아 통합교육을 위한 사회적 · 물리적 환경구성, 일반유아교육과 유아특수교육 그리고 장애유아 통합교육의 교수전략, 유아교육기관의 일과와 활동 속에서 장애유아를 교육하는 방법, 장애유아의 행동지원을 위한 연속적 지원체계와 기대행동 지도, 통합교육을 위한 교사의 대화방법을 설명하였다.

이 책은 예비유아교사로서 장애유아 통합교육현장에 나갈 준비를 하는 학부 학생들을 위한 것이다. 예비유아교사가 졸업 후 만나게 될 유아교육현장은 자신이 장애유아를 교육할 자격과 준비를 갖추었는가와 상관없이 장애유아를 교육해야 하는 상황이 점점 증가하고 있는 것이 현실이다. 이러한 현실 속에서, 학생들이 이 책으로 공부하면서 미래의 통합교육현장에 들어가서 겪을 수 있는 많은 어려움에 대해 지혜롭게 대처할 수 있겠다는 안정감과 장애 종류와 정도에 상관없이 어떤 유아를 만나든지 당황하지 않고 환영하는 태도로 그들을 지도할 수 있겠다는 자신감을 갖출 수 있게 되기를 감히 소망해 본다. 물론 이 책이 모든 장애유아를 충분히 교육할 수 있는 내용을 전부 포함하고 있지는 못하지만, 만나게 될 모든 유아의 필요를 민감하게 알아차리고 적절하게 그 필요를 채워 주는 것의 중요성을 분명하게 깨닫고, 모든 유아가 함께 더불어 즐겁게 성장할 수 있는 장애유아 통합교육을 실행할 수 있는 역량의 기초를 닦을 수 있게 되기를 간절히 바란다. 그리고 통합교육의 현장에서 만날 아이들을 마음으로 미리 만나 보고 기대하며 기다리게 되기를 바란다.

이 책의 집필과정 동안 묵묵히 기다려 주고 세심하게 기꺼이 보살펴 준 사랑하는 가족에게 마음 깊은 감사를 드린다. 그들의 사랑은 나에게 나의 어떠함과 상관없이 품어 주고 기다려 주는 것이 무엇을 이루어 낼 수 있는지를 분명하게 보여 주었다. 또한 이 책의 출판을 허락한 학지사의 관계자 여러분과 이 책을 갖고 싶고 읽기 쉽도록 세련되고 편안하게 디자인하고 편집하기 위해 더위 속에서도 지루한 과정을 잘 견뎌 준 편집위원들에게 진심으로 감사

한다. 그리고 이 땅에 태어난 모든 어린이는 한 생명도 예외 없이 사랑받고 존중받아야 함을 온몸으로 보여 주며 가르쳐 준 모든 이에게 무한한 감사를 드린다.

즐거워하는 자들로 함께 즐거워하고
우는 자들로 함께 울라
(로마서 12:15)

2021년 여름
코로나19의 종식을 기다리며
양명희

차례

제2부 장애유아의 이해

제3장 영유아기 장애유형별 특성 _ 65

제4장 영유아기 장애유형별 특성에 따른 지도방법 _ 85

제1부 유아발달의 이해

제1장 유아발달의 기본적 이해

제2장 유아의 전형적 발달과정

제1장

유아발달의 기본적 이해

유아발달에 관한 기본적 지식을 바탕으로 우리는 장애유아들이 궁극적으로 무엇을 필요로 하는지 이해할 수 있다. 유아발달에 대한 기본 지식에는 일반적 발달의 원리, 전형적 발달의 과정, 전형적 발달과정의 방해 요인 등이 있다. 전형적인 발달이라는 표현에서 전형성이란 동일 연령대의 또래와 비교하여 일반적인지 일반적이지 않은지를 의미하는 일반성 또는 보편성을 의미하는 것이다. 여기에서는 유아발달의 개념과 원리 그리고 발달을 저해하는 요인들을 살펴보고, 유아의 전형적 발달과정은 다음 장에서 살펴본다.

1. 발달의 개념과 원리

Shaffer와 Kipp(2010)은 발달이란 '수정에서 사망할 때까지 개인에게 일어나는 체계적인 연속성과 변화'라고 했다. 발달은 시간의 흐름에 따른 질서 있는 변화를 의미한다는 것이다. 우리나라의 국어사전에서는 발달을 "신체, 정서, 지능 따위가 성장하거나 성숙하는 것"이라고 정의하고 있다. 여기에서 성장은 주로 양적 증가의 변화를 의미하고, 성숙은 성장을 기초로 하여 나타나는 질적 변화를 의미한다. 그렇다면 발달이란 사람이 수정부터 사망에 이르기까지 이러한 양적 변화와 질적 변화가 일관성 있게 일정한 순서대로 더 높은 수준의 기능을 보여 주면서 나타나는 것이라고 할 수 있다. 즉, 발달에는 예측 가능한 순서와 기간이 있다는 뜻이다. 그러므로 무작위적이고 일시적인 변화는 발달이라고 할 수 없다. 또한 발달의 과정은 생물학적 영향과 환경적 영향이 상호작용하여 긍정적으로 이루어지기도 하고 부정적으로 이루어지기도 하기 때문에, 발달은 다양한 변동성(variability)을 가져오게 된다. 이러한 다양한 변동성에도 불구하고, 유아의 모든 발달에는 다음과 같은 원리가 적용된다(Hooper & Umansky, 2011; Mahoney & Mahoney, 2010).

1) 단계적이고 순차적으로 발달함

발달적 변화는 단계적으로 이루어지며, 순서대로 순차적으로 이루어진다. 그리고 이전에 성취된 것은 다음 발달단계에서 이루게 될 성취의 기초가 된다. 예를 들어, 앉을 수 있게 된 다음에 설 수 있고, 설 수 있게 된 다음에 걷고 뛸 수 있게 된다. 이는 앉을 수 없으면 설 수 없고, 설 수 없으면 걸을 수 없으며, 걸을 수 없으면 뛸 수 없다는 뜻이 된다.

2) 유아마다 서로 다른 속도로 발달함

발달의 순서는 일정하게 이루어져도, 그 속도는 유아에 따라 다르다. 유아가 성취해야 할 각 발달영역별 기술에 대한 일반적인 기대연령이 있지만, 모든 유아가 정해진 일정한 시기에 기대수준을 보이는 것은 아니다. 예를 들어, 모든 아이는 뒤집고 앉고 서고 걷는 순서로 발달하지만, 그 진행 속도는 아이마다 다르다. 즉, 뒤집기 시작하거나 걷기 시작하는 시기는 아이에 따라 다를 수 있다.

3) 일정하지 않은 속도로 발달함

발달의 속도는 발달영역에 따라 일정하지 않다. 특정 기술이 빠르게 발달하는 시기가 있다. 예를 들어, 언어를 빠르게 습득하는 시기와 키가 빠르게 성장하는 시기는 다르다. 그리고 한 발달영역 안에서도 발달의 속도는 일정하지 않다. 예를 들어, 한 사람의 신장과 체중의 발달은 평생 동안 꾸준히 일정한 속도로 증가하지 않는다. 키와 몸무게의 증가는 출생 후부터 1년까지와 청소년기에 그 어느 때보다도 급속도로 이루어진다. 언어발달의 경우에도 유아의 어휘가 갑자기 늘어나는 특정한 기간이 있다.

4) 분화된 기능으로 발달함

발달은 기능이 점차 분화(differentiation)된다. 일반적인 것에서 특정한 것으로, 단순한 것에서 복잡한 것으로 발달이 이루어진다. 즉, 몸 전체를 사용하는 것에서부터 분화되어 정교한 행동으로 발달이 진행되는 것이다. 예를 들어, 영아는 놀랄 때 몸 전체가 긴장되고 팔이 벌어지는 반면, 좀 더 자란 유아는 놀랄 때 오직 어깨와 목 근육만 긴장한다. 쥐기 기술도 처음에는 손 전체를 사용하여 쥐다가 점차 엄지와 집게 손가락을 사용하여 쥐는 분화된 기술로 발달한다. 영아는 울음으로 욕구를 표현하다가 점차 단어와 문장으로 말을 하며 의사표현의 발달이 이루어진다.

5) 신체 발달은 일정한 방향으로 발달함

유아의 신체적 기술 습득에 크게 기여하는 신경학적 발달은 일정한 방향이 있다. 위에서 아래로 발달하는 두미(cephalocaudal)방향 발달은 신체통제능력, 즉 운동의 의도적인 조절능력이 머리에서부터 발쪽 방향으로 진행되는

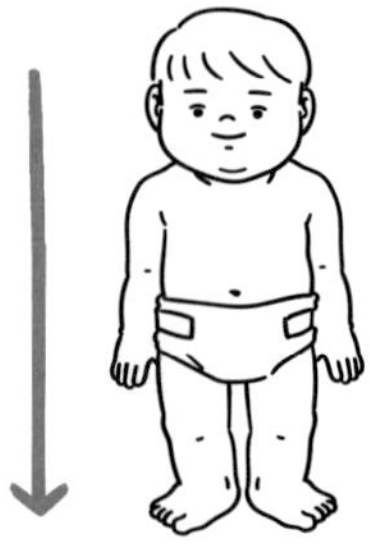

그림 1-1 두미방향의 발달

것을 뜻한다([그림 1-1] 참조).

그래서 영아는 충분히 잘 서서 걸을 수 있을 만큼 엉덩이를 조절할 수 있기 전에 머리를 들고 조절하는 것을 먼저 배운다. 머리, 상복부, 팔의 통제능력을 획득하고 나서 하복부와 다리를 자유롭게 통제할 수 있게 된다는 것이다.

머리 들기 → 몸통 균형 잡기(앉기) → 서기 → 걷기

또한 중앙에서 바깥으로 발달하는 근원(proximodistal)방향 발달은 몸의 중심부터 손가락 바깥쪽인 말초 쪽으로 발달해 가는 것을 뜻한다([그림 1-2] 참조).

그림 1-2 근원방향의 발달

그래서 영아는 상체(몸통)의 통제능력을 습득한 후에 팔, 손목, 손, 손가락의 순서로 통제능력을 습득한다.

상체(몸통) → 팔 → 손목 → 손 → 손가락

즉, 대근육의 사용능력과 숙달능력이 이루어진 다음에 소근육 사용능력과 숙달능력이 이루어지는 것이다. 소근육의 움직임은 큰 패턴에서 좀 더 미세하고 구체적인 패턴으로 발달한다([그림 1-3] 참조). 이는 앞에서 설명한 대로 분화된 기능으로 발달이 진행되는 것을 뜻한다. 딸랑이를 잡을 수 있는 것과 연

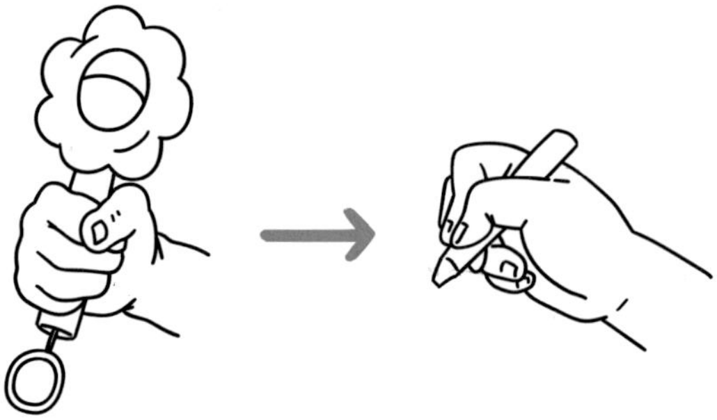

그림 1-3 소근육 움직임의 정교화

필을 쥘 수 있는 것을 비교해 보면 쉽게 이해할 수 있다. 영아가 처음 장난감을 잡을 때는 손 전체를 사용하고 힘도 약하지만, 발달하면서 물건을 잡기 위해 좀 더 의도적으로 손 위치와 손가락 패턴을 조금씩 다르게 사용하기 시작한다.

6) 발달에는 최적의 시기가 있음

발달에는 변화가 일어날 수 있는 중요한 시기가 있다. 이를 설명하기 위해 사용된 용어에는 '결정적 시기' '민감한 시기' '최적의 시기' 등이 있다. 결정적 시기(critical periods)란 어떤 사건의 출현이나 결여가 발달에 지대한 영향을 주게 되는 특정한 시기를 말한다. 즉, 특정 기술과 능력이 발달하면서 신경 세포가 빠르게 성장하는 시기를 의미한다. 그러나 결정적 시기라는 용어는 그 시기를 지나 버리면 복구가 어렵다는 의미를 내포하고 있다. 그래서 중요한 시기의 영향으로 인한 손상이 영구적이기보다는 그 이후의 경험으로 극복할 수 있다는 의미로, 환경 내의 특정한 자극에 대해 특별히 더 민감한 시기라는 뜻을 담은 민감한 시기(sensitive periods)라는 용어를 사용하자는 제안도 있다. 또한 발달상 중요한 변화가 일어날 수 있는 가장 좋은 때라는 의미를 담은 최적의 시기(best periods)라는 용어를 사용하기도 한다. 세 가지 용어의 공통된 의미는 정상 발달이 순조롭게 이루어지기 위해서는 특정한 환경에서 특정한 자극을 받아야 할 시기가 있다는 것이다. 이러한 시기에 필요한 특정한 자극을 충분히 받지 못하면 발달이 방해 받기 매우 쉽다는 뜻이다. 예를 들어, 언어발달의 최적의 시기 동안 언어에 노출되는 언어적 경험이 부족하거나 없게 되면 그 시기를 지나서 언어를 배우는 것은 매우 어려워진다. 또 다른 예로, 애착 형성 시기에 주양육자와 안정적인 애착을 형성하지 못하면, 이후의 대인관계나 사회적 적응에 어려움이 있을 가능성이 높아진다.

7) 발달영역의 기능은 상호 연관되어 있음

발달은 영역별로 서로 밀접한 관련이 있다. 그러므로 발달영역들은 서로 분리하여 논의할 수 없다. 생물학적 발달은 인지발달에 영향을 미치고, 인지발달은 사회·정서적 발달에 영향을 미친다. 예를 들어, 두뇌발달 없이 인지와 언어 발달이 이루어질 수 없으며, 인지와 언어 발달 없이 사회·정서의 발달을 기대하기 어렵다. 모든 발달영역은 각각 분화되어 발달하면서도 동시에 서로 연관되어 통합적으로 발달을 이루어 간다.

8) 발달은 유전과 환경의 영향을 받음

유전과 환경은 발달에 영향을 준다. 유전은 한 유아의 신체적·성격적 특성에 영향을 많이 주는 것이 사실이지만, 유아를 둘러싼 사회, 문화, 가족의 영향도 유아의 발달에 지대한 영향을 준다. 바람직한 환경은 유아가 자신의 잠재력을 끝까지 성취할 수 있게 도와주지만, 열악한 환경은 유아가 자신의 잠재력을 성취하는 것을 방해한다. 저마다의 타고난 개인적 특성과 발달 시기마다 주어지는 환경의 결합에 따라 발달 경로는 매우 다양하게 나타날 수 있도록 열려 있다. 그러나 시간이 지남에 따라 변화할 수 있는 능력과 기회가 줄어들면서 발달 경로는 점점 좁아진다.

2. 유아발달의 저해 요인

유아의 발달을 저해하는 요인들은 임신하기 전부터 임신 중, 출산 중, 출산 후까지 어느 시점에라도 다양하게 존재한다. 여기에서는 유아의 발달을 저해하여 장애의 출현률을 높일 가능성이 있는 주요 요인들을 중심으로 살펴본다.

1) 임산모의 나이

여성의 생식 능력은 30대 초반부터 중반 사이에 감소하기 시작하며, 35세를 넘어 고령이 될수록 산모나 태아에게 여러 가지 위험이 올 수 있는 가능성이 증가한다(Auyeuna, Klein, Ratts, Odem, & Williams, 2001; Hooper & Umansky, 2011; Wu, Croen, Shah, Newman, & Najjar, 2006). 임산모의 나이가 많으면 근육 경직도나 관절 유연성이 떨어져서 출산 시 난산이 되거나 제왕절개 출산을 할 가능성이 커진다. 그리고 임산모의 연령이 35세를 넘으면 임신중독증을 갖게 될 가능성도 커지고, 산모가 고혈압, 당뇨, 순환계 질환, 산후출혈 등의 어려움을 겪을 확률도 높아지며, 신생아가 출생 시 저체중이거나 뇌성마비, 선천성 기형 등 여러 가지 비정상성이 나타날 확률이 높아지고, 특히 다운증후군을 지닌 아이를 낳을 가능성이 높아진다. 또한 35세 이상의 고령에 임신하는 것은 재태 연령(gestational age)에 영향을 주기 때문에 조산할 가능성도 커지고, 사산 또는 유산의 가능성도 높아져서 주산기(perinatal period)에 사망할 가능성도 커진다.

- 재태 연령: 재태기간, 즉 태아가 자궁에 있었던 기간, 또는 임신주수를 의미하며, 태어나기 전 태아의 나이를 뜻함
- 주산기: 재태 연령 22주부터 신생아 출산 이후 28일까지를 뜻함

2) 임산모의 영양상태

임산모의 적절한 영양상태는 모체와 태아 모두의 건강에 대단히 중요하다(Mahajan et al., 2006). 따라서 여성은 사춘기부터 가임기 동안 자신의 영양섭취 습관에 대해 필히 관심을 가져야 한다. 임산모가 영양이 부족하면 태아의 발달에 필요한 영양을 충분히 공급해 주지 못하게 되거나 모체의 건강이 약화되어서, 결국은 자궁 안의 환경이 약화된다. 그러면 태아는 약화된 자궁 환경에 적응하려는 전략을 갖게 된다. 태내 영양공급이 부족하면 태아의 뇌는 출생 후 외부의 상황이 열악할 것을 본능적으로 예측하고, 그 상황에 적응하기 위해 자궁의 영양 결핍 상황을 자신의 몸에 맞도록 모든 체계를 미리 프로그래밍하는 태아 프로그래밍(fetus programming)이 이루어진다(유중근, 2018). 즉, 태아는 출생 이후의 풍요롭지 못할 환경에 더 잘 적응하려고 영양분을 지방으로 바꾸어 체내에 저장하여 준비하는 효율적 에너지 저장 전략을 갖게 되는 것이다. 하지만 출생 이후의 환경이 태아가 예측했던 것과는 달리 풍요로운 영양 공급이 가능하게 되어도 태내에서 형성했던 에너지 저장 전략 때문에 과도한 지방이 축적되어 성장 이후 비만이나 성인병에 걸릴 확률이 높아지게 된다.

- 태아 프로그래밍: 임신기간의 자궁 내 환경이 태아의 출생 이후의 삶에 지속적으로 영향을 미치도록 하는 영구적 조건을 태아에게 프로그램한다는 이론을 뜻함

임신기간에 엄마와 태아는 태반을 통해 여러 물질을 교환하므로, 엄마가 식사를 통해 섭취하는 영양은 태아의 발달에 큰 영향을 준다. 이 기간에는 영양이 양적으로도 질적으로도 증가해야 한다. 질적으로는 단백질, 비타민, 미네랄이 균형 있게 공급되어야 하며, 양적으로는 충분한 칼로리의 음식을 섭취해야 한다. 보통 식사를 잘 하고 있는 임산모라도 영양이 질적으로 균형 있게 적절히 섭취되고 있는지 주의해야 한다. 예를 들어, 엽산은 신경관 결함을 예방하는 중요한 영양소이고, 리보플라민은 산후우울증 예방에 도움이 되고, 콜린은 세포막을 구성하는 물질로 기억을 관장하는 신경전달에 필요하고, 이오다인은 산모와 태아의 갑상선 기능에 영향을 주고, 칼슘은 아이의 골밀도와 관련이 있으며, 항산화제(특히 비타민 E와 아연)는 태아의 호흡기에 영향을 준다(Herbert, Dodds, & Cefalo, 1993). 임산모의 영양섭취는 임신기간 어느 때나 다 중요하지만, 임신기간 중에서 임신 2/3분기와 3/3분기의 영양섭취는 태아 성장에 중요한 영향을 많이 준다(Winick, 1971). 특히 임신 3/3분기에 영양이 불충분하면 태아의 두뇌세포를 많게는 40%까지 영구적으로 감소시킬 수 있어서, 그 이후에 영양섭취를 늘려도 두뇌세포의 수는 늘지 않는다.

임신기에 영양이 결핍되는 것도 문제이지만 영양이 과한 것도 문제가 된다(Institute of Medicine, National Academies of Science, 1990). 임신한 여성의 과체중이나 비만은 태아와 태반의 성장을 느리게 만들 수도 있고, 신생아의 과체중으로 이어질 수도 있다. 또한 출산 시간의 지연, 출생 시 어깨 탈골, 제왕절개, 출생 외상, 질식 등과도 관련이 있을 수 있다. 따라서 임산모는 영양소의 균형 잡힌 식단으로 적절한 양을 섭취할 필요가 있다.

3) 임산모의 질병

임산모의 질병은 임신 1/3분기에 태아에게 가장 큰 영향을 미친다. 그 이유는 이때가 태아의 조직과 신체기관이 형성되는 결정적 시기이기 때문이다. 일반적으로 태아의 발달을 저해할 수 있는 모체의 질병으로 알려진 것들은 성병, 톡소플라즈마, 임신중독증, 이식증, 수두, 이하선염, 결핵, 성홍열, 요도감염, 풍진 등이다. 이 중에서 풍진은 모체에게 미치는 영향은 미미할지라도 태아에게는 치명적 영향을 끼쳐 심장기형, 심장병, 소두증, 지적장애, 시각장애, 청각장애 등을 초래할 수 있다. 임신중독증의 문제는 혈관의 수축이다. 혈관의 수축에 의해 혈압이 오르게 되고, 여러 장기로의 혈액공급도 원활치 못하게 되어 콩팥, 간, 뇌 등 주요 장기들도 손상을 받게 되며, 아울러 태반으로의 혈류공급도 저하되어 태아의 발육도 나빠지게 되는 것이다.

또한 임산모가 앓는 당뇨도 태아에게 부정적 영향을 줄 수 있다(Magee, Walden, Benedetti, & Knopp, 1993). 임신 중 당뇨가 중요한 이유는 포도당이 태아발달에 핵심이 되기 때문이다. 태아는 포도당을 모체의 태반을 통해 나오는 혈액에 전적으로 의존하고 있는데, 모체의 순환되는 포도당 수준이 너무 높거나 낮으면 태아는 그런 조건에 적응할 수밖에 없고, 이런 조건이 결국 태내 기형(예: 무뇌증, 이분척추증, 심장기형 등)을 발생시킬 수 있다. 임산모 당뇨는 임신성 당뇨와 임신 전 당뇨로 나눌 수 있는데, 임신성 당뇨는 임신기간 중에만 나타났다가 출산 6주 후면 사라지는 것으로 임산모의 질병으로 간주하지는 않는다. 그러나 임신 전 당뇨는 모체의 질병으로 분류되며, 혈당조절이 잘 안 되었다면 수정 순간부터 태아에게 영향을 주기 시작한다. 그런데 임산모가 당뇨가 있는 경우, 임신성 당뇨이든지 임신 전 당뇨이든지 거대아, 저체중아, 조산아를 낳을 가능성이 상대적으로 높다. 거대아는 분만 도중 출산의 어려움 때문에 상완 신경총(brachial plexus)에 마비가 오거나 질식과 같은 외상, 청소년기 비만으로 이어질 수도 있다.

- 상완 신경총: 목과 어깨 근처에서 기원하는 신경들의 망상조직으로, 이 신경들은 목의 척수에서 시작하여 손과 손목, 팔꿈치, 어깨운동과 감각을 조절함

4) 임산모의 감염

태반은 임산모가 감염되어도 그 감염의 영향이 태아에게 미치지 못하도록 하는 역할을 한다. 그러나 어떤 감염은 태반을 통과하여 태아에게 직접 영향을 미치는 것이 있다. 태아에게 치명적일 수 있는 모체의 감염은 매독, 주혈원충병(toxoplasmosis), 풍진, 사이토메갈로 바이러스, 단순포진 바이러스 등이 있다.

매독은 그 균이 태반을 뚫고 태아에게 감염되거나 출산 시 출산 경로를 통해 감염될 수 있다. 매독균은 신생아의 신경계 및 순환계 발달 저해로 심장병, 청각장애, 백내장, 골격 이상 등의 다양한 증상을 보일 수 있다. 일반 성인이 주혈원충에 감염될 때는 감기처럼 가볍게 지나갈 수 있지만, 임산모가 감염되면 태아가 뇌손상이나 지적장애나 경련장애를 동반한 수두증을 보일 위험에 처할 수 있다. 주혈원충은 고양이나 기타 포유류, 몇 종류의 새에게서 발견되는 원생동물에 의해 감염되며, 육류를 날 것으로 먹거나 고양이 배설물에 접촉하는 경우 감염될 수 있다.

- 수두증: 뇌척수액의 흡수나 흐름에서 문제가 생기거나 뇌척수액이 과도하게 생산되어서 많은 양의 뇌척수액때문에 뇌에 압력이 가해져 두개골이 팽창되고 뇌압이 상승하는 것으로, 머리둘레가 비정상적으로 커지는 것과 같은 여러 증세를 보임

후천성 면역결핍증(acquired immuno-deficiency syndrome: AIDS)의 영향도 매우 심각하다(Deiner, 1997). AIDS는 인간면역결핍 바이러스(human immunodeficiency virus: HIV)가 태반을 통해 태내에서 혹은 출산 중에 태아에게 전달되거나 모유수유를 통해 전달된다. HIV는 신체의 면역체계에 영향을 미치는 것으로, 사람을 여러 가지 질병에 취약하게 만든다. 따라서 HIV를 전달받은 아이는 면역체계가 약해져서 기회감염으로 사망하는 경우가 많다.

• 기회감염: 건강한 사람에게는 감염 증상을 유발하지 않지만 극도로 쇠약하거나 면역 기능이 감소된 사람에게 감염증상을 일으키는 것

5) 임신 중 약물복용과 독성물질 노출

임산모와 태아는 태반의 혈액체계에 의해 서로 연결되어 있기 때문에 임산모가 복용한 약물은 태반을 통해 태아에게 전달된다. 그런데 태아는 약물의 독성을 분해하거나 완화시킬 능력이 없기 때문에 약물 효과가 증대되며 약물의 영향을 직접 받게 된다. 약물의 직접적 영향 외에도 임산모가 복용한 약물이 태반을 통과하는 다른 물질을 변화시키도록 유도할 수 있다. 예를 들어, 엄마가 복용한 혈압 강하제가 태아에게 공급되는 산소량을 감소시킬 수 있다.

산모가 납이나 수은 같은 환경적 독성물질에 노출되거나 알코올이나 담배 또는 기타 약물을 복용하는 것이 임신 초기에 발생할 때 태아의 발달에 더 심각한 부정적 영향을 준다(Trask & Kosofsky, 2000). 여성들이 가장 많이 사용하는 약물로 알려진 것이 알코올인데, 알코올은 특히 임신 초기에 매우 위험하다. 알코올은 태반을 거쳐 태아의 순환계통으로 들어가게 되는데, 태아는 알코올 대사에 필요한 알코올 탈수소효소가 없기 때문에 태아에게 흡수된 알코올이 그대로 누적되어 태아의 체내 알코올 농도가 높아진다. 그러면 알코올에 노출된 태아의 신경세포들은 본래 유도되어야 할 위치가 아닌 다른 위치에 배열되어 정상적인 두뇌발달 기능을 방해할 수 있다. 이는 마치 술 취한 사람이 다른 집을 자기 집으로 착각하는 것같이 신경세포들이 방향을 잃고 다른 곳에 정착하는 문제를 일으켜 두뇌발달을 방해하게 되는 것이다. 이 과정에서 아미노산이나 기타 필요한 영양소가 엄마에게서 아이에게 전달되는 것이 방해를 받기 때문에 태내 저산소혈, 두뇌의 무게 감소, 두뇌기형 등이 발생하여, 자궁 내 성장 부족, 출생 시 저체중, 심장기형, 소두증, 태아의 작

은 키, 향후 인지발달의 지체 등을 일으킬 수 있다. 또한 알코올을 남용했던 여성은 태내알코올증후군(fetal alcohol syndrome: FAS)을 가진 아이를 낳을 수 있다. 그뿐만 아니라 태내 알코올 노출이 출생 후 알코올의 선호도에도 영향을 줄 수 있고, 뇌의 시스템을 스트레스에 취약하도록 변형시켜 출생 이후에 우울증이나 공황장애를 경험할 가능성을 높인다.

임신 중 흡연도 위험하다. 담배가 태아에게 미치는 부정적인 영향들을 태아담배증후군(fetal tabaco syndrome: FTS)이라고 한다. 담배 속에 있는 니코틴은 태아의 헤모글로빈에 붙어서 혈관을 수축시켜 태아가 사용할 수 있는 산소의 양을 줄인다. 그 결과, 저체중으로 태어나거나 유산, 조산, 사산될 확률을 높이며, 아이가 집중력에 어려움을 보일 수 있다. 그뿐만 아니라 흡연은 '영아돌연사증후군'의 위험률을 두 배로 높인다. 이는 출생한 이후일지라도 아기에게 미치는 위험률이 크다는 것이다. 그리고 태아와 영아를 위한 금연 규칙은 임산모에게만 적용되어야 할 것이 아니라 관련된 모든 사람에게 적용되어야 한다. 왜냐하면 간접흡연도 직접흡연과 거의 동일하게 태아의 저체중 현상이나 영아돌연사증후군 같은 위험한 결과를 가져오기 때문이다.

- 영아돌연사증후군: 영아의 질병에 의한 것이 아니라, 영아의 수면 중에 발생하는 예기치 못한 급작스러운 죽음을 의미함

알코올이나 담배 외에도 마리화나, 헤로인, 코카인 등의 약물도 태아에게 매우 해롭다. 특히 헤로인은 빠르고 쉽게 태반을 통과하기 때문에 아이가 헤로인에 중독된 채로 태어나게 한다. 임신한 여성은 태아를 위해 불필요한 약물은 약국에서 파는 약물일지라도 어떤 것이든 함부로 복용해서는 안 되며, 모든 약물은 의사의 철저한 감독과 지도 아래에서 사용해야 한다.

6) 임산모의 정서상태

우울한 엄마에게서 태어난 아이들은 그렇지 않은 엄마들에게서 태어난 아이들보다 우울이나 다른 정신병리학적 문제를 지닐 확률이 높다(Diego, Field, & Hermandez-Rief, 2005). 임산모가 우울증, 불안장애, 또는 만성적 스트레스에 시달리면서 감정 조절에 실패하면 태아 역시 감정 조절에 취약한 상태가 된다. 그렇게 되는 과정을 설명하면, 임산모가 스트레스를 받으면 임산모의 코르티솔이 증가하여 혈관이 수축하게 되고, 태내로 유입되는 산소나 혈액량이 줄어들게 되므로, 태아에게 영양분 공급이 원활하지 않게 되어 태아의 스트레스 반응이 증가하게 되고, 태아의 코르티솔 수치가 올라가게 되어 결국 스트레스에 취약한 태내 시스템을 형성하게 된다는 것이다. 즉, 엄마의 스트레스 호르몬 분비가 출생 전후의 아기에게 영향을 주는 것이다.

임산모 스트레스의 또 다른 태내 영향은 여아의 뇌는 남성화되는 반면 남아의 뇌는 여성화된다는 것이다(유중근, 2018). 임신 중에 분비되는 남성 호르몬 테스토스테론에 의해 태아의 성이 결정되는데, 만약 임산모가 스트레스를 받게 되면 테스토스테론 분비가 억제되어 성 분화에 영향을 미치게 된다. 특히 남아의 경우 여아보다 뇌 발달이 서서히 일어나기 때문에 스트레스의 영향이 더 클 수 있다. 따라서 임산모는 스트레스가 만성화되거나 심해지지 않도록 특별히 주의할 필요가 있다.

7) 유전자 이상

유전적 문제로 선천적 기형이 태어나는 세 가지 경우는 상염색체 유전, 반성유전, 염색체 기형이다(Batshaw, Pellegrino, & Roizen, 2007). 첫째, 상염색체 유전(autosomal inheritance)은 부모의 형질이 자녀에게 유전되는 자연스러운 과정으로 열성유전과 우성유전이 있다. 상염색체 열성유전으로 문제가 되는 경우는 양쪽 부모 모두 열성유전자를 보유하고 있을 때 그 자녀에게 나타나는 것으로, 발생 확률은 25%이다. 그 예가 페닐케톤뇨증(phenyketonuria: PKU)이다. 페닐케톤뇨증은 페닐알라닌이라는 단백질의 일종을 처리하지 못하는 것으로 그 과정에서 독소를 만들어 신경발달에 해를 가하는 것이다. 태아는 출생 전까지는 태반을 통해 잉여물질을 자유로이 배출할 수 있기 때문에 이러한 대사문제의 영향을 받지 않지만, 출생 후에 조치를 취하지 않으면 중추신경계가 손상되고 1세경에 지적장애를 초래한다. 상염색체 우성으로 문제가 되는 경우는 부모 중 한 명만 우성유전자를 가지고 있으면 유전자가 발현하는 것이므로, 확률은 50%가 된다. 신경섬유종이 그 예이다. 신경섬유종은 피부에 커피색 반점이 나타나는 것인데, 나이가 들면서 반점은 더 커지고 수도 늘어나며 색도 진해진다. 증상의 정도는 매우 다양해서 아주 경미한 경우부터 심각한 발달상의 장애를 초래하기까지 한다.

둘째, 반성유전(X-linked inheritance)은 X 또는 여성 염색체에 존재하는 유발 유전자 때문에 발생하는 것으로, 여성은 보유자가 되고 남성은 유전병을 갖는 것으로 나타난다. 그러한 예는 약체 X증후군(Fragile-X syndrome)이다. 그 심각성의 정도는 경증에서 중증까지 매우 다양하고 광범위하다. 약체 X증후군은 남성의 대표적인 지적장애의 원인이며, 머리가 크고 얼굴이 길고 좁으며, 이마와 턱이 약간 튀어나오고, 코가 넓고, 귀가 크며, 손이 크고 끝이 가늘어지지 않는 것과 같은 신체적 특성을 보인다.

셋째, 염색체 기형(chromosomal malfomations)이란 염색체 수가 23개보다 늘거나 줄었을 경우 또는 손상되었을 경우 기형이 발생하는 것을 의미한다. 대표적인 예가 다운증후군이다. 다운증후군은 세포의 감수분열 과정에서의 비분리 현상이나 유전인자의 전위로 인해 21번 염색체가 3개가 되는 경우를 말하며, 산모의 연령이 35세가 넘으면 발생 가능성이 증가한다. 다운증후군은 심각하면 근골격계, 혈액, 내분비계, 신경계, 심장체계의 이상을 보이기도 한다. 그 외의 염색체 기형으로 윌리엄 증후군, 터너 증후군, 엔젤맨 증후군,

프라더 윌리 증후군 등이 있다.

8) 조산과 저체중

조산은 임신 전 마지막 생리의 첫째 날부터 37주가 되기 전에 출산하는 경우를 뜻한다. 일반적으로 수정 후 37주 이전에 태어나는 미숙아의 경우에 저체중이 많지만, 미숙으로 태어나도 저체중이 아닐 수 있고 만숙으로 태어나도 저체중인 경우가 있다. 2,500g 이하로 태어나는 경우를 저체중이라고 하고, 1,500g 이하로 태어나는 경우를 극저체중이라고 하며, 1,000g 이하로 태어나는 경우를 초극저체중이라고 한다. 약 33%의 저체중아는 자신의 실제 태내연령보다 어린데, 그 이유는 태아에게 전달되는 산소와 영양소의 흐름을 감소시키는 태반기능이 방해를 받기 때문이다(Kliegman, Jenson, Behrman, & Stanton, 2007). 의학기술의 발달로 미숙아의 생존율은 높아지고 있지만, 여전히 미숙아나 저체중아는 다양한 발달상의 어려움을 겪고 있다. 미숙아들은 움직임과 울음이 약하고, 무호흡이 있거나 체온 유지가 어려우며, 폐가 성숙될 때까지 호흡기를 착용해야 하는 경우도 있다. 출생 시 체중은 향후 발달지표를 결정하는 주요 요인이다. 저체중의 원인은 아기가 너무 일찍 태어났든지 혹은 태내에서 느리게 성장했든지 둘 중 하나가 원인이다. 미숙아로서 극저체중이나 초극저체중인 경우에는 미성숙한 폐 때문에 만성적인 폐질환에 시달릴 위험이 있다. 또한 아기가 기계적으로 산소를 공급받는 시간이 길어지면 인지에 손상을 받을 위험도 커진다.

9) 질식

산소 결핍을 의미하는 질식은 출산 과정의 어느 때라도 발생할 수 있으며, 그 원인과 관계없이 이후의 성장 발달에 손상을 입히게 된다. 질식은 출산 직전에 산모의 혈압이 떨어지거나, 태반에서 태아가 너무 빨리 분리되거나, 분만을 위한 마취가 산모의 혈액 순환을 방해하거나, 임신중독증으로 태반의 상태가 부적절한 경우에 산소의 부족으로 나타날 수 있다. 출산 중에는 태아의 머리에 심한 압력이 가해져서 혈관이 파열하여 응혈 현상이 나타나거나, 태아가 모체로부터의 호흡이 중단되었는데도 오랫동안 자가 호흡이 시작되지 않는 경우에도 질식이 나타날 수 있다.

10) 학대와 방임

아기들을 학대하거나 방임하는 것도 유아발달에 심각한 영향을 준다. 학대에는 신체적 · 성적 · 정서적 학대가 있다. 학대 발생은 부모의 사회적 관계망이 적은 경우, 나이가 너무 어린 경우, 교육 수준이 낮은 경우, 정신과적 병력이 있는 경우, 부모 자신이 학대 받은 경험이 있는 경우와 정적 상관관계가 있다. 학대와 방임은 유아의 장단기적 신체발달과 정신건강에 부정적 영향을 미친다. 심지어 학대 받은 아이의 두뇌구조가 구조적으로 기형이 되어 인지발달에 어려움이 생긴다는 보고도 있다(De Bellis, 2001). 생애 초기의 심한 스트레스는 신경전달체계와 두뇌구조에 영향을 주어 이후 아동기나 성인기에 행동 또는 정신과적 문제를 야기하기도 한다. 또한 장애유아는 학대나 방임의 대상이 될 가능성이 일반유아보다 더 높다.

11) 출생 후의 영양과 환경

출생한 아이가 지속적으로 성장 발달하기 위해서는 적절한 영양공급이 절대적으로 필요하다. 특히 모유는 아이의 출생 이후 발달에 긍정적 효과가 있는데, 저체중아 발달에 효과가 크며, 모유에 있는 지방산은 아이의 두뇌발달을 촉진한다. 그러나 모유수유의 모든 장점을 살릴 수 있는 기간인 6개월 이상 지속적으로 모유수유를 하는 경우가 흔하지 않다는 게 안타까운 실정이다. 모유수유를 권장하고 도울 수 있는 방법들이 실행되어야 한다. 출산 후의 모유뿐 아니라 태내기, 신생아기, 유아기 등의 모든 기간에 영양이 결핍되면 두뇌발달뿐 아니라 다양한 발달상의 문제를 일으킬 수 있다.

영양공급 외에도 출생 후 영아의 발달을 저해할 수 있는 것으로 전염병이 있는데, 대표적으로 홍역, 수두, 볼거리, 뇌막염, 뇌염 등이 있다. 또한 납이나 수은 같은 물질이 물이나 음식을 통해 체내로 들어오거나 세제, 비누, 표백제, 왁스, 살충제 등을 우발적으로 섭취하게 되는 경우도 유아의 성장 발달에 치명적 영향을 미친다. 또한 출생 후의 사고도 뇌손상을 일으킬 수 있다.

이와 더불어 빈곤도 유아발달을 방해하는 환경 요인이 될 수 있다. 빈곤한 환경이 언제나 발달을 저해하는 것은 아니지만 빈곤이 발달에 부정적 영향을 미치는 경우는 많다. 빈곤으로 인해 교육의 기회가 줄어들거나, 영양 공급이 어려워지거나, 가족의 심리적 환경이 부적절하게 되어 결국 유아의 발달을 방해하게 되는 경우들이 많아진다는 뜻이다.

앞에서 살펴본 것처럼 유아의 발달은 예측 가능한 순서와 기간이 있으며, 생물학적 영향과 환경적 영향의 상호작용에 의해 긍정적으로 이루어지기도 하고 부정적으로 이루어지기도 한다. 유아의 발달에 부정적 영향을 미칠 수 있는 요인으로는 임산모의 신체적 · 정신적 · 심리적 건강을 포함하여 임산모를 둘러싸고 있는 환경 등 매우 다양하다. 유아발달에 대한 정확한 개념과 유아의 발달을 저해하는 요인들에 대한 지식은 한편으로는 장애유아 출현의 예방에 도움을 줄 뿐 아니라 다른 한편으로는 어느 누구라도 장애유아를 출산할 가능성이 있음을 시사해 준다. 따라서 이러한 지식은 장애유아를 교육하게 될 교사들의 장애유아에 대한 이해의 깊이를 더해 줄 것이다.

제2장

유아의 전형적 발달과정

장애유아를 가르치는 교사는 장애유아의 발달상의 진보를 평가하고 발달을 예측하기 위해서 반드시 유아발달과정에 관한 충분한 지식이 있어야 한다. 전형적인 발달의 이해를 바탕으로 비전형적인 현상을 이해해야 하기 때문이다. 이 장에서는 모든 유아교사가 알아야 할 발달영역별 주요 발달지표를 Piper와 Darrah(1994), Erhardt(1994), Hulit과 Howard(2001), Puckett과 Black(2004)의 자료를 참조한 Hooper와 Umansky(2011)의 『영유아 특수교육[Young children with special needs (5th ed.)]』 그리고 Allen과 Cowdery(2015), Cook, Klein과 Chen(2020), Howard 등(2013)의 자료를 참조한 이소현(2020)의 『유아특수교육』을 참조하여 〈표 2-1〉~〈표 2-15〉에 정리하여 제시했음을 밝힌다. 발달의 전형성과 비전형성을 명확하게 가르는 것은 쉬운 일이 아니며, 그것을 논하는 것은 이 책의 범위를 넘어서므로, 여기에서는 전형적 발달을 의심해 볼 수 있는 유아의 행동을 알려 주는 정도로 제한하고자 한다.

유아의 발달영역은 일반적으로 신체·운동, 인지, 의사소통, 사회·정서, 적응행동으로 분류된다. 신체·운동발달 영역은 대근육운동 기술, 소근육운동 기술, 구강운동 기술, 건강과 감각 발달 등 전체적인 신체발달을 의미한다. 인지발달 영역은 주의집중, 문제해결, 추론, 개념학습, 개념 적용 등을 뜻한다. 의사소통발달은 표현언어와 수용언어의 발달을 포함한다. 사회·정서발달 영역은 자기조절, 감정표현, 상호작용, 공감 등을 포함한다. 적응행동발달 영역은 자조기술, 위생, 안전 등을 의미한다. 그런데 발달영역들은 서로 밀접하게 관련되어 있기 때문에 한 영역에서의 지체나 일탈은 다른 영역의 발달에 영향을 미친다. 그러므로 교사는 유아가 하나의 발달영역에서 지체를 보이는 경우에 다른 영역의 발달상태도 세심하게 관찰해 보아야 할 것이다. 여기에서는 먼저 발달지표에 대한 간단한 설명을 하고, 각 발달영역별 발달지표 내용을 소개한다.

1. 발달지표

유아의 발달적 성취를 나타내는 주요 행동 지표를 발달지표(developmental milestone)라고 한다. 이는 유아가 어떤 시기에 어떤 기술을 습득해야 하는지를 평균 연령에 기초하여 제시하고 있기 때문에, 나타나야 할 기술에 대한 기대 연령을 알 수 있게 해 준다. 즉, 발달지표를 통해 유아가 기대되는 속도로 발달하고 있는지 알 수 있다. 발달지표는 글이나 그림을 이용하여 다양한 방법으로 표현할 수 있다. 여기에 그림과 글로 만들어 한눈에 알아보기 쉽게 만들어진 신체·운동 영역 발달지표, 인지와 사회·정서 영역 발달지표의 예를 [그림 2-1]과 [그림 2-2]에 제시한다.

발달영역별 발달지표의 내용은 그 연령대의 90%에 해당하는 유아가 2~3개월의 차이 이내에 성취해야 할 기대수준이 무엇인지 알게 해 준다. 이는 제시된 기대연령의 앞뒤로 2~3개월 정도를 전형성의 범위로 본다는 뜻이다. 그러므로 이 범위를 벗어나는 시기에도 유아에게 특정 기술이 나타나지 않는다면 발달의 지연을 의심해야 할 것이다. 발달지표에서 유아의 발달수준이 확인되면 발달지연의 정도를 알 수 있을 뿐 아니라 다음 발달단계에서 지도할 내용이 무엇인지도 알 수 있다.

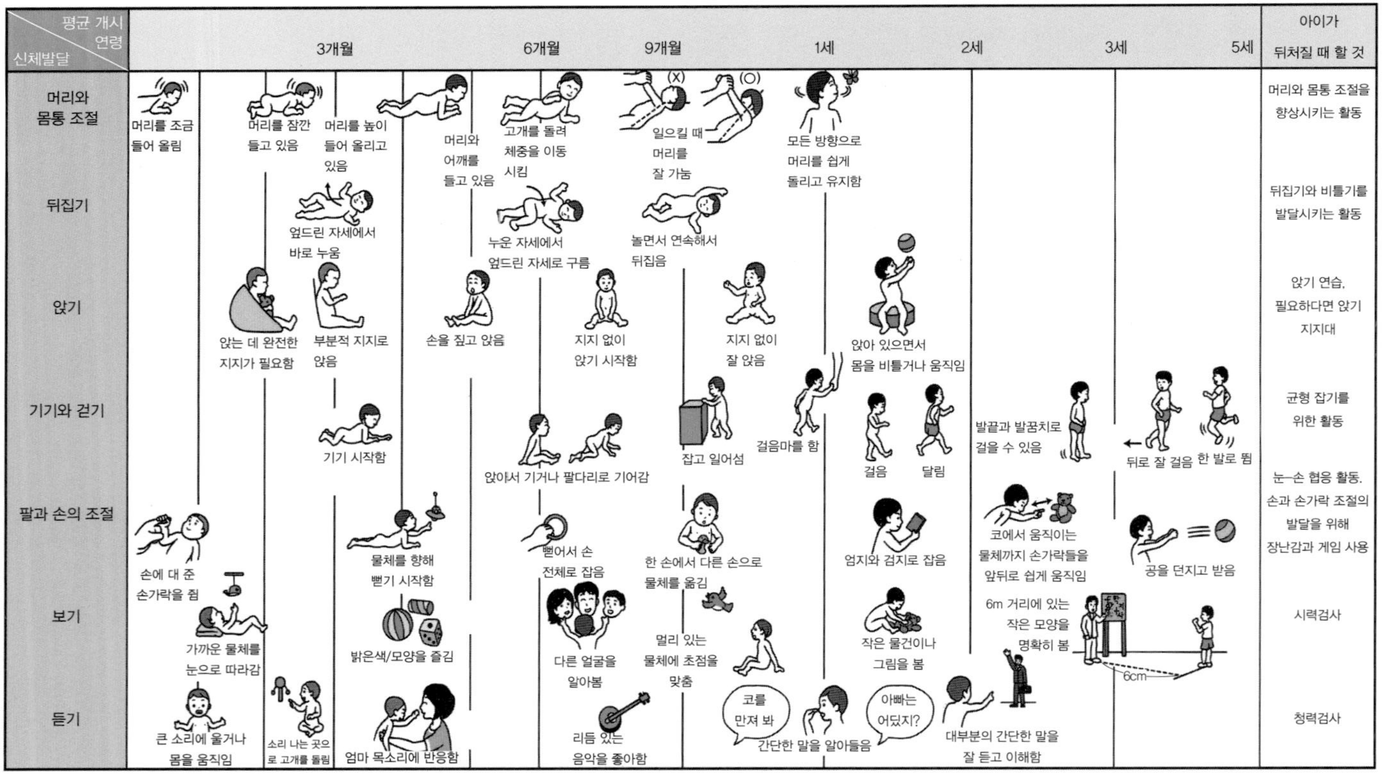

그림 2-1 영유아의 신체 · 운동 영역 발달지표

출처: Werner (2009), p. 292.

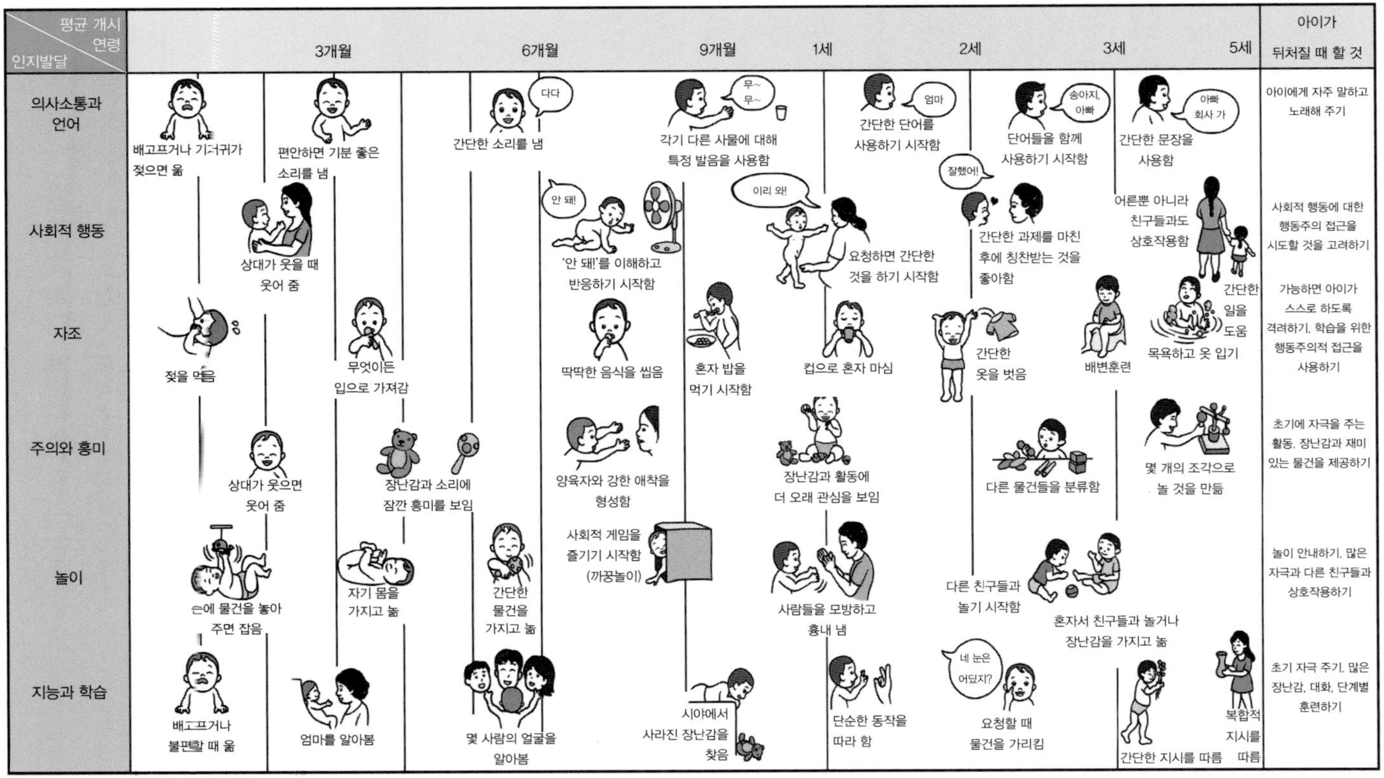

그림 2-2 영유아의 인지와 사회 · 정서 영역 발달지표

출처: Werner (2009), p. 293.

2. 신체 · 운동발달: 대근육운동의 발달

신체 · 운동발달은 유아의 키, 몸무게, 신체골격, 뇌 등의 성장과 대근육과 소근육의 운동발달을 의미한다. 여기에서는 먼저 대근육운동을 중심으로 다룬다. 대근육운동 발달이란 물리적 · 사회적 환경의 요구에 따라서 대근육에 사용되는 자세와 움직임의 조절력이 성장하는 것을 뜻한다(Hooper & Umansky, 2011). 유아가 물리적 환경에 따라 자기 몸을 효과적으로 움직이며 돌아다닐 수 있는 것은 자기 주변을 탐색하는 활동이나 교육활동에 참여하는 데 동기를 부여해 줄 수 있다. 유아기의 대근육운동 기술은 균형 잡기에 기반을 둔다. 균형을 잡으면서 한 발을 올리는 능력은 지지 없이 계단 오르기, 장애물 넘기, 뛰기, 공차기, 놀이기구 오르기, 세발자전거 타기, 평균대 걷기 등에 필요하다. 그리고 몸 전체를 뻗고 굽히는 능력은 미끄럼틀 내려오기, 그네 타기 등을 할 때 필요하다. 대근육운동 기술은 그 외 다른 모든 발달 영역의 기술에 대한 기초가 되는 중요한 기술이다. 〈표 2-1〉에 아이의 월령에 따른 대근육운동 발달 내용을 제시했다.

표 2-1 대근육운동 발달지표

월령	대근육운동 발달 내용
1~2개월	• 머리 들기 • 똑바로 누워서 머리 균형 잡기
3~5개월	• 엎드려서 양팔로 몸무게 지탱 • 누워서 옆으로 구름 • 똑바로 누워서 손을 몸의 중심에 가져감
6~8개월	• 엎드려 있다가 회전 없이 똑바로 누움 • 똑바로 누웠다가 회전을 이용하여 엎드림 • 혼자서 안정적으로 앉아 있지만 손을 사용함

9~11개월	• 두 손과 무릎을 동시에 이용하여 기어 다님 • 가구를 붙들고 걸음 • 앉은 자세에서 엎드린 자세로 바꿈
12~18개월	• 쪼그리고 앉아 있을 수 있음 • 계단을 기어오름 • 공을 던짐 • 걸음을 뗌 • 뒷걸음을 뗌
24개월	• 양발을 떼고 점프함
30개월	• 발뒤꿈치를 들고 걸음 • 앞을 향해 공을 참
36개월	• 양발을 교대로 계단을 올라감
42개월	• 양발을 교대로 계단을 내려옴
48개월	• 한 발로 뜀 • 모둠뛰기(galloping)
60개월	• 건너뛰기(skipping)

발달지표에 따른 기대연령이 되었는데도 유아에게 대근육운동의 특정 기술이 나타나지 않으면 발달지연을 의심해야 하고, 영유아에게 다음과 같은 내용이 관찰되는 경우에도 대근육운동 발달의 지연을 의심해야 한다.

- 4~5개월 된 영아가 엎드리거나 누운 자세에서 머리를 중앙으로 가져올 수 없음
- 4개월 된 영아의 팔이 몸 쪽으로 굽혀져 있음
- 영아가 기어 다닐 때, 팔꿈치를 바닥에 대고 다리를 편 상태로 앞으로 기는 특공대 자세로 기거나 팔다리를 상호보완적으로 사용하지 않고 함께 사용하여 토끼처럼 기어 다님
- 8개월 된 영아가 배로 길 수 없음

- 10개월 된 영아가 앉을 수는 있지만 고개를 돌리거나 사물을 잡을 때 넘어짐
- 영아가 앉을 때 습관적으로 다리를 벌리거나 W자 모양으로 앉음
- 12개월 된 영아가 서 있는 자세에서 넘어질 때 팔을 앞, 옆, 뒤로 뻗을 수 없음
- 영아가 발바닥보다 발가락에 무게를 실어 걸음
- 14개월경에 혼자 서지 못하거나, 15개월경에 혼자 걷지 못함
- 영아가 균형 잡기를 필요로 하는 활동(계단 오르기, 한 발로 서거나 뛰기)을 어려워함

3. 신체 · 운동발달: 소근육운동과 구강운동의 발달

미국의 작업치료협회는 소근육운동 기술, 구강운동 기술, 자조기술을 다음과 같이 정의하고 있다(Hooper & Umansky, 2011: 204에서 재인용).

- 소근육운동 기술: 아이가 손끝과 손의 작은 근육들을 통제하여 장난감이나 물체를 조작하고 통제하는 능력
- 구강운동 기술: 빨거나, 삼키거나, 우물거리거나, 씹거나, 숟가락으로 먹거나, 컵 또는 병으로 마실 때 혀와 턱, 입술, 뺨의 움직임
- 자조기술: 옷 입기, 용변 보기, 씻기, 머리 빗기, 먹기, 자기 그리고 일상생활에 꼭 필요한 움직임과 관련된 기본적인 활동

소근육운동 기술과 구강운동 기술, 자조기술은 촉각적 지각과 감각 자기수용 및 시각을 포함한 움직임의 통합을 공통적으로 필요로 한다. 또한 이 세 가지의 기술이 발달하려면 대근육운동과 자세유지 능력이 뒷받침되어야

만 한다. 여기에서는 소근육운동과 구강운동의 발달을 살펴보고, 자조기술의 발달에 대해서는 이 장의 마지막 부분에서 다룬 '적응행동의 발달'에 포함시켜 살펴본다.

1) 소근육운동의 발달

소근육운동 기술은 유아가 장난감이나 도구를 원하는 대로 조작하기 위해 물체를 향해 팔을 내밀어 뻗고, 물체를 손으로 잡고, 손에 있는 물체를 의도적으로 내려놓을 수 있는 능력을 뜻한다(Hooper & Umansky, 2011). 또한 물건을 쌓고, 운동화 끈을 매고, 가위로 자르고, 글씨를 쓰는 등의 동작에 사용되는 기술도 포함한다. 이러한 소근육운동 기술은 손과 손가락의 정확한 움직임으로 구성되며, 몸통의 안정성, 어깨관절과 팔의 통제에 의해 영향을 받는다. 소근육운동 발달은 아이에게 자신의 주변 세계와 상호작용할 수 있는 수단을 제공해 준다. 유아의 인지능력을 측정할 때도 대부분 손으로 물체를 조작하는 능력을 요구하며, 유아교육기관에서 이루어지는 활동에 충분히 참여하기 위해서도 소근육운동 기술이 필요하다.

〈표 2-2〉에 아이의 월령에 따른 소근육운동 발달 내용을 제시했다. 〈표 2-2〉에 제시한 것에서 2~3개월 이상의 차이를 보인다면 소근육운동 발달의 지연을 의심해 보아야 한다.

표 2-2 소근육운동 발달지표

월령	소근육운동 발달 내용
1~2개월	• 잡기반사가 가능하나 자발적으로 놓지는 못함 • 물체를 보고 팔을 움직임
3~5개월	• 손을 대부분 펴고 있고 엎드렸을 때는 쥐고 있음 • 한참 잡고 있다가 비자발적으로 물체를 놓음 • 물체를 향해 팔을 휘저음

	• 손을 몸의 중심에 가져감 • 물체를 몸의 중심에서 만질 수 있음 • 쥐는 능력이 나타남 • 손에서 물체를 움직이는 능력이 나타남 • 손에 쥔 딸랑이를 입으로 가져감
6~8개월	• 물체를 향해 팔꿈치를 펴서 손을 뻗음 • 한 손으로 지탱해 앉아서 손을 휘둘러 뻗음 • 엎드려서 팔을 쭉 뻗음 • 한 손으로 지탱하고 앉아서 직접 손을 뻗음 • 긁어서 잡음 • 새로운 질감의 음식을 먹기 시작함(예: 입속에서 녹는 부드러운 크래커) • 물체를 한 손에서 다른 손으로 옮김 • 손에서 입으로 다시 입에서 손으로 간접 전달함 • 큰 용기 속에 미숙하나마 물체를 놓음
9~11개월	• 집게손가락으로 잡기가 나타남 • 큰 통 속에 물체를 조절하여 놓을 수 있음 • 유아용 식탁 의자에서 물체를 떨어뜨림 • 씹는 능력이 발달함
12개월	• 정육면체를 정확하게 놓을 수 있음 • 블록을 쌓기 시작함
24개월	• 물체를 부드럽게 점진적으로 놓음 • 빨대로 마심 • 종이를 가위로 자르려고 시도함
30개월	• 크레용을 손가락으로 잡음 • 페이지를 한 장씩 넘김
48개월	• 세 손가락으로 연필을 안정적으로 잡음 • 종이를 접음 • 선을 따라 자름
60개월	• 세 손가락으로 연필을 힘차게 잡음 • 종이를 움직여서 간단한 모양을 자름 • 3~5개의 퍼즐 조각을 완성함

〈표 2-2〉에 제시한 월령과 발달의 내용이 3개월 이상 크게 어긋난다면 발달지연을 의심해 보아야 한다. 또한 다음 내용이 관찰되는 경우에도 소근육운동 문제를 의심해야 한다.

- 4개월 이후에도 양손을 몸의 중심으로 가져다 놓지 못함
- 9개월 이후에도 몸의 중심선을 넘어 팔을 뻗지 못함
- 3개월이 지나도 엄지를 손바닥에 집어넣고 주먹을 계속 쥐고 있음
- 12개월이 지나도 물체를 가리킬 때 검지를 분리시켜 가리키지 못함
- 12개월이 지나도 손바닥으로 잡기를 계속함
- 15개월이 지나도 엄지와 검지 끝으로 잡기가 나타나지 않음
- 유아기에도 식사도구 사용을 원하지 않음
- 7개월이 지나도 놓기와 잡기를 적절히 사용하여 물체를 한 손에서 다른 손으로 옮기는 것이 어려움
- 1세 이전에 이미 손의 편향성이 강하게 나타남
- 3~4세가 되어도 가위 사용을 배우기가 매우 어려움
- 1학년이 되어도 손의 편향성이 나타나지 않고 양손을 번갈아 사용함

2) 구강운동의 발달

구강 주변의 과긴장은 입을 벌리기 어렵게 하고, 구강 주변의 저긴장은 입을 계속 벌리고 있게 해서 컵이나 숟가락에 입술을 붙여서 음식을 깔끔하게 먹는 것을 어렵게 한다. 또한 구강 주변의 저긴장은 혀를 돌출하거나 내미는 현상 때문에 음식을 섭취하고 음료나 딱딱한 음식 삼키기를 제대로 하기 어렵게 한다. 〈표 2-3〉에 아이의 월령에 따른 구강운동 발달 내용을 제시했다. 〈표 2-3〉에 제시한 것에서 2~3개월 이상의 차이를 보인다면 구강운동 발달의 지연을 의심해 보아야 한다.

표 2-3 구강운동의 발달지표

월령	구강운동의 발달 내용
0~3개월	• 음식물로 자극하면 입을 벌림 • 빨기, 삼키기, 숨쉬기를 협응할 수 있음
3~6개월	• 거르거나 으깬 음식을 삼킴
6~9개월	• 고체 음식을 입과 잇몸으로 씹음 • 자발적으로 물고, 물기 반사를 억제함
9~12개월	• 우적우적 깨물어 씹음
12~18개월	• 컵으로 약간 흘리면서 마심 • 빨대로 빨아 마실 수 있음
18~24개월	• 턱으로 돌려 씹음

또한 구강운동과 관련하여 〈표 2-4〉의 내용이 유아에게 관찰된다면, 유아의 구강운동 문제를 의심해 보아야 한다.

표 2-4 구강운동 발달지연이 의심되는 행동특성

구강운동 영역	구강운동 발달지연이 의심되는 행동특성
먹기 자세	• 양육자가 식사시간 동안 의자에서 유아를 안고 있거나 자세를 잡아 주기 어려움 • 안고 있을 때 유아가 매우 몸부림침 • 6~8개월 이후에도 자세조절 능력이 부족하여서 식사시간 동안 혼자서 앉아 있기 어려움
빨기	• 배가 고프고 졸리지도 않으면서 빨기를 시작하는 것이나 지속하는 것이 어려움 • 음식 섭취량이 매우 적음 • 배가 고프고 졸리지 않는데도 우유 한 병을 먹는 데 매우 오래 걸림 • 젖병으로 혹은 모유를 먹을 때 자주 목이 막히고 캑캑거림 • 비자발적으로 혀를 내밀어서 젖꼭지를 밀어 버림 • 양육자가 젖꼭지에 구멍을 더 뚫어서 음식 섭취를 더 늘려야 한다고 느낌

삼키기	• 먹거나 마시는 도중 혹은 직후에 기침을 함 • 흡인성 폐렴에 걸린 적이 있음 • 걸걸한 목소리를 냄 • 쉽게 토함 • 6~18개월 이후 치아가 나도 침을 계속 흘림 • 입을 계속 벌리고 있고 음료를 너무 많이 흘림
씹기	• 12~15개월 이후에도 으깬 것과 같은 애기 음식을 계속 먹음 • 단단한 음식을 주면 울거나 뱉음 • 혀의 편기가 부족하여서 12개월이 지나도 음식이 입속 앞부분에 계속 있고 음식을 흘림 • 단단한 음식을 주면 목이 막히거나 캑캑거림 • 씹을 때 혀와 턱과 음식이 비대칭적으로 움직임
숟가락으로 먹기	• 비자발적으로 계속 숟가락을 물고 누름 • 비자발적으로 계속 혀로 숟가락을 입 밖으로 밀어냄 • 숟가락으로 먹여 주면 계속해서 목이 막히고 캑캑거림 • 9~12개월이 지나도 숟가락 위에 있는 음식을 윗입술로 깨끗하게 훑지 못함
컵으로 마시기	• 성인이 컵을 잡아 주고 마실 때 1세가 지나도 너무 많은 양을 흘림 • 컵에서 음료를 마시는 도중 또는 후에 기침을 함 • 적절한 연령임에도 젖병에서 컵으로 옮겨 가기 어려움 • 충분한 음료를 컵으로 섭취하기 어렵고, 탈수된 적이 있음 • 부모가 컵으로 마시게 하는 것이 어렵다고 보고함

4. 인지발달

인지란 유아가 시각, 청각, 미각, 후각, 촉각의 오감을 통해서 들어온 정보를 과거에 축적된 경험과 연계시켜 주변 사건을 이해하고, 그 주변 사건에 참여하도록 하는 정신활동이나 행동을 의미한다(Hooper & Umansky, 2011). Bailey와 Wolery(2003)는 인지란 자극에 주의를 기울이거나, 자극과 자극 사이의 비슷한 점과 다른 점을 주목하거나, 기억하고 생각하고 추론하고 문제를 해결하는 등의 정신적 능력과 같은 기술이라고 했다. 종합해 보면, 인지는 정보를 습득하고, 저장하고, 조작하는 능력을 의미한다.

다른 발달영역처럼 인지도 일관된 순서로 발달하지만, 환경의 요구에 따라 수정되고 다듬어질 수 있다. 아이가 출생하기 전부터 아이의 인지에 방해가 되는 요인들은 산모의 나이, 약물남용, 질병, 영양상태, 감염, 유전자 이상 등이다. 이러한 임신 전 요인들은 정보를 받아들이는 능력(예: 시각, 청각)이나 정보에 대해 반응하는 능력(예: 말하기, 움직이기)에 손상을 입힐 수 있다. 아이는 태어날 때부터 배울 수 있는 능력을 가지고 태어나지만, 이런 잠재력은 환경과의 상호작용을 통해서만 발달한다. 따라서 출생 후의 양육환경은 인지발달에 큰 영향을 미친다. 특히 유아가 보내는 신호에 대해 양육자가 긍정적으로 반응해 주는 반응적 환경은 인지발달에 매우 중요하다. 양육자가 언어적 · 비언어적으로 유아가 성취한 것에 대해 이해했음을 유아와 공유하게 되면, 유아는 동기부여가 되어 탐색을 계속하며 도전이 되는 과제를 스스로 해 보려고 시도하게 된다. 〈표 2-5〉에 아이의 월령에 따른 인지발달 내용을 제시했다. 〈표 2-5〉에 제시한 내용에서 3개월 이상의 차이를 보인다면 인지발달의 지연을 의심해 보아야 한다.

표 2-5 인지발달지표

월령	인지발달 내용
1~2개월	• 시야에서 사라진 물체를 적극적으로 찾지 않음 • 신기하고 새로운 자극을 구별함
3~5개월	• 반쯤 숨겨진 물체를 찾기 시작함 • 시야에서 사라진 물체가 있을 만한 곳을 예측함 • 친숙한 성인이 안으려고 하면 팔을 벌림
6~8개월	• 숨기는 과정을 보여 주면 물체를 찾을 수 있음 • 사물의 소리에 관심을 보임

12개월	• 숨기는 장소가 옮겨지는 것을 보았을 때 물체를 찾을 수 있음 • 몸짓을 모방함
18개월	• 순서를 재구성해 가면서 숨겨진 장소가 바뀐 물체를 찾을 수 있음 • 계획을 세우기 시작하고 그것을 기억함 • 목표를 달성하기 위해 계속적으로 노력함 • 거울 속의 자기를 식별함 • 지시에 따라 신체 부위를 하나씩 가리킴
24개월	• 대상영속성을 완전히 획득함 • 사진에서 자기를 알아봄 • 동물과 소리를 짝지음 • 물건 중에서 큰 것과 작은 것을 구별함
36개월	• 정보를 일반화하고 범주적 정보를 계속해서 구성해 나감 • 모양과 색깔을 짝지음
48개월	• 자기 나이를 앎 • 인과관계가 나타나기 시작함 • 문제나 딜레마를 해결하기 위해 환상을 사용함

5. 의사소통발달

말이란 의사소통을 위해 사용되는 구강운동적인 행동으로 청각-발음적 부호를 뜻하며, 언어란 의사소통을 위한 신호들을 표상화한 상징과 문법을 사용하는 것을 뜻한다(Hooper & Umansky, 2011). 반면에 의사소통이란 정보와 생각의 교환을 의미하는 것으로, 언어적 · 비언어적 방법으로 이루어지는 모든 것을 포함하는 더 포괄적인 개념이다. 유아가 언어를 사용하는 능력도 일정한 순서와 패턴을 가지고 발달하는데, 언어발달은 풍부한 경험을 통해서 가장 잘 발달한다. 유아의 언어발달을 방해할 수 있는 요인으로는 신경체계의 결함, 감각체계의 손상, 낮은 지적 능력, 불우한 사회적 환경 등이 있다. 만약 영아일 때 비언어적 수단으로 의사소통 행위를 많이 한다면, 향후 언어적 능력도 좋을 것을 예측할 수 있다. 의사소통발달 영역은 표현언어와 수용언어로 나눌 수 있다. 표현언어는 자기 생각이나 감정을 전달할 수 있는 능력으로 발성, 몸짓, 단어 말하기 등의 행동이며, 수용언어는 자기에게 주어진 정보를 수용하고 이해하는 능력을 의미한다. 〈표 2-6〉과 〈표 2-7〉에 아이의 월령에 따른 표현언어와 수용언어의 발달 내용을 제시했다. 〈표 2-6〉과 〈표 2-7〉에 제시한 내용이 기대연령에서 나타나지 않는다면, 의사소통발달의 지연을 의심해 보아야 한다.

표 2-6 표현언어 발달지표

월령	표현언어 발달 내용
1~2개월	• 빨아들이는 소리를 냄
3~5개월	• 기쁘고 편안한 기분을 소리로 나타냄 • 배고프거나 불편할 때 욺 • 소리 내어 웃음
6~8개월	• 옹알이 • 몸짓을 통한 의사소통 • 소리의 반복 • 소리에 억양이 생김 • 주의를 끌기 위해 울음보다는 구어 소리를 냄
9~11개월	• 물체, 그림, 가족 구성원을 가리킴 • "바이바이 해 봐."와 같은 지시에 적절한 몸짓을 함
12개월	• 알아들을 수 있는 단어를 말함 • 사람이나 사물을 지칭하기 위해 2~3단어를 사용함 • 감탄사를 사용함
18개월	• 8~10단어를 말하고 동물 소리를 냄 • 대부분 명사를 말함 • 단어를 조합하기 시작함 • 대명사 사용을 시작함 • 두 단어 문장을 말함

24개월	• 빠르게 대화주제를 바꿈 • 조동사를 말함 • 적어도 40~50단어를 사용함 • 말이 더 정확해지지만 어미를 생략하는 경우도 흔함 • 말 끝의 억양을 높여 질문 형태로 말함
30개월	• 간단한 질문을 함 • 2~3단어로 된 구를 사용함 • 이름과 성을 함께 사용함
36개월	• 다른 사람의 입장을 가정하기 시작함 • 색깔을 구별하기 시작함 • 대부분 정확하게 발음함 • 문장을 반복함 • 각운이 나타남 • 감정과 생각을 표현함
42개월	• 행동을 언어로 통제함 • 자기조절 능력이 증가함 • 노래를 부를 수 있음
48개월	• 200~300단어를 말함 • 무언가를 하는 방법을 설명할 수 있음 • 단어를 정의함 • '왜'라는 질문을 하기 시작함
60개월	• 대화에 참여함 • 물체를 자세히 묘사할 수 있음 • 말이 대체로 문법적으로 정확해지기 시작함

표 2-7 수용언어 발달지표

월령	수용언어 발달 내용
1~2개월	• 소리에 반응함 • 소리 나는 곳을 눈으로 찾음
3~5개월	• 소리 나는 쪽으로 머리를 돌림 • 말하는 사람의 얼굴을 쳐다봄(특히 친숙한 얼굴) • 자신의 이름에 반응함
6~8개월	• "안 돼."라는 말을 이해함 • 친절한 어조 또는 화난 어조에 반응함 • 말을 하면 가만히 들음
12개월	• 간단한 지시를 몸짓과 함께 주면 따르기 시작함
18개월	• 적어도 50단어를 말함 • 지시에 따라 몸의 부분을 짚을 수 있음 • 간단한 명령을 따름
24개월	• 위, 아래 등의 간단한 공간적 개념을 이해함 • 150~300단어를 말함
36개월	• 물체의 쓰임새를 이해함 • 간단한 유머를 이해함 • 무엇과 어디의 질문을 이해함 • 900~1,000단어를 말함
48개월	• 복잡한 질문도 이해함 • '왜'라는 질문에도 대답함 • "~척하자."라는 말을 이해함
60개월	• 2~3단계 지시를 이해함 • 수와 시간 순서를 이해함 • 2,800단어 이상을 말함

또한 유아가 다음과 같은 행동 특성을 보이면 언어발달의 적신호로 의심할 수 있다(이소현, 2020).

- 자기 필요(예: 배고픔, 관심, 아픔)를 알리기 위한 울음을 보이지 않음
- 소리가 나는 근원에 주의를 기울이지 않음
- 비구어적 의사소통의 표현(예: 안아 달라고 팔을 뻗음, 손가락으로 가리킴, 친숙한 사람에게 미소 지음)이 제한적임
- 발성을 잘 하지 않음
- 목소리를 내거나, 옹알이를 하거나, 소리로 놀지 않음
- 영아기에 지나치게 조용하고 우는 빈도가 적음
- 소리를 모방하지 않음
- 이름을 부를 때 쳐다보지 않음
- 언어 습득 속도가 느림
- 18개월이 지났는데 한 단어도 말하지 않음

6. 사회 · 정서발달

사회적 기술이란 사회적 관계와 관련이 있는 행동으로서 한 개인이 특정한 사회적 과제를 성공적으로 능숙하게 해결하기 위해 사용하는 구체적인 행위를 의미한다(Gresham, Sugai, & Horner, 2001). 즉, 사회적 기술은 관계를 맺는 기술이라고 할 수 있다. 이러한 사회적 기술은 유아의 성장에 따라 연령에 필요한 기술로 발전해 간다. 또한 유아의 정서도 기본정서에서 복합정서로 발달해 간다. 처음에는 유쾌함과 불쾌함이라는 두 가지 정서만 경험하다가, 기쁨, 분노, 슬픔, 두려움 등을 경험하게 되고, 성장하면서 기쁨도 행복감, 흐뭇함, 만족감, 자긍심, 즐거움, 뿌듯함 등으로 분화된 정서를 경험하게 된다. 그러므로 사회 · 정서의 발달은 기본정서에서 복합정서를 경험해 가면서 그러한 각 정서를 사회적 관계 안에서 적절하게 표현하는 방법이 발달해 가는 것을 의미한다. 사회 · 정서의 가장 바람직한 발달은 유아가 자신에 대해 좋은

표 2-8 사회 · 정서 발달지표

월령	사회 · 정서 발달 내용
3~5개월	• 양육자에게 미소 지음 • 사회적 미소를 주고받음
6~8개월	• 친숙한 얼굴과 낯선 얼굴을 구별함 • 이방인에 대한 불안이 나타날 수 있음 • 관계에 대한 호기심을 보임 • 기쁨이나 기쁘지 않음을 목소리로 표현함 • 엄마에게 팔을 뻗음
12개월	• 어른을 따라서 '빠이빠이' 하면서 손을 흔들 수 있음 • 좋아함과 좋아하지 않음을 표현함 • 다른 사람에게 놀잇감을 보여 줌
24개월	• 또래와 놀기 시작함(혼자놀이, 평행놀이) • 자신의 욕구와 양육자의 욕구가 충돌함(미운 두 살) • 애정을 표현함
30개월	• 성별을 구별하고 본인의 성을 인식함 • 소꿉놀이를 함 • 자기 소유를 주장함
36개월	• 양육자의 행동을 따라 함 • 협상과 갈등 해결 기술이 나타남 • 규칙이 있는 행동에 몰입하기 시작함
42개월	• 정서적 표현의 자제, 각성, 자아 통제가 나타나기 시작함 • 자기보다 어린 아이를 돌봐 주는 행동을 함 • 또래가 기분이 상했을 때 위로를 함
48개월	• 사회적 상호작용과 갈등을 중재하기 위해 언어를 사용함 • 죄책감이 나타남 • 또래관계와 우정에 대한 관심이 증가함
60개월	• 다른 아이들과 상호작용함 • 집단의 결정을 따름 • 다른 사람의 바람에 따라 행동함

자기감을 가지고 자기감정을 다른 사람에게 적절한 방법으로 표현할 수 있게 되는 것이다.

유의미한 사회 · 정서 발달이정표와 특정 연령을 연계시키는 것은 쉬운 일이 아니다. 또래에 비해 부적절한 행동이라고 판별할 수 있더라도, 유아에게 있어서 전형적이라고 할 수 있는 행동의 범위는 매우 넓기 때문에 연령별로 보여야 하는 사회 · 정서 행동을 정확히 알기는 어렵다. 그럼에도 불구하고, 가장 일반적으로 알려져 있는 유아의 월령에 따른 사회 · 정서 발달 내용을 앞의 〈표 2-8〉에 제시했다. 〈표 2-8〉에 제시한 내용이 기대연령이 지나도 나타나지 않는다면, 사회 · 정서발달의 지연을 의심해 볼 수 있다.

7. 적응행동발달

적응행동이란 유아가 일상생활에서 사용하는 데 필요한 개념적 · 사회적 · 실제적 기술을 의미한다(Horn, Snyder, & McLean, 2014). 예를 들어, 돈 개념을 아는 것은 개념적 적응행동이고, 규칙과 법을 잘 지키는 것은 사회적 적응행동이며, 돈을 관리하거나 버스를 탈 줄 아는 것은 실제적 적응행동이라고 할 수 있다. 영유아에게 있어서의 적응행동은 대부분 옷 입고 벗기, 용변보기, 머리 빗기, 먹기, 잠자기와 같은 일상생활에 꼭 필요한 움직임과 관련된 기본적인 기술인 자조기술이 중심이 된다. 그러나 적응행동에는 자조기술 외에도 위생과 안전에 관한 기술까지 포함된다. 적응행동은 유아가 성장할수록 점점 더 독립적으로 수행하는 쪽으로 발달한다. 예를 들어, 신생아 때는 빨고 삼키기가 중요한 적응행동인데, 이러한 먹기 기술은 영아 때는 손가락으로 집어 먹기, 컵으로 마시기, 빨대로 마시기로 발전하고, 유아 때는 적절한 도구를 사용하여 스스로 먹기로 발전하는 것이다. 그러므로 적응행동의 발달 정도를 볼 때는 기술의 정확성과 함께 독립적 수행 정도를 살펴보아야 한다.

〈표 2-9〉에서 〈표 2-13〉까지는 적응행동의 영역별로 유아의 연령에 따른 발달 내용을 제시한 것이다. 다른 발달영역과 마찬가지로 〈표 2-9〉부터 〈표 2-13〉에 제시한 내용이 기대연령이 지나도 나타나지 않는다면, 발달지연을 의심해 볼 수 있다.

표 2-9 먹기 적응행동 발달지표

월령	적응행동: 스스로 먹기의 발달 내용
6~12개월	• 젖병을 잡고 먹고, 손가락으로 먹음 • 숟가락을 엉성하게 잡고, 숟가락으로 소리 나게 치거나 가지고 놈 • 컵에 흥미를 보이며, 성인이 잡아 주면 컵에서 한 모금 마실 수 있음
12~18개월	• 손을 내전하여 숟가락을 잡아 숟가락을 입으로 가져가지만 잘 흘림 • 그릇에 있는 음식에 숟가락을 꽂아 넣고, 음식을 엉성하게 숟가락에 얹음 • 컵을 양 손으로 잡고 입에 가져가지만 잘 흘림 • 빨대로 빨아 먹을 수 있음
18~24개월	• 입 앞에서 숟가락의 방향을 돌림 • 조금 흘리면서 음식을 숟가락으로 떠먹음 • 컵을 잡을 수 있으나 흘림 • 음식 선호도가 뚜렷해짐
24~36개월	• 조금씩 흘리면서 혼자서 숟가락을 잡고 먹음 • 음식을 먹다 흘리면 손이나 옷으로 닦지 않고 스스로 휴지로 닦음 • 작은 용기에 있는 액체를 따를 수 있음 • 한 손으로 컵을 잡을 수 있고, 액체를 흘리지 않고 컵을 내려놓음
36~48개월	• 성인처럼 식사도구를 사용하기 시작함 • 분수식으로 된 수도에서 물을 마심 • 버터칼로 빵에 잼을 바를 수 있음 • 주전자에 있는 음료를 따를 수 있음 • 거의 흘리지 않고 독립적으로 먹음
48~60개월	• 메뉴를 고를 수 있음 • 컵에 담긴 물을 흘리지 않고 운반함
60~72개월	• 우유 팩을 도움 없이 혼자 열고 마심

표 2-10 옷 입기 적응행동 발달지표

월령	적응행동: 옷 입기의 발달 내용
12~18개월	• 팔과 다리를 빼면서 옷 입고 벗기에 협조함 • 모자, 양말, 신발, 장갑을 벗을 수 있음 • 모자를 쓸 수 있고, 신발을 신으려고 시도함 • 앞에 달린 똑딱단추나 리본을 풀 수 있음
18~24개월	• 코트, 원피스, 바지를 벗을 수 있음 • 신발의 왼쪽과 오른쪽을 바꾸어 신음 • 끈이 풀려 있는 신발은 벗을 수 있음 • 큰 지퍼를 올리고 내릴 수 있음 • 옷 입기에 협조함
24~36개월	• 도움 없이 옷을 벗을 수 있음 • 앞 터짐이 없는 상의나 원피스를 입고 벗을 수 있음 • 단추를 풀 수 있고, 큰 앞단추를 채울 수 있음 • 단추나 끈을 풀어 주면 바지를 혼자 벗음 • 바지통에 발끝을 약간 넣어 주면, 바지를 허리까지 완전히 끌어 올릴 수 있음 • 앞이 터진 셔츠나 반바지, 긴바지를 도움 받아 입을 수 있음
36~48개월	• 끈과 벨트를 풀고, 앞 지퍼를 내릴 수 있음 • 뒤에 달린 똑딱단추를 풀고, 큰 단추를 채울 수 있음 • 코트, 원피스, 앞 터짐 없는 상의, 부츠, 양말을 정확하게 입거나 신을 수 있음 • 혼자서 티셔츠를 입음 • 조금 도와주면 완전하게 옷을 입을 수 있음
48~60개월	• 뒤의 지퍼를 내리고, 셔츠나 코트의 단추를 채울 수 있음 • 옷에 달린 끈을 묶을 수 있음 • 앞이 완전히 열린 옷의 지퍼를 올림 • 옷이 더러워지면 스스로 옷을 갈아입음 • 운동화 끈을 맴 • 신발을 양발에 맞게 신고, 벨크로로 된 신발을 제대로 신을 수 있음 • 벨트의 버클을 채울 수 있음

60~72개월	• 신발 끈을 매고 뒤의 지퍼를 올림 • 혼자서 옷을 잘 입음 • 뒤집어진 옷을 바로 함 • 리본을 맴

표 2-11 배변/배뇨 적응행동 발달지표

월령	적응행동: 배변/배뇨의 발달 내용
6~12개월	• 기저귀를 참
12~18개월	• 기저귀가 젖었을 때 알아차리고 불편함을 표현함 • 1세까지는 규칙적으로 배변함
18~24개월	• 배변 의사를 밝힘 • 유아용 변기에 앉음
24~36개월	• 언제 배변할 것 같다고 말로 표현함 • 낮 동안에는 대변과 소변의 통제가 가능하지만 가끔 실수함 • 종종 상기시켜 주어야 함 • 처리 후 옷을 입고 벗을 때 도움이 필요함
36~48개월	• 밤에 소변을 가림 • 뒤처리를 시도하지만 불완전함 • 배변하는 동안 옷을 간추릴 수 있고, 여밀 때는 도움이 필요함 • 혼자 화장실에 감
48~60개월	• 대체로 독립적으로 배변/배뇨하지만 종종 배뇨 실수가 있음 • 대소변을 본 후 변기 물을 내림
60~72개월	• 대부분 낮과 밤 모두 대소변을 가리고, 스스로 뒤처리를 잘함

표 2-12 잠자기 적응행동 발달지표

월령	적응행동: 잠자기의 발달 내용
0~3개월	• 하루에 16~17시간 자고, 한 번에 3~4시간씩 잠
6~12개월	• 하루에 13~14시간 자고, 수시로 낮잠을 잠
12~18개월	• 하루에 12~13시간 자고, 한두 번 정도 낮잠을 잠

18~24개월	• 하루에 12~13시간 자며, 한 번 낮잠을 잠 • 밤에 11시간 동안 잘 수도 있음
24~36개월	• 2세부터 5세까지 하루에 11~13시간 자며, 오후 낮잠을 자지 않을 수도 있음 • 필요하면 자는 시간을 늦출 수 있음
60~72개월	• 하루에 9~11시간 잠

표 2-13 씻기/머리 빗기 적응행동 발달지표

월령	적응행동: 씻기/머리 빗기의 발달 내용
12~18개월	• 이를 닦으려고 입을 벌림 • 씻고 닦기에 협조함
18~24개월	• 몸을 씻으려고 하고, 코를 품 • 미숙하지만 이 닦는 행동을 함
24~36개월	• 미숙하지만 칫솔질을 하고, 시키면 코를 닦음 • 감독하에 머리를 빗을 수 있음 • 도와주면 손을 씻고 수건에 닦음
36~48개월	• 도움 없이 손을 씻음 • 시키면 코를 품 • 손과 몸을 잘 닦으며, 말해 주지 않아도 코를 닦음 • 독립적으로 화장실을 사용함
48~60개월	• 이를 닦음 • 머리를 빗음 • 혼자 비누칠을 하여 손과 얼굴을 씻고 수건으로 닦음 • 목욕 후 혼자서 수건으로 몸을 닦음
60~72개월	• 이를 닦음 • 머리를 빗음 • 혼자 비누칠을 하여 손과 얼굴을 씻고 수건으로 닦음 • 목욕 후 혼자서 수건으로 몸을 닦음

또한 Hooper와 Umansky(2011)는 유아가 〈표 2-14〉와 같은 행동 특성을 보이면 자조기술 발달의 지연을 의심할 수 있다고 했다.

표 2-14 자조기술 발달지연이 의심되는 유아의 행동특성

자조기술 영역	자조기술 발달지연이 의심되는 행동특성
식사	• 자세를 통제하기 어려워서 혼자 먹기가 어려움 • 12개월이 지나도 손가락으로 먹지 못함 • 식사도구를 잘 사용하지 못함 • 적절한 연령인데도 식사도구 사용을 싫어함 • 식사시간에 진득하게 앉아 있지 못함 • 특정 질감의 음식을 손가락으로 먹는 것을 혐오함
옷 입고 벗기	• 자세를 통제하기 어려워서 옷을 입고 벗기가 어려움 • 적절한 연령인데도 옷을 입고 벗는 기술이 너무 부족함 • 소근육운동 능력이 부족하여 단추, 지퍼, 똑딱단추 등을 적절한 연령이 지나도 제대로 다루지 못함 • 특정 촉감의 옷을 혐오함 • 부모가 옷 입기 기술을 가르치는 데 너무 오래 걸린다고 호소함
목욕	• 8개월이 지나도 목욕할 때 혼자 앉지 못함 • 욕조에 유아를 넣고 뺄 때 부모가 어려움을 호소함 • 머리 감는 것을 혐오함 • 적절한 연령인데도 욕조에 혼자 들어가고 나오기가 어려움
배변/배뇨	• 기저귀를 갈 때 다리를 벌리기 어려움 • 적절한 연령인데도 변기에 혼자 앉지 못함 • 적절한 연령인데도 배변/배뇨 전후로 혼자서 옷을 추스르지 못함 • 배변/배뇨 통제가 매우 느리게 발달함
몸단장	• 칫솔, 수건, 빗 등을 다루는 소근육운동 능력이 매우 떨어짐 • 머리를 깎는 것을 매우 싫어함
수면	• 잠자리에서 계속 짜증을 냄 • 영아기 이후에도 계속해서 밤에 잠에서 깸 • 잠들기 전에 하는 규칙적인 행동들이 아예 없거나 너무 지나침 • 잠든 이후에도 근육이 이완되지 않음

신경운동학적 장애가 있는 유아는 식사도구를 사용하는 데 어려움이 있다. 경련성 뇌성마비 유아는 손을 꽉 쥐고 있는데, 이는 근육긴장도가 높아서 손을 벌리거나 손에 잡힌 음식을 놓기가 어렵기 때문이다. 또한 무정위성 뇌성마비 유아는 식사도구를 잡고 있기가 어렵고 입이 계속해서 비자발적으로 움직이기 때문에 식사도구를 입에 넣기도 어렵다. 지적장애 유아는 인지능력의 부족으로 식사도구 사용의 필요성을 인식하지 못할 수 있다.

근육 긴장도가 비정상적이면 옷 입을 때 자세 잡기에 어려움이 따르는데, 편마비의 경우는 더 경직되어 있는 쪽의 몸에 옷을 입는 것이 어렵다. 근육긴장도가 늘어나면 경직된 손과 발을 장갑이나 신발에 넣기가 어렵다. 또한 감각적으로 손상이 있으면 특정 종류의 옷감의 감촉을 매우 불편하게 느낄 수 있다.

경직성 뇌성마비가 있는 영아는 기저귀를 갈 때 다리를 벌리기 어려울 수 있고, 근육의 긴장도 때문에 자세 잡기에 어려움이 있어서 변기에 혼자 앉기가 어려울 수 있다. 자폐아의 경우에는 변화의 수용이 어렵기 때문에 배변 보기 훈련이 어려울 수 있다. 또한 화장실의 소음, 빛, 색깔에 대한 감각방어(일반적 감각에 매우 민감한 것)도 배변훈련을 어렵게 한다. 자조기술을 돕기 위해 수정된 식사도구나 수정된 변기 시트 등의 보조기구들과 다양한 보조공학을 사용할 수 있다.

이상으로 발달영역별로 일반유아들의 발달지표를 살펴보고, 발달지연이 의심되는 행동특성들을 살펴보았다. 교사는 또래보다 지연되는 행동특성을 보이는 유아들이 없는지 관심을 기울여 관찰해야 할 것이다. 특히 장애의 정도가 심하지 않은 경계선에 있는 유아들은 교사의 관찰과 의뢰로 진단받게 되는 경우가 드물지 않은 것이 현실이다. 그러므로 조기 진단의 중요성을 생각할 때 교사의 관찰능력은 대단히 중요하다고 할 수 있다. 그러한 세심한 관찰을 위해 교사는 유아의 전형적 발달과정을 나타내는 발달지표를 숙지해야 할 것이다.

제2부 장애유아의 이해

제3장 영유아기 장애유형별 특성

제4장 영유아기 장애유형별 특성에 따른 지도방법

제5장 장애유아의 가족 이해

제6장 장애유아 통합교육 관련 전문인력의 역할

제3장

영유아기 장애유형별 특성

장애유아를 지도하려면 유아가 지니고 있는 장애가 유아교육기관에서 생활할 때 어떤 방식으로 나타나는지 알고 있어야 한다. 장애의 종류는 참으로 많지만 여기에서는 「장애인 등에 대한 특수교육법」에서 제시하는 장애유형 중에서 비교적 유아 때 그 특성이 발견될 수 있는 지적장애, 자폐성 장애, 정서·행동장애, 의사소통장애, 지체장애, 건강장애, 시각장애, 청각장애의 특성을 설명한다. 학습장애는 정의에 있는 것과 같이 학령기의 학업성취와 관련이 많은 장애이므로 유아기에 진단하기가 쉽지 않아서 여기에서는 제외한다.

1. 발달지체의 개념

우리나라의 「장애인 등에 대한 특수교육법」에서 특수교육대상자로 진단하는 장애유형은 다음과 같다: 시각장애, 청각장애, 지적장애, 지체장애, 정서·행동장애, 자폐성 장애, 의사소통장애, 학습장애, 건강장애, 발달지체, 그 밖의 대통령령으로 정하는 장애. 그런데 유아는 특성상 특정한 장애유형으로 진단받고 분류되는 것이 적절하지 않은 경우가 많다. 앞에서 밝힌 장애명 중에는 조기 진단이 가능한 것도 있지만 유아 때는 판별하기 어려운 것도 있다. 그래서 2007년 「장애인 등에 대한 특수교육법」에서는 특수교육대상자 선정기준에 '발달지체'를 포함시켰다. 이 법에서는 발달지체를 지닌 특수교육대상자를 "신체, 인지, 의사소통, 사회·정서, 적응행동 중 하나 이상의 발달이 또래에 비하여 현저하게 지체되어 특별한 교육적 조치가 필요한 영아 및 9세 미만의 아동"으로 정의하고 있다. 여기에서 오해하지 말아야 할 것은 발달지체는 아홉 가지 장애유형 외에 또 다른 장애의 유형이나 명칭이 아니라는 것이다. 발달지체는 다른 아홉 가지 장애유형의 하나로 진단되지 않았더라도 발달영역(신체, 인지, 의사소통, 사회 · 정서, 적응행동) 중에서 현저한 지체를 보이고 있어서 특별한 교육이 요구되는 아동들에게 특수교육을 받을 수 있는 기회를 주기 위해 특수교육대상 선정기준에 포함시킨 것이다. 그런데 「장애인 등에 대한 특수교육법」에서는 발달지체의 정의는 제시해 주고 있지만 구체적인 판별기준은 제시하고 있지 않아서, 발달지체의 정도가 어느 정도이어야 발달지체에 해당하는지 결정하기가 쉽지 않다. 유아의 발달영역별로 발달지연이 의심되는 행동특성은 제2장을 참고할 수 있다.

2. 지적장애 유아의 특성

지적장애의 공식 명칭은 '정신박약'에서 '정신지체'로, '정신지체'에서 '지적장애'로 변화되었다. 장애명칭은 그 장애의 특성을 잘 나타낼 수 있어야 할 뿐 아니라 동시에 비혐오적이어야 한다는 기준을 따라 변하고 있다. 그런데 최근까지 사용하고 있는 정신지체라는 명칭도 그 집단의 존엄성을 해치며 무시될 수 있는 요소까지 포함하고 있어서 지적장애로 바꾸어 부르기 시작한 것이다. 지적장애는 그 정도가 심각한 경우에는 생후 첫 2년 이내에 발달지표에서 지연이 확인되지만, 장애의 정도가 가벼운 경우에는 학령기가 되기까지 확인하기 어려울 수 있다. 그런 이유로 5세 이전 유아는 지적장애보다는 발달지체로 진단되는 경우가 많다. 「장애인 등에 대한 특수교육법」에는 지적장애는 "지적기능과 적응행동의 어려움이 함께 존재하여 교육적 성취가 어려움이 있는 경우"라고 정의하고 있다. 정의에 따르면 지적장애는 크게 지적기능과 적응행동에 문제가 있는 것이다. 지적기능이란 자신을 둘러싼 환경과 사건을 이해하고, 무엇을 해야 할지를 판단해 낼 수 있는 보다 광범위한 능력을 의미하며, 적응행동이란 일상생활을 하는 데 있어서 삶의 변화나 환경적 요구에 반응하는 능력에 영향을 미치는 행동을 의미한다(전선주 외, 2014). 지적장애가 있는 유아의 가장 두드러진 특징은 발달 속도가 느리다는 것이다. 즉, 전형적 발달과 비교했을 때 순서는 비슷하지만 그 속도가 느리다는 것이다.

진단 받은 시기와는 상관없이 지적장애로 진단 받은 아동이 영유아기에 보이는 일반적 특성은 다음과 같다(Brillante, 2017).

- 빈약한 근육긴장도(축 늘어짐)로 인한 대근육운동(구르기, 앉기, 기기, 걷기 등) 발달의 지체
- 수유의 어려움(빨기 또는 삼키기 등의 어려움)
- 사람/동물에 대한 관심 결여, 친숙한 양육자를 몰라봄
- 옹알이나 반복적 소리 내기의 결여
- 언어발달의 지체(말이 늦게 나타남)
- 자조기술(옷 입기, 식사하기, 화장실 가기 등) 발달의 지체
- 사회적 규칙을 이해하고 따르기 어려움
- 행위 결과를 이해하기 어려움
- 문제해결 및 논리적인 추론의 어려움
- 단기기억 능력이 결여됨

특히 지적장애 중에서 비교적 출현율이 높고, 염색체의 이상 때문에 발생하는 것으로 알려진 다운증후군이 있는 유아들은 지적장애의 공통적 특성 외에도 특별히 다음과 같은 특성을 보인다(Klein, Cook, & Richardson-Gibbs, 2007).

- 대체로 키가 작고, 근육의 저긴장성으로 축 늘어진 것처럼 보이며, 관절 인대의 조절능력이 낮아 팔이나 다리가 늘어지는 경향이 있고, 손발가락이 짧아 네모진 경우가 많음
- 코가 전체적으로 밋밋하고, 눈이 약간 위로 올라가 있으며, 난시나 사시가 많음

- 입이 작고 입천장이 낮아 혀가 입을 꽉 채운 것처럼 보임
- 쉰 듯한 목소리가 많음
- 심장 기형이 많고, 호흡기가 약하며, 면역체계가 약한 경우가 많음
- 다운증후군 유아의 15% 정도에서 상부척추골이 이탈된 경우가 있는데, 그런 유아는 머리가 한쪽으로 기울거나, 한쪽 팔의 기능이 약하거나, 절뚝거리거나, 걷지 않으려는 증상을 나타냄
- 사물보다는 사람과의 사회적 상호작용을 더 좋아함
- 반응 속도가 느리고, 끈기 있게 지속하는 능력이 부족함

지적장애 유아는 다른 사람을 보고 배우는 모방학습 능력이 부족해서, 일반유아라면 특별히 가르치지 않아도 배우게 되는 것들을 직접적이고 구체적으로 지도하며 가르쳐 주어야 한다. 그리고 하나를 배우면 그 하나를 다른 상황이나 환경에 적응하는 일반화 능력이 부족하기도 하고, 역으로, 알고 있는 한 가지를 모든 상황에 적용하려고 하는 과잉일반화 문제를 보이기도 한다. 또한 지적장애 유아는 어려서부터 실패의 경험이 많아 학습된 무력감을 갖는 경우도 많다.

3. 자폐성 장애 유아의 특성

자폐라는 단어는 Leo Kanner가 1943년에 'early infantile autism(유아 자폐)'을 소개했을 때와는 달리, 이제는 일반인들에게도 많이 알려진 용어가 되었다. 그러나 아직도 명확히 밝혀지지 않은 원인과 그 결과가 입증되지 못한 너무나 다양한 중재방법으로 인해 가장 많은 오해를 받고 있는 장애이기도 하다. 우리나라 「장애인 등에 대한 특수교육법」에서는 자폐성 장애라고 칭하고 있는데, 자폐의 정의로 가장 널리 사용되고 있는 것은 미국정신의학

회(American Psychiatric Association: APA)에서 최근에 개정한『정신질환의 진단 및 통계 편람 제5판(Diagnostic and Statistical Manual of Mental Disorders-5: DSM-5)』의 정의이다. DSM-5에서는 2013년에 그 명칭을 '자폐 범주성 장애(autism spectrum disorder: ASD)'로 변경했다(이소현, 박은혜, 2011). 자폐성 장애 또는 자폐 범주성 장애라는 명칭은 장애를 자폐적 성향의 연속선으로 이해하자는 뜻을 담고 있으며, 그 특성이 매우 다양하고 광범위함을 시사해 준다.

우리나라 「장애인 등에 대한 특수교육법」에서는 자폐성 장애를 "사회적 상호작용과 의사소통에 결함이 있고, 제한적이고 반복적인 관심과 활동을 보임으로써 교육적 성취 및 일상생활 적응에 도움이 필요한 사람"으로 정의하고 있다. 정의에 있는 대로, 자폐성 장애의 핵심적 결함 영역은 사회성과 반복적이고 제한적인 행동이다.

먼저, 사회성 결함은 의사소통과 상호작용에서의 결함으로 나타나는데, 유아기에는 다음과 같은 모습을 보인다.

- 적절한 시기가 되었는데도 옹알이를 하지 않는다.
- 사람과 눈을 잘 맞추지 않는다.
- 이름을 불러도 반응하지 않는다.
- 미소를 짓는 것과 같은 사회적 반응이 없다.
- 까꿍놀이와 같은 상호적 놀이나 사회적 게임을 하지 않는다.
- 놀이에서 협동적인 규칙을 지키기 어려워한다.
- 자기의 활동이나 성취에 대해 다른 사람의 관심을 요구하지 않는다.
- 칭찬에 별 관심이 없다.
- 상상놀이나 소꿉놀이를 하지 못한다.
- 친구 관계를 만들지 못한다.
- 장난감을 친구와 가지고 놀기보다는 혼자서 일렬로 나열한다.
- 사람에게 관심을 보이지 않고, 사람이 다가가면 피하거나 사람들과 상

호작용을 보이지 않는다.

- 주변 사람과 상황이나 관심의 공유가 어렵다.
- 말을 하지 못하는 경우, 대체적 수단으로 보완하려는 시도가 없다.
- 반향어(echolalia)를 사용하거나 특이한 방식(같은 음절의 반복, 이상한 음의 반복)으로 언어를 사용한다.

- 반향어: 다른 사람이 말한 단어나 문장을 맥락과 관계없이 반복하는 것

- 사물이나 사람을 볼 때 중심시력보다는 주변시력을 더 선호한다.
- 수면에 어려움이 있다.

그리고 자폐성 장애 유아가 보이는 반복적이고 제한적인 행동에서의 결함은 다음과 같은 모습으로 나타난다.

- 같은 옷이나 같은 음식만 고집하는 것과 같은 동일성에 대한 고집을 보인다. 어떤 활동을 정해진 순서대로만 하려고 하거나, 환경이나 시간표의 변화에 대해서도 마찬가지로 고집을 보인다.
- 특정 사물이나 주제에만 지나친 관심을 보인다.
- 사물의 특정한 부분(예: 공룡 인형의 꼬리)에만 집착하며 관심을 보인다.
- 상동적이고 반복적인 움직임을 보인다(예: 손가락을 눈앞에 대고 흔들기, 양팔을 날개처럼 펄럭이기, 빙빙 돌기, 몸을 앞뒤로 흔들기, 발뒤꿈치 들고 걷기 등).
- 자해나 공격적 행동을 보인다.
- 한 가지 활동에 대한 과도한 관심 때문에 다른 활동으로 옮겨 가는 전이가 어렵다.
- 청각적 목소리보다는 시각적 단서에 더 잘 반응한다.

• 다쳐도 아픔이나 고통을 못 느끼거나 표현하지 않고, 온도 변화에 무감각하다.
• 냄새를 과도하게 맡거나 어떤 빛이나 움직임에 매료된다.
• 특정한 소리나 냄새, 감촉, 맛에 대해 과민한 감각 문제로 촉각 방어와 같은 방어적 행동(예: 도망가거나, 저항하거나, 소리를 지르거나, 귀를 막는 행동)을 보인다.

• 촉각 방어: 만져지는 느낌에 대한 부정적인 정서적 반응 경향으로, 예를 들면 쉽게 안기려 하지 않고 저항함을 들 수 있음

4. 정서·행동장애 유아의 특성

우리나라의 「장애인 등에 대한 특수교육법」은 정서・행동장애를 다음 다섯 가지 항목 중 하나에 해당하는 사람이라고 정의하고 있다: ① 지적・감각적・건강상의 이유로 설명할 수 없는 학습상의 어려움을 지닌 사람, ② 또래나 교사와의 대인관계에 어려움이 있어 학습상에 어려움을 겪는 사람, ③ 일반적인 상황에서 부적절한 행동이나 감정을 나타내어 학습에 어려움이 있는 사람, ④ 전반적인 불행감이나 우울증을 나타내어 학습에 어려움이 있는 사람, ⑤ 학교나 개인 문제에 관련된 신체적인 통증이나 공포를 나타내어 학습에 어려움이 있는 사람. 그러나 이 정의 또한 모든 정서・행동장애 문제를 포함하지 못한다. 아직 공통적으로 받아들여지는 통일된 정의가 없는 실정이다. 임상현장에서는 정서・행동장애를 진단하기 위해서 DSM-5에서 제시하는 소아청소년 정신질환 분류를 따르는 경우도 많다.

정서・행동장애의 특성은 크게 외면화된 문제와 내면화된 문제로 나누어

볼 수 있다. 외면화된 문제는 사람과 사물에 대한 공격성, 지시나 요청에 대한 불복종, 짜증, 과도한 논쟁이나 말대꾸, 지속적인 거짓말이나 물건 훔치기 등인데, 이런 행동은 주변 사람들에게 피해가 가기 때문에 자주 교사들의 주목을 받는다. 내면화된 문제는 우울, 위축, 수줍음, 불안, 낮은 동기 등의 문제로 나타나기 때문에 외면화된 문제만큼 관심을 못 받을 수도 있으므로 더 주의가 필요한 행동이기도 하다.

한편, 유아기에는 정서 · 행동장애의 진단이 쉽지 않다. 정서 · 행동장애가 정의와 측정상의 문제가 있기도 하지만, 유아기는 특성상 발달이 불균등하고 빠르게 이루어지는 시기일 뿐 아니라 유아들의 정서 · 행동장애를 진단하기 위한 기준 행동을 정하기 어렵기 때문이다. 그럼에도 불구하고 유아교육현장에서 일반유아들과 비교하여 보다 어려운 수면의 문제를 보이거나, 칭얼거리고 짜증을 내는 행동을 훨씬 많이 심하게 나타내거나, 어른들에게 반항과 불순종을 자주 강하게 보이거나, 또래에게 공격성을 크게 나타내는 등의 행동문제가 그 강도나 빈도에 있어서 일반유아들의 평균에서 크게 벗어나는 유아들에 대한 보고가 있다. 이러한 현실은 학령기에 정서 · 행동장애로 진단되는 많은 아동이 이미 3~4세부터 행동문제를 보인다는 전문가의 보고와 일치한다(Hallahan, Kauffman, & Pullen, 2018).

우리나라의 「장애인 등에 대한 특수교육법」의 정서 · 행동장애에 대한 정의에는 구분하여 명시되지는 않았지만, 미국의 DSM-5에서 제시한 주의력결핍 과잉행동장애(attention deficit hyperactivity disorder: ADHD)도 유아교육현장에서 드물지 않게 볼 수 있을 것이다. 주의력결핍 과잉행동장애가 있는 유아는 주의가 쉽게 흩어지고, 주의의 폭이 매우 짧고, 말과 행동에 있어서 충동 억제가 안 되고, 같은 자리에 오래 앉아 있지 못해서 교실을 마구 돌아다니며, 주의를 끌기 위해 다른 사람을 괴롭히거나 잘난 척하고, 쉽게 흥분하고 좌절하는 등 정서조절에 어려움을 보이고, 눈과 손의 협응 부족으로 글씨쓰기나 선긋기에서 실수가 많고, 사회적 요구에 대해 저항과 반항을 보이며,

지나치게 안절부절 못하고 참지 못하여 짜증과 공격성을 보이기도 하는 등 매우 다양한 특성을 보인다. 아직 우리나라에서는 공식적으로 특수교육대상자로 판정 받지 못하고 있으나 교육현장에서는 주의력결핍 과잉행동장애의 증상을 보이는 유아들의 지도에 대한 어려움을 호소하는 경우가 많다.

5. 의사소통장애 유아의 특성

우리나라 「장애인 등에 대한 특수교육법」은 의사소통장애를 "언어 수용 및 표현 능력, 조음능력, 말 유창성이 부족하거나 기능적 음성장애가 있어 의사소통이 어려운 것"으로 정의하고 있다. 과거에는 언어장애라고 하던 것을 의사소통장애로 명칭을 바꾸게 된 것은 정보를 주고받는 것으로 이루어지는 의사소통에는 말과 언어의 내용을 넘어서는 것이 있음을 시사한다. 성인도 예외가 아니지만, 특히 급격한 발달의 과정에 있는 유아들을 살펴보면, 말을 정확하게 할 수 있는데도 소통에 문제가 있는 아이가 있고, 말의 정확성은 떨어지지만 소통에는 아무 문제가 없는 아이가 있음을 알 수 있다. 즉, 의사소통장애는 말장애나 언어장애보다 더 큰 개념이다.

제2장에서도 영유아기에 보일 수 있는 언어발달의 적신호를 언급했다. 의사소통에 어려움을 보이는 초기 징후들은 결코 가볍게 넘겨서는 안 될 것이다. 6개월에서 12개월 정도의 영아는 어른이 말을 하면 주의를 기울이고, 자기 이름 같은 간단한 말은 알아듣는다는 표현을 한다. 그런데 그런 모습을 보이지 않는다면 주의해야 한다. 2세가 되었는데, 자주 사용하는 단어를 뜻하는 소리(예: 우유를 뜻하는 '우')를 일관성 있게 내지 못하거나, 일상에서 '앉아' '안 돼요'라는 말들을 이해하지 못한다면 언어발달의 지체를 의심해 봐야 한다. 또한 이 시기에 활동적이지 않고 수동적으로 가만히 쳐다보고만 있거나 전혀 말을 하지 않는 것도 주의가 필요한 모습이다. 목소리가 단조롭거나, 지

나치게 작거나 커도 청력 문제 등을 의심해 볼 수 있다.

유아기에 의사소통장애로 진단받으면, 이후에 읽기 학습에 어려움을 보이며 학습장애로 이어지기도 한다(Gillam & Gillam, 2016). 또한 자기의 필요를 알릴 때 상대가 자기 말을 알아듣지 못해서 답답해하고 쉽게 좌절할 수 있고, 그런 좌절감은 분노와 공격성, 자해와 같은 행동문제를 일으키기도 한다. 그리고 의사소통장애는 다른 장애로 인한 2차적 장애로서 발생하는 경우가 많은데, 그런 경우는 의사소통의 문제뿐 아니라 1차적 장애 문제에 대한 교육과 치료가 함께 이루어져야 한다. 이때 1차적 장애의 종류에 따라 단순히 언어발달이 지체되는 유아보다는 더 특별한 교육적 방법이 요구되는 유아도 있다. 예를 들어, 자폐성 장애를 지닌 유아가 의사소통의 어려움 때문에 문제행동을 나타내는 경우에는 '기능적 의사소통 방법'을 사용할 수 있다. 기능적 의사소통의 방법은 문제행동과 교체하기 위한 수단으로 사용되지만, 말로 정확하게 의사를 표현하기 어려운 유아들을 위한 '보완대체 의사소통 체계'의 방법과 겹치는 경우도 있다.

- 기능적 의사소통 방법: 기능적 의사소통 방법이란 의사소통에 어려움이 있는 유아들이 나타내는 문제행동을 의사소통의 한 형태로 이해하고, 자신의 요구를 문제행동으로 나타내는 대신에 사회적으로 수용되는 바람직한 방법으로 전달하도록 하는 것이다. 여기에는 말로 하기, 수화 사용하기, 손가락으로 가리키기, 버튼 누르기, 상징 만지기, 고개 끄덕이기, 카드 들어올리기 등이 있다.
- 보완대체 의사소통 체계: 보완대체 의사소통 체계란 구어를 습득하지 못했거나 습득할 수 없는 사람을 위해 그 사람의 말을 대신하기 위한 중재로 사용되는 방법이나 도구를 의미한다. 보조도구를 사용하는 경우도 있고 그렇지 않은 경우도 있다. 교사가 간단히 만들어 쓸 수 있는 것도 있고 상품화되어 있는 것도 있다.

6. 지체장애 유아의 특성

우리나라 「장애인 등에 대한 특수교육법」은 지체장애를 "기능 · 형태상의 장애 또는 몸통을 지탱하거나 팔다리의 움직임 등에 어려움을 겪는 신체적 조건이나 상태"라고 정의한다. 지체장애는 다른 어떤 장애보다도 다양한 특성을 보이는 장애로 신경 운동계의 장애에는 뇌성마비, 경련장애(뇌전증), 척추손상, 이분척추, 외상성뇌손상이 있고, 근골격계 장애에는 근이영양증, 소아 류마티즘 관절염, 척추측만증 등이 있다(이소현, 박은혜, 2011). 여기에서는 장애유아 통합교육현장에서 출현율이 가장 높은 뇌성마비 유아의 특성을 중심으로 살펴보겠다.

- 지속되는 초기반사

출생 이후 성장하면서 사라져야 하는 초기반사가 계속되는 경우, 유아는 불수의적 움직임이나 자세 때문에 자발적 움직임이 어렵게 된다. 예를 들어, 신생아가 볼에 뭔가가 닿으면 고개가 옆으로 돌아가는 초기 루팅반사(rooting reflex)가 지속되면 뇌성마비 유아에게 음식을 먹이려고 할 때, 얼굴이 중심선으로 오기보다는 옆으로 움직이게 되어 자칫 음식을 원하지 않는다고 생각하게 할 수 있다. 이런 반사현상 때문에 유아는 자기가 원하는 대로 움직여지지 않는다는 사실을 기억해야 한다.

또 다른 예로 비대칭적 근긴장 목반사(asymmetric tonic neck reflex: ATNR)가 있다. 이는 뇌성마비 유아가 목을 움직일 때, 펜싱을 할 때처럼 한쪽은 팔과 다리를 굽히고, 한쪽은 팔과 다리를 펴는 현상을 의미한다. 이런 반사는 유아가 팔과 다리를 자율적으로 움직이는 것을 방해하고, 몸통의 통제와 안정을 어렵게 하기 때문에, 이런 반사를 막거나 경감시킬 수 있는 자세를 찾는 것이 필요하다. 이렇게 초기반사가 지속되는 것으로 인하여 자발적 움직임을 하기가 어렵거나 불수의적 움직임을 통제하기 어려운 경우, 교사는 전문가의 도움을 받아 자세잡기를 배워야 한다.

• 근육긴장도

저긴장성은 근육이 축 늘어져 있는 상태여서 근력이 없어 힘을 주는 행동을 하기 어렵게 한다. 저긴장 유아가 가위질을 하면 [그림 3-1]과 같이 엄지손가락이 탁자 아래쪽으로 향하고 다른 손가락들은 뻗게 되면서 손바닥이 아래로 향하는 매우 비효율적인 가위 잡기 모습을 보인다.

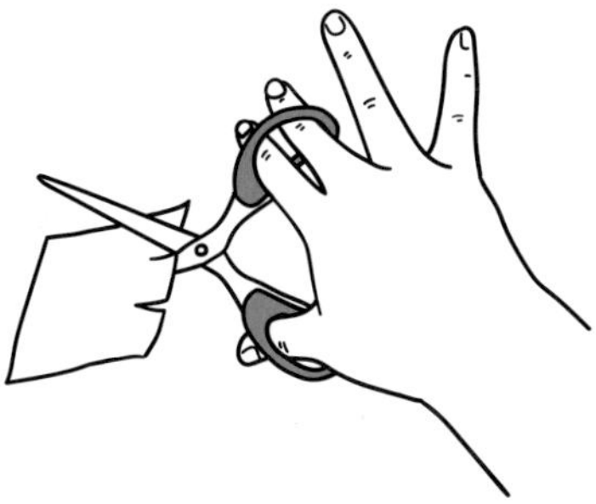

그림 3-1 저긴장 유아의 가위 잡기 모습

출처: Kurtz (2014), p. 127.

고긴장성은 팔다리가 뻗은 상태로 있거나 극도로 수축한 상태에서 나타난다. 이러한 고긴장성과 저긴장성이 몸의 다른 부위에서 동시에 나타나기도 하고, 그런 상태가 계속 바뀌기도 해서 몸이 뒤틀리기도 한다. 이런 상태가 발생하는 빈도나 강도에 따라 운동발달에 미치는 영향도 다르다.

- 유아의 근육 저긴장도를 나타내는 징후:
  - 안았을 때 '감자 자루'처럼 흐느적거림
  - 근육이 지나치게 무르게 느껴짐
  - 빨기가 약하며 일반유아보다 먹는 데 시간이 오래 걸리거나 쉽게 피곤해지고 휴식이 필요함
  - 종종 입을 벌린 채로 있으며 혀가 밖으로 나와 있고 과도하게 침을 흘림
  - 앉기, 기기, 서기 등의 발달단계에서 지연을 나타냄
  - 신체적으로 소극적이어서 또래보다 환경에 대한 탐색이 적음

출처: Kurtz (2014), p. 70.

- 인지와 의사소통

뇌성마비 유아의 인지수준 범위는 매우 넓다. 그러나 뇌성마비 유아는 안면근육이나 운동에 문제가 있어 의사소통에 어려움이 있는 경우가 많고, 그런 경우에는 인지 측정도 어려워진다. 그러므로 뇌성마비의 정도가 심하면 인지수준도 낮을 것이라고 속단해서는 안 된다. 또한 뇌성마비 유아는 의사소통하는 데 시간이 오래 걸릴 수 있으므로 반응을 위한 충분한 시간을 주고 기다려야 한다. 그 이유는 유아가 말을 할 수 있더라도 천천히 하거나 발음이 부정확한 경우가 많고, 의사소통 기구를 사용하는 경우에도 자기가 전하고 싶은 내용을 구성하는 데 시간이 걸릴 수 있기 때문이다.

- 운동능력 및 자세의 통제

유아의 운동능력에는 운동성과 자세조절이 핵심이다. 운동성이란 몸 전체를 움직여서 한 장소에서 다른 장소로 이동하거나 팔이나 손을 이용하여 어떤 사물을 움직일 수 있도록 조작하는 능력을 뜻한다. 그런데 운동능력에는 이러한 운동성도 중요하지만 자세조절도 필요하다. 자세조절이란 유아가 안정적으로 자세를 유지하는 능력을 뜻한다. 안정되고, 편안하고, 균형 잡힌 자

세를 취하지 못한다면 몸을 움직이기 어려울 뿐 아니라 그로 말미암아 자기 주변을 탐색하기 위해 주의집중 하기도 어렵게 된다. 따라서 유아는 자신의 신체 균형을 잡기 위해 모든 에너지를 쓰게 되고, 초기반사인 ATNR이 남아 있으면 근육이나 관절에 무리를 가져올 수도 있다. 안정적인 자세를 취하기 위해서는 보조기구가 필요할 수도 있다.

• 섭식의 어려움

뇌성마비 유아는 소근육운동의 어려움으로 스스로 먹는 것이 불가능할 수 있고, 음식 삼키기가 어려워 딱딱한 음식을 씹고 삼키는 것이 힘들 수도 있다. 또 머리가 뒤쪽으로 틀어져 있으면 삼키는 것이 어렵다. 따라서 유아의 머리가 자연스럽게 위치하도록 해 주거나 조금 앞으로 숙이는 자세를 취하도록 도와주어야 한다. 뇌성마비 유아의 이런 섭식의 어려움은 위장장애나 변비를 가져오는 경우가 많다.

7. 건강장애 유아의 특성

우리나라 「장애인 등에 대한 특수교육법」은 건강장애를 "만성질환으로 인하여 3개월 이상의 장기입원 또는 통원치료 등 계속적인 의료적 지원이 필요하여 학교생활 및 학업 수행에 어려움을 가지게 되는 것"이라고 정의한다. 유아의 발달에 심각한 영향을 미치는 질병에는 백혈병, 선천적 심장 이상, 겸상적혈구빈혈, 소아당뇨, 천식, 태내알코올증후군, 후천성면역결핍증 등이 있다. 건강장애가 있는 유아의 질병이 다양한 만큼 그들의 교육적 · 사회적 · 의학적 요구도 다르다. 그러나 그들은 공통적으로 자신의 질병으로 인하여 체력, 저항력, 적응성에서 문제를 보인다. 유아가 질병에 걸렸다고 느껴지게 하는 행동 변화나 신체적 증상을 보이는 경우에는 전문적 검진이 필요하다.

질병의 특성은 각각 서로 다르겠지만, 모든 질병은 유아의 발달에 다음과 같은 부정적 영향을 미친다(Peterson, 1987). 첫째, 만성적 질병은 유아를 일반 생활 경험으로부터 고립시킬 수 있고, 그 결과로 초기 학습을 촉진시킬 수 있는 환경으로부터 그만큼 멀어지게 할 수 있다. 둘째, 신체적 움직임의 제한과 활동수준의 감소를 가져온다. 셋째, 다른 사람들과 상호작용을 감소시키므로, 부모 및 형제자매와의 관계를 변화시킬 수 있다. 넷째, 부모가 자녀를 대하는 양육태도가 과잉보호나 과잉통제가 되게 하여 유아의 정서에 부정적 영향을 줄 수 있다. 다섯째, 유아가 다른 사람의 돌봄에 의존하게 만들어 유아의 독립성에 부정적 영향을 미친다. 여섯째, 질병 치료가 가져오는 부작용 때문에 활동을 방해받을 수 있다. 일곱째, 질병이 길어지면 신체의 건강뿐 아니라 심리적이고 정서적인 손상도 가져올 수 있다.

8. 시각장애 유아의 특성

우리나라 「장애인 등에 대한 특수교육법」은 시각장애를 "시각계의 손상이 심하여 시각기능을 전혀 이용하지 못하거나 보조공학기기의 지원을 받아야 시각적 과제를 수행할 수 있어서 시각에 의한 학습이 곤란하여 특정의 광학기구 · 학습매체 등을 통하여 학습하거나 촉각 또는 청각을 학습의 주요 수단으로 사용하는 경우"라고 정의하고 있다. 즉, 시각장애에는 시력으로는 학습할 수 없어서 청각이나 촉각 등의 다른 잔존감각을 활용하여야 하는 맹이 있고, 보조공학기기의 도움을 받으면 잔존시력을 사용하여 학습할 수 있는 저시력이 있다.

미국의 시각장애예방협회(Prevention Blindness America)에서는 웹사이트에 시각장애를 조기에 발견할 수 있도록 눈과 관련하여 유아가 나타낼 수 있는 문제를 〈표 3-1〉과 같이 게시했다(이소현, 2020). 〈표 3-1〉의 내용을 교사가 숙지하고 있다면, 평소의 관찰을 통해 시각장애 유아를 조기에 발견할 수 있을 것이다.

표 3-1 시각장애를 의심할 수 있는 특성

분류	행동특성
외모	• 두 눈이 일렬로 정렬되지 않거나, 두 눈의 시선이 모아지지 않고 한쪽 눈의 시선이 다른 곳을 향함 • 눈가가 빨갛게 되거나, 외피가 덮여 있거나, 부어 있음 • 눈물이 고이거나 충혈되어 있음
행동	• 눈을 지나치게 문지름 • 한쪽 눈을 감거나 가림 • 고개를 기울이거나 앞으로 내밂 • 눈을 가까이 사용하는 작업을 어려워함 • 사물을 눈 가까이 대고 봄 • 눈을 가까이 쓰는 활동을 할 때 눈을 자주 깜빡이거나 신경질을 냄 • 원거리 사물을 분명하게 보지 못함 • 눈을 가늘게 뜨거나 찡그림
불평	• 눈이 가렵거나, 화끈거리거나, 잘 안 보인다고 말함 • 눈을 가까이 사용한 뒤에는 어지럽다거나, 머리가 아프다거나, 토할 것 같다고 말함 • 이중으로 보이거나 희미하게 보인다고 말함
수업 행동	• 책을 읽는 중에 위치를 놓침 • 책을 읽을 때 머리를 돌리며 읽음 • 글자를 쓸 때 크기와 간격이 불규칙함 • 같은 줄을 반복해서 읽거나 건너뛰어 읽음 • 책상에서 작업할 때 머리를 지나치게 기울임 • 읽기나 쓰기 과제를 할 때 집중 시간이 짧음 • 과잉행동이나 무기력함을 보임

시각장애 유아가 주로 보이는 특성은 다음과 같다(이소현, 박은혜, 2011; Klein, Cook, & Richardson-Gibbs, 2007). 첫째, 시각장애 유아는 운동성 발달에서 지체를 보일 수 있다. 그 이유로는 보지 못하기 때문에 주변을 탐구하고자 하는 동기유발이 안 되어 기어 다니는 행동도 발달지연을 보일 수 있는 것이다. 여기에 더하여 부모들이 유아의 안전을 위해 지나치게 주변을 돌아다니지 못하도록 막는 것도 운동기능 발달을 방해할 수 있다. 둘째, 공간에서 신체의 위치에 대한 지각이 낮기 때문에 자세가 나쁘고 보행 패턴이 어색하다. 셋째, 모방과 관찰 기회가 부족하여 개념발달이 늦어질 수도 있고, 시각 외의 다른 감각에 의존하여 학습하기 때문에 대상영속성이나 인과관계 등의 인지능력 습득이 늦어질 수 있다. 넷째, 사회적 단서를 볼 수 없기 때문에 사회적 상호작용을 시작하고 유지하기 어려울 수 있다. 다섯째, 보는 것으로 습득될 수 있는 사회적 기술 습득이 어렵다. 여섯째, 사회적 자극의 결핍을 보상하거나 각성수준을 조절하기 위한 반복적인 행동을 보일 수 있다. 예를 들면, 몸이나 머리를 앞뒤로 흔들거나, 눈을 문지르거나, 빛을 응시하거나, 손가락을 흔드는 행동을 반복할 수 있다.

9. 청각장애 유아의 특성

우리나라 「장애인 등에 대한 특수교육법」은 청각장애를 "청각 손실이 심하여 보청기를 착용해도 청각을 통한 의사소통이 불가능 또는 곤란한 상태이거나, 청력이 남아 있어도 보청기를 착용해야 청각을 통한 의사소통이 가능하여 청각에 의한 교육적 성취가 어려운 경우"라고 정의하고 있다. 즉, 청각장애에는 청력을 이용하여서는 언어 정보를 성공적으로 처리하지 못해서 시각이나 촉각 등의 다른 잔존감각을 활용하여야 하는 농이 있고, 보청기의 도움을 받으면 잔존청력을 사용하여 언어 정보를 처리할 수 있는 난청이 있다. 청각장애 유아의 주된 특성은 말로 의사소통이 어렵다는 것이다. 특히 언어 습득 이전에 청력이 손상된 경우에는 말을 배우기가 더더욱 힘들다. 청력 손실이 있는 유아는 말의 조음이 분명하지 않고 어휘나 문장구조의 습득에도 어려움이 있다.

유아기에 청각장애를 의심할 수 있는 행동특성은 〈표 3-2〉와 같다(Peterson, 1987).

표 3-2 청각장애를 의심할 수 있는 특성

분류	행동특성
0~6개월	• 큰 소리에 놀라거나 눈을 깜빡이지 않고 하던 활동을 바꾸지 않음 • 엄마의 목소리에 반응하지 않음 • 엄마의 목소리로 진정되지 않음 • 소리를 내지도 않음 • 소리 나는 장난감에 반응하지도 않고, 소리 나는 쪽으로 고개를 돌리지 않음
10개월	• 이름을 불러도 반응하지 않음
12개월	• 일상의 소리에 반응하지 않음 • 날카로운 비명을 지르거나 지속적으로 모음을 발성함 • 말하는 사람 쪽으로 돌아보지 않음
15개월	• 소리나 단어를 모방하지 못함 • 모방을 하더라도 시범과는 다른 소리를 냄
15개월~4, 5세	• 목소리를 크게 하지 않으면 주의를 기울이지 않음 • 말을 할 때 자주 "응?" "뭐라고?"라며 되물음 • 소리에 대해 비일관적인 반응을 보임 • 고음이나 저음에 대한 선호도를 보임 • 말의 습득이 지연됨

이상으로 통합교육현장에서 자주 만날 수 있는 유아들의 장애유형별 특성을 살펴보았다. 통합교육을 실시하는 교사가 유아의 장애특성을 잘 알고 있

을 때, 일과 중의 관찰을 통해 장애가 의심되는 유아를 발견할 수도 있고, 통합교육현장에서 유아들을 지도할 때 장애특성을 고려한 지도방법을 개발할 수도 있을 것이다.

제4장

영유아기 장애유형별 특성에 따른 지도방법

장애유아의 특성을 이해하는 목적은 합당한 지도방법을 찾기 위한 것이다. 여기에서는 제3장에서 설명한 지적장애, 자폐성 장애, 정서 · 행동장애, 의사소통장애, 지체장애, 건강장애, 시각장애, 청각장애의 특성에 따른 지도방법을 설명한다. 여기에서는 특정 장애의 독특한 특성과 관련된 지도방법을 중심으로 설명하고, 전체적인 통합교육 교수전략과 교육방법은 제9장과 제10장에서 설명한다.

1. 지적장애 유아의 특성에 따른 지도방법

지적장애의 특성을 고려한 교육의 기본 원칙으로는 기능적 생활중심 교육과정, 지역사회 중심 교수, 교수적 수정을 꼽는 경우가 많다(이소현, 박은혜, 2011; 전선주 외, 2014). '기능적 생활중심 교육과정'이란 장애학생이 실생활에서 활용할 수 있는 기능을 중심으로 현재와 미래 생활에 유용하게 사용할 기술을 선별하여 체계적으로 가르치자는 것이다. '지역사회 중심 교수'란 기능적 생활중심 교육과정에서 선정된 기술을 가르칠 때 교육현장보다는 그 기술이 실제로 사용될 지역사회에서 직접 가르쳐서 자연스럽게 일반화가 이루어질 가능성을 높이자는 것이다. '교수적 수정'은 일반교육과정의 수업에 장애가 있는 아동이 최대한 참여할 수 있도록 교육 내용과 방법 등을 수정하자는 것이다. 교수적 수정에 대해서는 제9장과 제10장에서 구체적으로 다룬다.

제3장에서 살펴본 지적장애 특성과 관련하여 지적장애나 인지발달의 지체를 보이는 유아를 위한 지도방법은 다음과 같다.

- 과제를 성취하기 위해 다른 유아들보다 상대적으로 더 많이 반복할 기

회를 제공한다. 유아가 어떤 기술에 숙달되도록 하기 위해서는 더 복잡한 기술로 넘어가기 전에 짧지만 빈번한 연습기회가 필요하다. 그러므로 다양한 방법으로 반복이 이루어지도록 계획하여 지도한다.

- 동기유발을 위해 유아가 좋아하는 사람의 칭찬과 격려를 제공할 필요가 있는데, 이때 다른 유아와 비교하기보다는 스스로의 성취에 대해 인정할 필요가 있다.
- 좌절감을 줄이도록 유아가 할 수 있는 수준의 과제를 제시하고, 과제의 요소에 명확히 초점을 맞추어서 유아가 무엇을 해야 하는지 분명히 알 수 있도록 한다.
- 복잡한 기술이나 과제를, 가르칠 수 있는 작은 단계로 나누어 한 단계씩 지도하는 과제분석 방법을 사용한다.

- 과제분석의 예: 찍찍이가 달린 신발 벗기
  1. 신발을 벗기 위해 앉기
  2. 신발의 찍찍이를 떼기
  3. 신발을 벗기
  4. 오른쪽과 왼쪽 신발의 짝을 바르게 맞추기
  5. 신발짝을 가지런히 한 손으로 집어 들기
  6. 신발장에 반듯하게 넣기

과제마다 정해진 과제분석의 단계가 있는 것이 아니다. 같은 과제도 단계의 수를 다양하게 할 수 있다. 유아가 과제를 완수하기에 적절하도록 유아의 능력에 따라 단계의 수를 정하면 된다.

- 유아에게 좀 더 느린 속도로 말을 하고, 활동이나 과제도 느린 속도로 보여주고 제시하며, 유아가 반응할 수 있는 시간을 충분히 주고 기다려 준다.

- 풍부하고 다양한 자극으로 구성된 환경을 제공하고, 일과나 활동을 예측 가능하도록 구성한다.
- 가능한 만큼 구체적이고 직접적인 조작이 가능한 교재 · 교구나 실제적 사물을 사용한다.
- 다운증후군의 경우, 척추 탈골이 의심되면 재주넘기 같은 활동에서는 제외시켜야 한다. 그리고 빈약한 근육긴장도로 인하여 앉아 있기가 힘든 경우에는 혼자 앉을 수 있도록 도와주는 의자를 사용한다.
- 좌절감을 낮출 수 있도록 근접발달지대의 원리에 따른 비계교수방법을 사용한다(제9장 참조).

2. 자폐성 장애 유아의 특성에 따른 지도방법

자폐성 장애의 특성을 고려한 지도 원칙의 핵심에는 새로운 변화를 받아들이고 적응하도록 돕기 위한 전략이 포함된다. 그런 것에는 유아가 어려워할 수 있는 활동과 관련된 정보를 미리 알려 주어 불안과 분노를 감소시키고 안정감을 가지고 활동할 수 있도록 돕는 '미리 보여 주기'가 있다(전선주 외, 2014). 미리 보여 주기는 시각 정보에 더 잘 반응하는 자폐성 장애의 특성을 활용하여, 앞으로 하게 될 활동을 비디오로 미리 보여 주는 비디오 모델링(video modelling), 시각적 자료를 제공하여 알려 주는 시각적 지원(visual support), 참여할 활동에 대한 정보를 그림과 함께 이야기로 만들어 전해 주는 사회상황이야기(social story) 등이 있다. 구어 사용 능력이 없는 경우에는 그림교환 의사소통 체계를 사용할 수 있다. 이에 대해서는 이 장의 뒷부분에서 설명하는 의사소통장애 유아의 지도방법을 참고할 수 있다(95~98쪽 참조). 공격성과 같은 문제행동에 대해서는 그 행동의 목적을 알기 위한 기능분석을 하여 행동지원을 할 수 있다. 이에 대해서는 제11장에서 구체적으로 설명한다.

• 사회상황 이야기(social story): 미국의 특수교사인 Carol Gray에 의해 처음 제안된 것으로 자폐성 장애 아동이 사회적 상황에서 사람들이 무엇을 생각하고 느끼고 행동하는지에 대한 정보를 제공하고 상황의 흐름을 설명하며, 중요한 사회적 단서나 의미들을 파악하고 그 상황에서 적절한 행동이나 말이 무엇인지 알려 주는 대본과 같은 역할을 제공해 준다. 사회상황 이야기는 주어진 상황에서의 사회적 정보를 정확하게 이해할 수 있도록 도와주고, 적절한 상호작용을 시작하고 반응하고 유지하기 위해서는 어떻게 행동해야 하는지에 대한 지침을 제공하여 자폐아동의 사회적 적응을 돕는다(문소영, 이상훈, 2016: 21에서 재인용).

사회상황 이야기는 제작 원리를 알면 누구나 쉽게 만들 수 있다. 제작 원리와 여러 가지 실제 예를 소개하는 두 권의 책을 소개한다.

– 문소영, 이상훈(2016). **자폐아동과 함께하는 사회상황 이야기**. 서울: 학지사.
– Gray, C. (2016). **자폐증 · 아스퍼거 증후군 아동을 위한 사회성 이야기 158** (The New Social Story Book). (이주현 역). 서울: 학지사. (원저는 2010년에 출판).

제3장에서 설명한 특성들을 가지고 있는 자폐성 장애 유아를 위한 지도방법에는 다음과 같은 것들이 있다(Klein, Cook, & Richardson-Gibbs, 2007; Kostelnik, Onaga, Rohde, & Whiren, 2007; Riffel, 2018).

• 과민한 감각성을 고려한 편안한 환경을 제공한다. 반향음을 흡수하기 위해 바닥에 카펫을 깔거나 벽에 소리를 흡수하는 재료나 천을 붙인다. 전등은 형광등보다는 백열등이나 자연광을 이용하는 것이 좋다(제8장 참조).
• 유아에게 불편을 주는 소리가 날 때 어떻게 대처해야 하는지 알려 준다. 예를 들어, 귀마개 또는 이어폰을 사용하게 하거나, 조용한 장소로 옮겨 가는 방법을 알려 준다.
• 영역을 확실하게 표시하고, 예측이 가능한 환경을 제공한다(제8장 참조).

- 일관성 있는 일과와 분명한 전이활동을 제공한다.
- 의사소통을 돕는 시각적 도구(예: 상징, 그림카드 등)를 사용한다. 특히 순서나 절차가 있는 일과에 대해서는 그림이나 사진 같은 시각적 단서가 유용하다([그림 8-6]과 [그림 8-7] 참조).
- 청각을 활용한 음성 정보보다는 시각을 활용한 그림을 이용하여 정보를 더 잘 처리하는 특성을 적용한다(예: 사회상황 이야기, 시각적 시간표).
- 할 일이나 일어날 일을 미리 직접 말해 준다.
- 일상적인 자조기술을 모델링을 통해 가르칠 때는 교실에서 가르치기보다는 그 기술을 실제로 사용하게 될 장소(예: 세면대, 신발장, 화장실 등)에서 가르치고, 매번 같은 순서로 같은 절차를 반복해서 보여 주는 일관성을 유지하는 것이 좋다.
- 약속된 시간을 알려 주기 위해 시간의 흐름을 시각적으로 보여 줄 수 있는 기구들을 제공한다. 예를 들어, 타이머나 모래시계처럼 그 안에 있는 내용물(물, 오일, 모래, 도형의 모양 등)이 시간에 따라 움직이는 것을 보여 주는 기구를 이용한다.
- 특정 상황에 대해 어떻게 해야 하는지 명확하고, 구체적이며, 긍정적으로 표현된 규칙을 알려 준다. 예를 들어, "기다려."보다는 "여기에 서 있어." 또는 "친구를 괴롭히지 마."보다는 "다른 사람의 목을 조르는 것은 안 돼."라고 말해 준다.
- 다른 사람이 어떻게 느끼는지를 해석하는 데 도움이 될 수 있는 시각적 단서를 지적하여 알려 준다. 예를 들어, 친구가 넘어져서 울고 있다면, "친구 얼굴을 봐. 울고 있어. 아픈가 보다."라고 말해 준다.
- 크고 거친 목소리보다는 조용한 목소리를 사용한다.
- 유아와 신체적으로 접촉해야 할 경우에는 유아에게 미리 알려 준다. 교실의 다른 유아들에게도 신체적인 접촉에 대해서 다른 사람의 동의를 구해야 한다는 것을 알게 해 줄 필요가 있다.

- 유아가 매우 좋아하거나 싫어하는 활동이나 물건에 대한 정보를 수집하여 적용한다.
- 불안이나 두려움 등으로 인한 심한 부정적 정서를 보이는 행동을 누그러뜨릴 때는 유아의 몸을 뒤쪽에서 교사의 몸 전체로 힘 있게 감싸 안아서 확실하게 안정감을 느끼도록 한다. 그렇게 할 때는 유아에게 감싸 안을 것이라고 미리 말해 주어야 한다.
- 다른 사람을 해치는 것과 같이 수용할 수 없는 행동을 할 때는 일관성 있게 반응해야 한다.

3. 정서 · 행동장애 유아의 특성에 따른 지도방법

정서 · 행동장애 특성을 고려한 지도방법에서 가장 중요한 원리는 긍정적이고 수용적인 분위기를 만드는 것이다. 그리고 필요한 사회적 기술을 체계적이고 구체적으로 가르치는 것과 제한 설정을 수용하는 것을 배울 수 있도록 규칙을 설정하는 것이 필요하다. 또한 유아가 자기의 감정을 적절하게 표현할 수 있게 도와주어야 하며, 다른 사람의 감정을 인식하고 공감할 수 있도록 도와주어야 한다. 이를 위한 감정 인식과 조절을 위한 교재 · 교구(예: 감정 카드, 감정 주사위, 기분 온도계, 감정 날씨 카드 등)를 활용하여 감정의 이름을 말해 보거나, 자기는 어떨 때 그런 감정이 드는지 이야기하거나, 부정적 감정을 진정시키는 방법에 대해 이야기를 나눠 볼 수 있다.

정서 · 행동장애의 특성을 보이는 유아의 행동문제는 행동의 전후에 발생하는 사건을 관찰하여 문제가 되는 행동의 기능(목적)을 파악하고, 그 기능에 맞게 다루어 줄 필요가 있다. 이를 위해서는 유아를 둘러싼 환경에 있는 모든 성인이 유아의 행동은 환경과 기능적인 관계, 즉 예측할 수 있는 관계가 있음을 분명하게 이해하고, 유아의 행동문제에 대해 효과적인 반응을 일관성 있게 실행하는 것이 매우 중요하다(양명희, 2018). 이러한 방법을 교육기관 전체에 적용하는 것을 '교육기관 차원의 긍정적 행동지원'이라고 하는데, 이에 대해서는 제11장에서 좀 더 구체적으로 다룬다.

정서 · 행동장애로 진단 받지는 않았을지라도 제3장에서 열거한 행동문제 특성을 자주 보이는 유아들이 있다면 교사는 유아의 사회적 환경을 최대한 긍정적이고 따뜻한 분위기로 만들어 가면서 양질의 유아교육을 제공하여 행동문제를 줄여 갈 수 있을 것이다. 행동문제를 보이는 유아들 대부분은 정서 조율에 어려움이 있다. 유아들이 스스로 정서를 조율할 수 있기 위해서는 성인과 함께 자신의 정서가 조율되는 경험이 우선되어야 한다. 이를 위해서 교사들은 유아가 보이는 부정적 정서에 대해 공감을 보여 주며 유아에게 상호주관적 경험을 자주 제공해 줄 수 있어야 한다.

- 상호주관적 경험: 상호주관적 경험이란 서로의 주관적 경험을 서로에게 알려 주고 상대방이 자기의 주관적 경험을 알았다는 사실을 알게 되는 경험이라고 할 수 있다. 즉, 교사는 아이가 경험하고 있는 주관적 경험을 교사가 알았다는 사실을 아이에게 표현하여 교사의 주관적 경험을 알려 주게 되면, 아이는 자기의 주관적 경험이 교사에게 전달되어 어떤 영향을 미쳤는지를 알게 되고 자기를 더 잘 인식할 수 있게 되는 것이다. 그렇게 하여 아이는 교사와 자기의 마음의 공유 영역이 생겼음을 알게 된다. 예를 들어, 아이가 무서워할 때 교사가 "○○이가 이렇게 큰 소리로 우는 것을 보니 정말 놀란 모양이구나. 많이 무서웠어?" 하면서 아이를 품에 안아 주는 경우, 유아는 자기가 무서워서 울었다는 것도 알게 될 뿐 아니라 자기가 무서워하는 것을 교사도 알았다는 것을 알게 되어 서로 그 마음을 공유하게 되었음을 깨닫게 된다. 이러한 상호주관적 경험을 통해 유아는 다른 사람에 의해 자기가 알려지는 과정에서 자신을 알아 가게 된다.

Kostelnik, Onaga, Rohde와 Whiren(2007)은 공격적 행동을 많이 보이는 유아를 위한 효과적 지도방법 열 가지를 다음과 같이 소개했다.

① 비공격적인 행동을 시범 보인다. 당신을 화나게 하거나 좌절하게 하는 행동을 하는 유아들을 대면할 때는 목소리를 낮게 하면서 움직임을 통제한다. 소리치거나 위협적인 몸짓은 하지 않는다.

② 유아들이 유능감을 느낄 수 있는 기회를 제공한다. 정리정돈 표시를 들고 다니며 알리거나, 물고기 먹이를 주거나, 간식 도우미를 하는 것과 같이 유아들의 연령에 적합한 책임을 부여한다. 유아들에게 선택할 기회를 주고, 독립적으로 다양한 과제와 경험을 시도해 볼 수 있는 기회를 준다. 유아들이 도전하고 싶도록, 하지만 성공이 불가능할 것 같아 너무 압도당하지 않도록 과제와 경험을 조직한다. 도구를 이용하는 방법, 게임을 하는 방법, 짝과 같이 협력하는 방법 등 유아들이 목표를 달성하기 위해 필요한 기술들을 가르친다.

③ 유아들이 자기 권리를 주장할 수 있는 언어를 배우도록 도와준다. 다른 사람을 다치게 하는 행동을 하는 유아와 피해를 입은 유아들에게 조치를 취한다. 유아들이 자신의 감정을 표현할 때나 자신의 권리를 확고하게 주장할 때 사용할 수 있는 표현들을 강조할 수 있는 활동을 고안하고 토론을 계획한다. 이러한 것들을 가르치기에 적합한 순간들을 활용한다. 예를 들면, "때리지 않기!" "아아, 아파. 때리지 마." "아직 쓰고 있는 중이야." "이걸 제자리로 돌려놓을 건데 도와줄래?" "네 차례는 언제 끝나니?" "그만 해."라는 말을 필요로 하는 순간을 활용한다.

④ 유아들의 공격적인 행동에 대해 일관성 있는 한계를 설정한다. 한 유아가 다른 유아를 때리거나 밀었을 때는 공격적인 행동을 즉시 중단시킨다. 필요하면 신체적인 중재도 사용한다. 그러나 공격한 유아의 목적이 명백하다면 인정해 준다(예: "트럭을 가지고 놀고 싶었구나."). 만일 목적

이 명백하지 않다면, 당신이 염려함을 표현해 주고, 왜 남을 다치게 하는 공격적인 행동이 수용될 수 없는지를 설명해 준다. 말이 서툴거나 아주 어린 유아들에게는 공격을 대체할 수 있는 구체적인 대안행동을 제시한다. 좀 더 성숙하고 말로 할 수 있는 유아들은 당면한 문제를 해결하기 위해 스스로 아이디어를 짜내도록 도와준다. 계속되는 공격의 결과를 분명하게 말해 준다. 공격적인 행동이 지속된다면 즉시 개입하여 끝까지 해결한다.

⑤ 공격적인 유아들로 하여금 자신들의 행동이 다른 사람에게 어떠한 영향을 미치는지를 인식하도록 도와준다. 다른 사람들이 어떻게 느낄지를 인식할 수 있도록 도울 수 있는 단서들을 지적해 준다. 예를 들면, "네가 ○○의 블록을 넘어뜨렸을 때 ○○는 무척 당황했어. ○○의 얼굴을 보렴. 정말 슬퍼하고 있잖니?" 등이다.

⑥ 공격의 피해자를 보살펴 준다. 공격한 유아 앞에서 피해를 당한 유아를 달래 준다. 공격한 유아가 피해를 당한 유아를 같이 도울 수 있도록 이끌어 준다. 예를 들면, 블록으로 탑을 다시 쌓게 하거나 다친 상처 부위에 올려놓을 얼음 팩을 가져오게 한다.

⑦ 학급에서 공격적인 행동이 결코 묵과되지 않을 것임을 분명히 한다. 공격한 유아에게 직접적으로 "나는 네가 교실에서 다른 사람들을 다치게 하도록 내버려 둘 수 없어."라고 말한다. 만일 유아가 당신을 다치게 했다면, "아아, 정말 아파!"라고 강력하게 반응한다.

⑧ 유아들의 공격적인 행동의 원인이 되는 패턴을 찾는다. 하루 중에 공격적인 행동이 일어나는 시간에 어떠한 일관성이 있는가? 피해자가 되는 유아들에게, 혹은 유아들과 어른들이 하고 있는 활동에 어떠한 패턴이 있는가? 공격적인 행동이 특정한 일과 중에 혹은 특정한 장소에서 일어나는가? '문제' 상황을 피하는 데 필요하다면 환경이나 일과, 시간 계획을 변화시킨다.

⑨ 비공격적인 행동을 하는 유아들에게 보상을 해 준다. 종종 공격적인 행동을 보이는 유아가 적절하게 행동하는 때를 찾는다. 이 사실을 그 유아와 다른 유아들에게 알림으로써 모두에게 그 유아도 긍정적인 행동을 할 수 있다는 것을 인식시킨다.

⑩ 어떤 유아의 행동이 당신 스스로 대처할 수 있다고 생각하는 것보다 더 과격하다면 도움을 청한다. 때로는 외부인이 그 상황을 좀 더 객관적으로 볼 수도 있고, 당신 스스로는 생각해 내지 못할 수 있는 통찰력을 제공할 수도 있다. 다른 교사나 원감, 원장을 초청하여 그 상황을 한동안 관찰하게 하고 조언을 구한다.

4. 의사소통장애 유아의 특성에 따른 지도방법

의사소통에 어려움이 있는 유아들은 자신의 뜻을 표현하는 것과 다른 사람의 뜻을 수용하는 것에서 발달지표(제2장 참조)에 나타난 내용과 현저한 차이를 보인다. 유아의 의사소통의 어려움을 예견하는 내용은 제2장을 참고할 수 있고, 의사소통장애 유아의 특성은 제3장을 참고할 수 있다. 의사소통장애에서 조음음운장애, 유창성장애, 음성장애 등 구체적 진단을 지닌 유아의 경우는 언어재활사의 치료방법이나 특수교사의 교수방법에 대해 자문을 받을 수 있을 것이다. 여기에서는 의사소통에서 어려움을 나타내는 유아들을 위한 일반적인 지도방법을 다음과 같이 소개한다. 교사가 유아들의 언어발달을 촉진할 수 있는 대화방법에 대해서는 제13장을 참고할 수 있다.

- 유아의 말실수를 비판하지 않는 수용적인 환경을 만들어 준다.
- 언어가 풍부한 환경을 만들어 준다. 예를 들면, 유아가 나타내는 행동을 말로써 설명해 주거나 유아가 가리키거나 만지는 사물의 이름을 명명해

준다.

- 유아가 보이는 의사소통적인 시도, 즉 구어적이든 비구어적이든 모든 시도에 대해 적절하게 반응해 준다. 이는 유아가 주도적으로 시도한 것을 따라가 주는 것이다.
- 유아가 자기의 의사를 표현할 수밖에 없는 상황을 만들어 준다. 예를 들어, 의도적으로 교구를 부족하게 주어서 달라는 표현을 하게 하거나, 여러 종류의 간식을 주고 고를 수 있는 기회를 주어서 선택을 표현하게 하거나, 활동에서 도움을 필요로 하는 상황을 제공한다.
- 유아의 관심과 선호도를 파악하여 흥미를 보이는 내용의 교재나 교구를 이용하여 언어 사용의 동기를 유발한다.
- 유아가 말로 반응할 수 있도록 충분히 기다려 준다. 의사소통장애 유아는 말하고자 하는 것을 조직화하여 말로 표현하는 데 또래 유아보다 더 많은 시간이 필요할 수 있다.
- 유아가 표현한 단어들을 확장하여 말해 준다. 예를 들어, 유아가 식사 중에 숟가락을 떨어뜨렸을 때 "떨어졌어."라고 하면 "숟가락이 식탁 밑으로 떨어졌구나."라고 말해 준다. 유아가 산책 중에 "꽃, 나비"라고 하면, "꽃 위에 나비가 앉았구나."라고 말해 준다.
- 다양한 보완대체 의사소통 체계를 사용한다. 예를 들면, 음성출력장치, 의사소통 그림판, 스위치, 그림교환 의사소통 체계 등을 사용한다. 이러한 도구는 뇌성마비, 자폐성 장애, 지적장애 등으로 인하여 표현언어에 어려움이 있는 유아들에게 매우 유용하다.

보완대체 의사소통 체계의 예

- 의사소통 그림판: 유아에게 꼭 필요한 표현이나 활동, 물건을 나타내는 그림을 포스터 보드에 붙여 놓아서 유아가 손가락으로 가리키게 하거나, 그림 카드를 열쇠고리에 달아서 벨트에 걸어 주어 원하는 카드를 사용하게 한다. 이 외에도 수첩 또는 목걸이 형식으로 만들 수도 있다. 만들기 쉽고 비용이 저렴하다는 장점이 있지만, 어휘나 기호의 표현이 제한적이라는 단점이 있다. 이때 모든 그림이나 상징의 의미를 글자로도 표시하면, 장애유아는 문자 습득을 지원받고 대화상대자는 쉽게 이해할 수 있을 것이다.

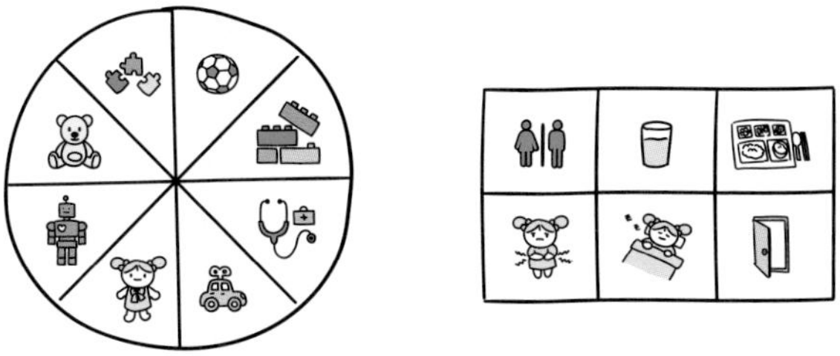

그림 4-1 의사소통 그림판의 예

- 전자 의사소통장치: 특별한 소프트웨어를 통해서 작동되는 컴퓨터 시스템이다. 알파토커(Alphatalker AAC Device), 메시지 메이트(Message Mate), 리버레이터(Liberator) 등이 있다.
- 투명 아크릴판의 그림: 말도 할 수 없고 손가락으로 가리키기도 어려운 중증의 지체장애 유아인 경우에는 [그림 4-2]와 같이 투명한 아크릴판에 그림을 그려서 교사와 유아 사이에 놓고, 유아가 원하는 것을 바라보도록 하는 방법을 사용할 수 있다. 유아가 바라보는 시선을 확인할 수 있도록 투명한 아크릴판을 사용하고, 시선 확인이 분명하도록 그림과 그림 사이를 충분히 떼어 놓고 그릴 필요가 있다.

그림 4-2 그림이 그려진 투명 아크릴판을 사이에 두고 앉은 유아와 교사

- 그림교환 의사소통 체계: 유아에게 원하는 물건이나 활동 또는 말하고 싶은 것을 나타내는 그림을 선택하여 원하는 활동이나 사물과 교환하도록 가르치는 의사소통 전략이다(Frost & Bondy, 1994). 의사소통 그림판은 단순히 원하는 그림을 지적하는 것이지만, 그림교환 의사소통 체계는 유아가 원하는 활동이나 사물의 카드를 떼어서 교사에게 건네주면, 그 카드를 건네받은 교사는 "응, OOO을 가지고 놀고 싶구나."와 같은 반응을 하면서 유아에게 카드에 있는 물건을 주는 방법으로 이루어진다. 즉, 의사소통 그림판의 사용보다 사회적 상호작용이 더 요구되는 것이다. 처음에는 간단한 단어나 사물의 그림으로 시작하지만, 발전하면 하나 이상의 카드를 사용하여 문장을 구성하도록 가르칠 수도 있다.
  그림교환 의사소통 체계가 자폐성 장애 유아에게 유용한 이유는 다음과 같다. 첫째, 말로 이루어지는 의사소통보다는 기능적 의사소통을 강조하므로 비언어적 자폐성 장애 유아에게 유용하다. 둘째, 청각적 단서보다는 시각적 단서를 사용할 수 있으므로, 시각적 단서에 더 잘 반응하는 자폐성 장애 유아에게 유용하다. 셋째, 최소한의 상호작용을 필요로 하기 때문에 사람들과의 상호작용을 좋아하지 않는 자폐성 장애 유아에게 유용하다.

5. 지체장애 유아의 특성에 따른 지도방법

지체장애의 특성을 고려할 때 교사가 유의할 점은 장애와 관련된 정확한 정보와 함께 유아의 필요를 파악하는 것이다. 파악된 정보를 가지고 지체장애 유아를 불필요하게 과잉보호하지도 않아야 하고, 일반유아에게 요구하는 것과 똑같은 것을 요구해서도 안 되며, 최대한 모든 활동에 참여하도록 격려해야 한다. 또한 함께 지내는 또래들에게 지체장애를 이해시키고 그 친구를 어떻게 도울 수 있는지를 가르치는 것도 중요하다.

여기에서는 뇌전증과 뇌성마비를 보이는 유아를 지도하는 방법을 설명한다. 먼저 뇌전증은 과거에는 '간질'이라고 불렀으나, 사회적 낙인이 심하다는 이유로 변경된 용어이다. 뇌전증은 두뇌의 비정상적인 전기 에너지의 방출로 발작이나 경련을 일으키는 것인데, 이런 경련은 지나치게 많은 자극이 주어진다든지 긴장이 심할 때 나타나는 경우가 많고, 이런 경우는 대부분 예측할 수 있다. 유아가 뇌전증으로 인한 발작을 하면서 호흡에 문제를 보인다면 기도가 막혀 있을 가능성이 높으므로 유아를 옆으로 눕히고 얼굴을 아래쪽으로 향하게 하여 침이나 분비물이 흘러나오게 해 주고 혀가 말려 들어가지 않도록 해야 한다. 또한 부드러운 천 같은 것을 머리맡에 받쳐서 머리가 흔들릴 때 바닥에 심하게 부딪히지 않도록 하고, 주변에 다칠 만한 물건들을 치워야 한다. 경련을 멈추게 하려고 물을 끼얹거나 마시게 해서는 안 된다. 만약 유아가 숨을 쉬지 않거나 입술이 파랗게 변하기 시작한다면, 기도가 열려 있는 것을 확인하고 입으로 숨을 불어넣어 주는 인공호흡을 실시할 수 있어야 한다. 다른 유아들에게는 친구의 경련이 오래가지 않고 곧 좋아질 것이라고 말해 주고 아픈 것이 아님을 설명해 주어야 한다. 그리고 감당하기 어려울 정도로 당황한 경우에는 119에 전화하여 도움을 받아야 한다.

뇌성마비 유아나 그 외 지체장애 유아를 위한 지도방법은 다음과 같다(Klein, Cook, & Richardson-Gibbs, 2007, 2006; Kostelnik, Onaga, Rohde, & Whiren, 2007; Long & Brady, 2017).

- 자세잡기
  - 부적절한 앉기와 자세는 혈액순환을 방해하고, 근육 경직이나 저림 현상이 나타날 수 있으며, 소화와 호흡에도 부정적 영향을 미치기 때문에 교사는 유아의 적절한 앉기와 자세잡기를 도울 수 있어야 한다. 적절한 앉기와 자세잡기는 신체적 안전과 함께 유아가 훨씬 더 원활하게 활동에 참여할 수 있게 해 주고, 자세로 인한 기형이 생기지 않도록 예방할 수 있다.
  - 좋은 앉기 자세란 허리와 엉덩이, 엉덩이와 다리가 90도 각도를 유지

하도록 하고 발은 발 받침대에 편안하게 놓여야 한다. 좋은 자세잡기를 위해서는 골반을 안정되게 고정해야 하고, 팔다리가 뻗치거나 뜨지 않도록 해야 하며, 몸통이 똑바로 세워지게 하고, 목을 가누지 못하면 머리 지지대로 고정해 주어야 한다.

– 유아가 의자에 앉을 때 머리나 몸통을 받치거나 고정해 줄 수 있는 고정벨트나 안전벨트가 맞게 채워져 있는지 확인해야 한다. 또한 바른 자세로 앉을 수 있도록 원통형의 받침대나 굴림통, [그림 4-3]과 같은 웨지(wedge, 받침대), 빈백(beanbag), 발받침 등을 사용한다.

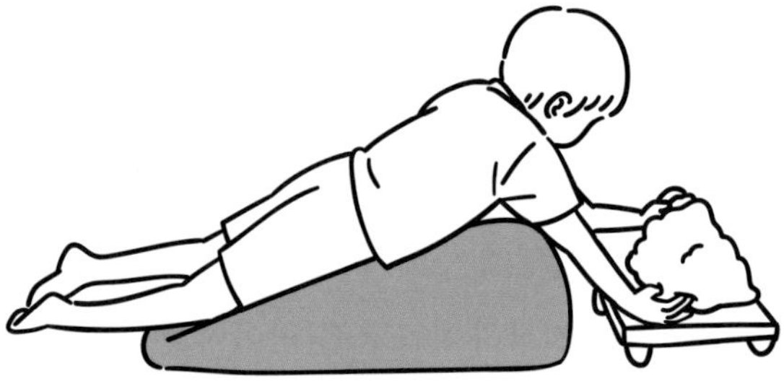

그림 4-3 웨지를 사용하여 활동에 참여하는 유아

– 유아를 성인의 무릎 위에 서 있게 하려면, 성인의 한쪽 무릎을 유아의 두 다리 사이에 놓도록 하고 손으로 유아의 몸통을 잡아 주면 된다. 유아를 바닥에 앉힐 때는 유아가 두 다리를 모아서 앞으로 뻗고 앉을 수 있게 하거나 양 무릎을 세우고 앉을 수 있게 하면 된다. 뇌성마비가 있는 유아들은 흔히 '아빠다리'라고 부르는 자세(또는 양반다리 자세)로 앉게 해서는 안 된다.

- 보조공학 도구 사용하기
  – 독립적 이동을 위해 휠체어, 이동형 보조의자, 워커 등의 보조도구를 사용한다.

– 상향자세 유지를 돕는 스탠더(stander), 피더시트(feeder seat), 코너 의자 등의 보조도구를 사용한다.
– 상향자세가 어려운 유아가 양팔을 자유롭게 사용하여 활동에 참여할 수 있도록 경사용 지지대를 사용한다.
– 자조기술을 스스로 익힐 수 있도록 하기 위해 손잡이가 휘어지는 숟가락, 손등에 끼울 수 있는 숟가락 홀더(holder), 손등을 끼워 잡고 마실 수 있는 컵 등의 보조도구를 사용한다.
– 활동의 참여를 돕는 쥐기 보조도구, 스프링 가위 등의 활동 보조도구를 사용한다.
– 중증의 지체장애 유아라 하더라도 단순한 스위치를 만들어 주어서 전자도구를 작동하는 것으로 활동에 참여할 수 있도록 할 수 있다.
– 표현능력 증진을 위해 보완대체 의사소통 방법을 사용하게 한다.

• 충분한 시간을 주며 대화에 집중하기
– 교사의 요구에 대해 유아가 스스로 반응할 때까지 충분히 기다려 줄 필요가 있다. 뇌성마비 유아는 근육의 긴장성이나 자세조절의 어려움으로 자기가 들은 내용을 이해했어도 즉각적으로 반응하는 데 어려움이 있을 수 있기 때문이다.
– 유아가 표현할 때는 유아의 목소리나 표정에도 관심을 기울여 듣거나 보아야 하고, 도중에 교사가 유아를 대신하여 문장을 말해 주거나 유아의 표현을 중단해서는 안 된다.
– 대화 중에 원하지 않아도 불수의적으로 나타날 수 있는 초기반사로 인해 나타나는 움직임을 오해하지 않아야 한다. 예를 들어, 뇌성마비 유아가 말을 하려고 할 때 머리를 옆으로 돌리는 반사적 움직임은 말하기 싫다는 거부의 뜻이 아님을 알아야 한다. 이런 움직임은 자세조절로 줄여 줄 수 있다.

6. 건강장애 유아의 특성에 따른 지도방법

건강장애 유아의 성공적인 통합교육을 위해서는 무엇보다도 정보수집이 중요하다. 교사는 유아의 약 복용이나 처치 등의 의학적 필요는 무엇인지, 말로써 소통할 수 있는 능력이 어느 정도인지, 신체를 다루거나 움직임이나 운동할 때 주의할 사항이 있는지, 이동능력은 어느 정도인지, 이해할 수 있는 인지능력은 어느 정도인지, 교실 생활에서 유의할 사항은 무엇인지, 기자재나 보조도구를 사용하는지 등에 대한 정보를 알고 있어야 한다. 그뿐만 아니라 질병으로 인하여 교육 상황에서 나타날 수 있는 증상과 대처방법에 대한 정보도 알고 있을 필요가 있다. 예를 들어, 소아당뇨를 앓고 있는 유아의 경우 피부색이 더 하얗게 되거나, 눈이 충혈되거나, 예민하고 불안정한 행동을 보이는 것은 혈당이 낮아졌기 때문이며, 이를 위해서는 오렌지 주스와 같은 당원을 준비하고 있다가 마시게 해야 한다는 정보를 알고 있어야 한다.

7. 시각장애 유아의 특성에 따른 지도방법

시각장애가 있는 경우는 자신의 환경과 독립적으로 상호작용하기 위해 방향정위와 이동성 훈련을 받아야 하고, 정보를 수용하고 표현할 수 있도록 점자와 묵자를 교육받아야 한다. 이런 것은 특수교육에서 담당할 내용이다.

- 방향정위: 시각 외의 잔존 감각기관을 통해서 자신과 주위 환경과의 관계를 이해하는 능력이다.
- 이동성: 물리적 환경에서 안전하고 독립적으로 다닐 수 있는 능력이다.

- 점자: 점자는 시각장애인이 촉각을 사용하여 읽고 쓸 수 있도록 만들어진 것으로, 가로 2줄과 세로 3줄의 6개의 점으로 구성되어 있다. 프랑스의 시각장애인인 Louis Braille에 의해 1829년에 창시되었으며, 우리나라는 박두성에 의해 1926년에 한글판 점자가 만들어졌다.
- 묵자: 일반인이 사용하는 글자를 점자와 구별하여 부르기 위해 사용하는 용어이다.

통합교육현장에서 시각장애의 특성을 고려하여 지도할 때는 교육내용보다는 교수방법과 학습환경을 수정할 필요가 있다. 제3장에서 그 특성을 설명한 시각장애 유아의 성공적 통합교육을 위한 지도방법은 다음과 같다(Allen & Cowdery, 2015; Bishop, 2004; Gargiulo & Kilgo, 2020; Klein, Cook, & Richardson-Gibbs, 2007).

- 교사는 유아의 기능적 시각검사 결과에 대한 정보를 알고 있어서 유아가 시각을 어떻게 사용하는지 알고 있을 필요가 있다. 즉, 교사는 유아가 사물을 볼 수 있는 거리, 선호하는 시야, 색의 선호도, 색대비 등에 관한 정보를 제공받아야 한다.
- 청각이나 촉각 등의 다양한 감각을 활용한 교재나 장난감을 제공한다.
- 어떤 활동이나 기술을 위한 사물을 명명할 때 시각장애 유아는 사물의 다양성을 시각적으로 구분하기 어렵기 때문에 대표되는 한 가지 용어를 일관성 있게 사용하는 것이 좋다. 예를 들어, 운동화, 샌들, 고무신, 크록스, 쪼리, 구두, 슬리퍼, 단화, 런닝화, 등산화 등으로 여러 다른 이름을 사용하기보다는 '신발'이라는 용어를 일관성 있게 사용하는 것이 좋다.
- 자기 주변 환경을 적극적으로 탐색할 수 있도록 격려하고 도움을 주는 것이 좋다. 이때 냄새를 맡아 보도록 격려할 필요가 있다. 음식이나 꽃향기뿐 아니라 흙냄새나 어항의 냄새도 맡아 보게 할 필요가 있다. 소리에 대해서는 왜, 어디에서 나는 소리인지 탐색하게 해 주는 것이 좋다.

- 일상에서 발생하는 환경음이나 사건을 자세히 설명해 주는 것이 좋다. 예를 들어, 교사가 그림자료를 보여 주고 있다면 어떤 그림인지 자세히 설명해 주는 것이 좋다. 유아를 그네에 앉힐 때에도 그네를 설명해 주고 거기에 앉아서 어떻게 움직여야 하는지 설명해 준다. 운동화 끈이 풀렸을 경우에도 무작정 아이를 멈춰 세우고 끈을 묶어 주기보다는 신발 끈이 풀렸음을 알려 주고 무엇을 할 것인지 말해 준다. 누군가 문을 열고 들어오면 누가 들어왔는지 알려 준다.
- 수업 중에 사용할 교구나 놀잇감은 수업 전에 잔존감각(시각을 제외한 감각: 후각, 청각, 촉각 등)을 활용하여 탐색할 기회를 준다.
- 유아의 얼굴에 직접 빛이 향하도록 하는 것은 피하는 것이 좋다.
- 유아와 마주할 때는 유아가 빛을 등지고 서도록 해서 마주한 어른의 얼굴에 빛이 비춰 밝게 보일 수 있도록 서는 것이 좋다.
- 유아에게 진한 색의 사물을 줄 때는 밝은 색의 바탕 위에 놓아 주어서 색이 대비되어 구별할 수 있도록 제시하는 것이 좋다.
- 유아의 시력적 특성에 따라 물건을 다른 위치에 놓아야 한다. 근시인 유아에게는 물건을 가까이 놓아야 하고 문자는 확대해 주어야 한다. 시야가 좁은 터널시야를 지닌 유아는 작은 사물을 더 쉽게 관찰할 수 있으므로 사물을 좀 더 멀리 놓아 작게 보이게 해 주어야 한다.
- 유아에게 어떤 기술을 가르치거나 사물을 탐색하도록 할 때는 유아의

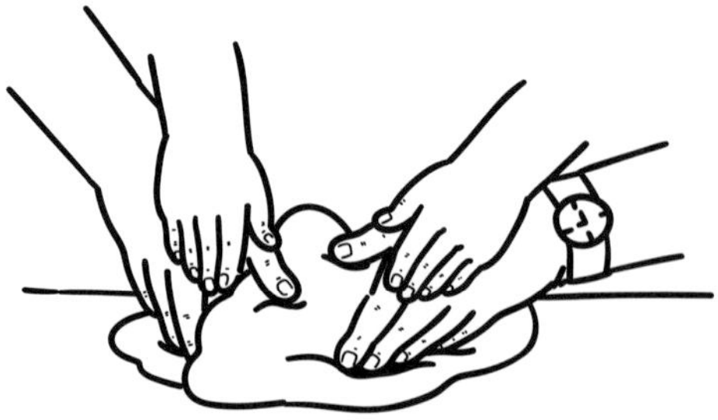

그림 4-4 손-아래-손 방법을 사용하는 예

손 위에 교사의 손을 얹는 손-위-손 방법을 사용할 수도 있고, 유아가 직접 만지는 것을 싫어하거나 두려워하면 유아의 손 아래에 교사의 손을 놓도록 하는 손-아래-손 방법([그림 4-4] 참조)을 사용할 수도 있다.

- 시각장애 유아는 사물의 모형을 이해하는 데 어려움이 있기 때문에 기능적이고 실제적인 환경에서 실제 사물을 활용하여 지도하는 것이 좋다. 예를 들어, 유아용 변기보다는 화장실 변기에서 가르치는 것이 좋고, 강아지 인형보다는 실제 강아지를 만져 보게 하는 것이 좋다.

8. 청각장애 유아의 특성에 따른 지도방법

청각장애가 있는 경우는 청력 손실로 인한 의사소통의 어려움을 해결하기 위해 독화훈련, 발성·발어 훈련, 청능훈련 등이 필요하다. 이런 것은 특수교육에서 담당할 내용이다.

- 독화훈련: 시각을 통해 입술 모양이나 얼굴 표정, 제스처 및 기타 상황적 단서를 받아들여 화자의 말의 의미를 이해하도록 하는 것이다.
- 발성 · 발어 훈련: 호흡훈련, 조음기관훈련, 시각훈련, 촉각훈련, 청능훈련 등의 감각훈련을 바탕으로 발화하도록 훈련하는 것이다.
- 청능훈련: 잔존청력을 최대한 활용하여 소리의 유무를 감지하고, 서로 다른 소리를 변별하고, 소리를 모방하여 언어발달에 도움을 주는 것이다.

청력 손실로 인하여 말로 소통하는 것이 어려운 청각장애 유아의 성공적인 통합교육을 위한 방법은 다음과 같다.

- 교사가 청각장애 유아를 도우려는 마음으로 몸짓이나 입모양 등을 과장하게 되면 그런 표현에 의존하게 되어 구어를 이해하는 데 방해가 된다. 그러므로 청각장애 유아와 대화를 할 때는 보통의 음성과 몸짓을 사용하는 것이 더 좋다.
- 활동 중에 청각적 단서를 시각적 단서로 바꿔 제공한다. 예를 들어, 출발 신호 대신에 깃발을 흔들거나 박자 맞추기를 위해 메트로놈을 사용한다.
- 활동 중에 진동을 느낄 기회를 제공한다. 예를 들어, 타악기나 리듬 악기를 두드리거나 흔들며 음의 진동을 느끼도록 하거나 음악이 나오는 스피커에 손을 대고 진동을 느끼도록 한다.
- 교사는 보청기를 점검하는 방법을 알고 있어야 한다.

> - 보청기: 소리 에너지를 전기 에너지로 바꾸어 증폭시킨 다음 다시 소리 에너지로 변환하여 귀에 전달해 주는 음향 증폭기

- 청각장애 유아가 말하는 사람을 정면으로 볼 수 있도록 해 주어야 한다.
- 교실 안팎의 소음을 가능하면 줄여 준다. 보청기를 착용하면 말소리뿐 아니라 모든 소리가 증폭되어 들리기 때문에 주변의 소음 수준을 고려해야 한다.
- 유아의 청력 손실과 관련된 정보를 알고 있어야 한다. 예를 들어, 데시벨(dB)로 측정 가능한 청력 손실의 정도, 유아가 선호하는 음의 높낮이, 유아의 청력 손실의 원인이 되는 청각 경로를 알고 있어야 한다. 유아의 잔존청력이 고음인지 저음인지 알아야 하고, 유아가 듣기 위해서 필요한 소리의 크기는 어느 정도인지 알아야 한다. 유아의 청력 손실이 저음보다 고음에서 문제를 보이는 경우가 더 심각한데, 그 이유는 소리가 왜곡되면 소리는 크게 들리더라도 분명하게 들리지는 않기 때문이다.

- 데시벨(decibel: dB): 소리의 상대적 크기를 측정하는 단위

이상으로 교사가 장애유아를 교육할 때 여덟 가지 각 장애의 특성에 따라 주의해야 할 지도방법을 살펴보았다. 제3장의 장애유형별 특성과 제4장의 장애특성별 지도방법은 연결하여 이해할 필요가 있다.

제5장

장애유아의 가족 이해

장애유아를 교육하는 데 있어서 가족의 영향은 참으로 지대하다. 유아의 발달을 촉진시키고 지속시키는 가장 효과적이고 경제적인 체계가 바로 가족이라는 점을 생각할 때, 유아교육기관과 가정이 잘 연계되는 것은 대단히 중요하다. 부모가 교육기관의 교육과정에 적극적으로 참여할 때 교육기관의 프로그램 효과가 유지되고 증폭될 가능성이 높아지기 때문이다. 따라서 교사는 장애유아의 교육을 위해서 장애유아뿐 아니라 그 가족을 잘 이해할 필요가 있다.

1. 장애유아의 부모 이해

1) 장애유아 부모의 정서적 반응

어느 부모라도 자신들의 기대치와 다른 자녀를 갖게 될 수 있다. 그 기대치에 어긋나는 정도가 클수록 부모는 다양한 정서적 어려움을 겪게 되기 마련인데, 장애를 지닌 자녀가 태어나거나 자녀가 장애가 있다고 진단 받게 된 부모는 그 어려움이 더 크고 복잡할 수 있을 것이다.

장애유아의 출생과 관련하여 일반적으로 받아들여지고 있는 설명은, 부모가 기대했던 아이가 아니라는 사실 때문에 장애유아 부모는 사랑하는 사람을 잃은 상실의 경우와 비슷한 정서적 단계(충격, 불신, 거부, 분노, 타협, 우울, 수용)를 거치게 된다는 것이다. 그러나 이는 모든 부모에게 동일하게 적용되지도 않고, 유사한 단계를 거친다고 해도 그 적응 속도는 부모마다 각기 다를 수 있다. 모든 단계를 한꺼번에 겪는 부모도 있고, 어떤 단계도 거치지 않는 부모도 있으며, 단계를 거치더라도 순서를 달리 경험하거나 다양한 강도나 속도로 경험하는 부모가 있다(노진아 외, 2011). 모든 부모가 자녀의 장애 진단에 대해 같은 방식과 순서로 반응하는 것은 아니라는 것이다. 그리고 장애에 대한 수용의 과정이나 속도는 부모에게 주어지는 자원의 정도나 압력의 정도에 따라서도 서로 다를 수 있다. 그러므로 교사는 장애유아 부모의 정서상태에 대해 자신이 알고 있다고 가정해서는 안 된다. 교사의 가족 중에 장애가 있는 사람이 있는 경우가 아니라면, 교사는 장애유아 가족의 정서를 이해한다고 함부로 속단해서는 안 될 것이다.

장애유아 부모가 겪는 정형화된 정서적응 단계가 있는 것은 아닐지라도, 교사는 장애유아 부모가 경험하는 일반적인 정서변화의 과정과 그에 대한 대처에 대해 이해하고 있을 필요가 있다. 장애유아 부모들이 거치는 정서적 반응단계로 가장 널리 소개된 것은 일반적으로 '슬픔의 단계'라고 알려져 있는 것이다. 이 단계는 Kübler-Ross(1969)가 암 환자들을 대상으로 실시한 죽음과 임종에 관한 연구에서 밝혀진 것으로, 슬픔의 단계는 충격과 불신과 부정, 분노와 분개, 타협, 우울과 좌절, 수용으로 분류된다. 자녀가 장애가 있음을 알게 되면 부모는 바라던 아이의 상실을 경험하게 되는 것이므로 깊은 슬픔의 단계를 밟는다고 여겨져서, 이러한 '슬픔의 단계' 분류방법을 장애유아 부모에게 적용해 온 것이다. 〈표 5-1〉은 슬픔의 단계마다 나타나는 특성과 그에 대한 대처나 지원 방법에 대한 내용이다.

표 5-1 슬픔의 단계별 특성과 지원 방법

정서 단계	부모 반응 특성	대처 및 지원 방법
충격, 불신, 부정	• 수치심, 죄책감, 무가치함, 과잉보상을 보임 • 진단을 위해 여러 의사를 찾아다님 • 정보 탐색에 몰두하고 지원 제공을 거부함	• 수용하며 공감적 태도로 듣기 • 감정을 표현하도록 격려하기 • 그런 감정이 자연스러운 것임을 확신시키기 • 가족이 공유할 수 있는 아이의 강점을 찾기 • 준비되었을 때, 필요한 자원을 제공하기(예: 자조모임 소개)

분노, 분개	• 도움을 주려는 사람을 향해 분노를 표출함 • 진단의 정확성에 대해 전문가와 논쟁을 벌임 • 장애 자녀가 없는 사람을 향해 분노함	• 사려 깊은 경청의 태도 갖기 • 가족의 분노와 화를 표현할 수 있도록 격려하기 • 부모의 느낌에 대해 논쟁하지 않기 • 부모의 공격적인 말에 방어하지 않기(부모의 반응을 개인적으로 받아들이지 않기)
타협	• 장애가 없어질 수만 있다면 무엇이든 하려는 믿음을 가짐 • 신과 협상하려 함('장애를 사라지게 해 준다면 무엇이든 하겠다.')	• 적극적으로 경청하기 • 지지를 보여 주기 • 전문적인 견해를 부모에게 강요하지 않기 • 비평하지 않기
우울, 좌절	• 현실을 수용하기 시작하고, 기대했던 아이를 잃어버렸음에 대해 슬퍼하게 됨 • 아이의 잠재력을 볼 수 없고 단지 아이의 결함만을 보려 할 수 있음	• 적극적이고 반영적인 경청하기 • 부모지원집단과 같은 자원을 제안하기 • 우울증이 만성적으로 나타난다면 상담을 받을 수 있도록 의논하기 • 아이의 강점에 대해 지속적으로 의논하기
수용	• 아이의 요구에 초점을 맞추는 대신 아이의 강점을 보기 시작함 • 아이의 삶을 향상시키기 위해 긍정적이고 주도적인 입장을 견지함	• 경청을 계속하기 • 진보에 대해 격려하기 • 아이의 강점에 대해 지속적으로 강조하기 • 가족들의 역량강화를 위해 지원하기

출처: Cook, Tessier, & Klein (2000)에서 발췌하여 수정.

장애유아의 부모가 〈표 5-1〉과 동일한 정서적 반응단계를 거치든 그렇지 않든, 아이의 장애 진단을 받은 시기가 언제이든 간에 장애유아 부모들은 분명히 일상을 압도할 만큼의 커다란 변화에 직면하게 된다. 부모들의 장애에 대한 수용의 정도가 어떠하든지 간에 그런 변화에 직면하는 것은 분명히 그들에게 큰 도전이 될 것이다. 그러한 도전은 매우 개인적이기 때문에 그들의 정서적 반응도 자기만의 특성을 보일 수 있다. 그들이 그러한 도전을 헤쳐 나갈 그들만의 방법을 찾아가기 위해서는 그들에게 맞는 만큼의 시간이 필요할 것이다.

2) 장애유아 부모의 스트레스

일반적으로 아이의 출생은 부모에게 다양한 역할 변화를 요구하고 삶의 여러 면에서 많은 도전을 하게 하기 마련이다. 그런데 장애를 지닌 자녀가 태어난다면 일반아이의 출생이 가져다주는 어려움뿐만 아니라 그런 아이를 두지 않은 가족은 결코 겪어 보지 않을 부가적인 책임감과 어려움까지 갖게 된다. 따라서 장애유아의 부모는 자신들 앞에 닥친 커다란 변화에 저항하거나 적응하려 할 때 남들이 알기 어려운 스트레스가 있을 것이다.

현실적으로 장애유아는 일반유아와 비교하여 양육에서 부가적 스트레스가 있을 수 있다. 예를 들어, 병원을 더 자주 방문해야 하고, 장애로 인한 유아의 섭식과 수면, 배변처리에 더 큰 어려움이 있을 수 있다. 장애가 있는 자녀의 돌봄과 교육 그리고 치료에서 더 많은 시간을 할애해야 하는 주양육자(주로 엄마)는 신체적이고 정서적인 스트레스를 더 많이 받을 수 있고, 가정경제를 책임지는 배우자는 경제적이고 사회적인 스트레스를 더 많이 받을 수 있다.

장애유아의 부모가 갖는 현실적인 문제들은 다음과 같다(노진아 외, 2011; 최민숙, 2002).

- 장애유아의 주양육자는 육체적 어려움이 크다. 매일 매일 끊임없이 장애유아를 돌보아야 하는데 밤에도 제대로 자지 못하는 경우가 잦아서 늘 피곤한 경우가 많다. 또 장애유형에 따라서는 유아를 업거나 안아야 하는 일이 빈번하기 때문에 허리를 비롯한 다른 신체 부위의 통증을 느끼는 경우도 많다.
- 장애유아의 주양육자는 절대적으로 시간이 부족하다. 장애유아는 일반유아가 일정 연령이 되면 자연스럽게 습득하게 되는 자조기술의 습득이 늦어지거나 어려워서 양육자가 일일이 돌봐 주어야 하고, 유아의 장애로

인해 병원이나 치료실 등을 아이와 함께 방문해야 하는 일이 많기 때문이다. 장애유아 부모는 개인시간이나 여가시간을 보낼 여유가 부족하다.

- 장애유아를 돌보는 것으로 인한 육체적 피로와 시간 부족은 자연히 양육자로 하여금 다른 일을 할 수 없게 하므로, 친교가 부족하게 되어 주양육자를 사회적으로 고립되게 한다. 또한 장애인에 대한 사회적 편견과 배제도 장애유아 부모를 사회적으로 고립되게 한다.
- 장애유아로 인하여 가족관계에서 갈등이 커질 수 있다. 이는 장애유아가 있는 모든 가정에 해당되지는 않을지라도 장애유아의 출생과 양육이 가정에 예상하지 못한 관계의 어려움을 가져오는 경우가 많다.
- 일반유아였다면 고민하지 않아도 되는 문제(예: 초등학교 입학을 특수학교와 일반학교 중 어디로 할 것인가)를 비롯하여, 장애유아의 미래에 대한 걱정이 많다.
- 장애의 정도가 심한 경우에는 응급상황에 잘 대처하지 못할 수도 있다는 불안이나 극단의 경우에 직면하는 것에 대한 두려움이 있다.
- 장애유아가 지니고 있는 특성(예: 낮은 반응성, 까다로운 기질, 낮은 집중력, 부족한 활동성 등)으로 인해 부모는 유아와 상호작용하며 의사소통하는 데 어려움이 있다.
- 일반유아에 비교하여 치료비, 교육비, 보장구 구입비 등으로 추가적 비용이 더 필요하게 되므로 경제적 어려움이 따른다. 또한 엄마가 장애유아의 양육을 위해 경제활동을 포기해야 하는 경우에는 그에 따른 경제적 문제뿐 아니라 엄마의 우울감을 증가시키는 문제까지 발생하게 된다. 그리고 부모는 경제적 어려움에 대해 죄책감이나 수치심 같은 부정적 감정을 경험하기도 한다.

2. 장애유아의 형제자매 이해

유아들에게 형제자매는 서로 친구이자 돌보는 자와 가르치는 자의 역할을 하게 된다. 형제자매들은 많은 시간을 함께 보내면서 서로의 성장과 발달에 영향을 주게 된다. 이는 장애유아의 형제자매 관계에서도 마찬가지이다. 그런데 장애유아의 형제자매는 부모보다 더 어리고 덜 성숙하기 때문에 장애를 지닌 형제자매가 보이는 특성 또는 장애가 있는 형제자매나 자기를 다르게 대하는 부모의 태도나 사회가 장애를 지닌 형제자매를 바라보는 시각 등으로 인해 답을 얻지 못한 수많은 질문을 담은 채 고민하며 어려워할 수 있다. 여기에서는 장애유아가 비장애 형제자매에게 미치는 영향에 따른 비장애 형제자매의 어려움을 살펴본다.

장애유아는 그들의 형제자매에게 부정적인 영향을 주기도 하고 긍정적인 영향을 주기도 한다. 장애유아의 형제자매는 장애유아로 인해 부정적인 감정(예: 죄책감, 분노 등)을 경험하거나 특별한 어려움을 갖기도 하지만 또래에 비해 더 성숙하고 책임감 있는 태도를 보이거나 다른 사람들에게 배려와 친절을 보이는 경우도 보고되고 있다(노진아 외, 2011). 장애유아의 형제자매가 가지는 문제는 장애유아가 지닌 장애의 종류나 정도에 따라 그리고 장애유아가 속한 가정의 환경에 따라 다양할 수 있지만, 대체적으로 장애유아의 형제자매는 다음과 같은 어려움을 겪을 수 있다(노진아 외, 2011; 최민숙, 2002).

- 부모가 장애유아를 돌보는 데 많은 시간을 할애하기 때문에 부모의 관심이 부족하다고 여겨서 소외감을 느끼고 그로 인해 부모와의 관계에서 어려움을 지닐 수 있다.
- 장애를 지닌 형제자매를 사랑하는 마음도 있지만 부모의 관심을 차지하는 장애유아에 대한 질투나 분노를 느낄 수도 있어서, 자신의 그런 양가

감정에 대해 갈등하며 죄책감을 느낄 수 있다.

- 부모가 장애유아에게서 채움 받지 못한 것을 자신들에게 과도하게 기대할 때, 부모의 기대로 인한 정서적 어려움이 있을 수 있다.
- 장애유아를 돌보는 일에서 부모를 돕거나 가사를 분담해야 하기 때문에 육체적 고통이 있을 수 있다.
- 비장애 형제자매는 놀 때에도 장애가 있는 형제자매를 돌봐야 하는 경우가 있을 수 있다. 이는 사회적 상호작용의 어려움을 보이거나 그런 기회가 부족한 장애유아를 데리고 놀아 달라는 부모의 바람 때문인 경우가 많다.
- 다른 가족들에 비교하여 상대적으로 가족 전체가 함께하는 활동이 부족할 수 있다.
- 자신을 장애유아와 동일시하여 부정적인 자아개념을 갖게 되는 경우가 있다.
- 장애유아가 보이는 문제행동으로 인한 정서적 어려움을 겪을 수 있다.

이러한 어려움을 살펴보면 장애유아의 형제자매도 장애유아처럼 특별한 요구가 있는 자들임을 알 수 있다. 부모와 교사를 포함한 주변 사람들이 장애유아의 형제자매가 갖는 이러한 실질적 어려움을 이해하고 도와준다면 그들의 어려움이 경감될 뿐 아니라, 그 결과는 장애유아의 형제자매가 장애유아에게 긍정적인 영향을 주는 효과로 이어질 수 있다. 장애유아 형제자매의 어려움을 이해하고 도와주려면 무엇보다도 그들이 가지고 있는 정서적 어려움에 대해 자유롭게 말할 수 있는 기회가 자주 주어지는 것이 중요하다(Powell & Ogle, 1985). 가정에서는 비장애 형제자매가 장애유아를 돌보는 것에 대한 부담감을 부모에게 솔직히 이야기할 수 있는 분위기가 만들어져야 할 필요가 있다. 또한 장애유아의 형제자매들이 장애와 관련하여 가지고 있는 질문에 대해 현실적인 정보를 제공해 주어야 한다. 정보의 부족이 막연한 불안이나 두려움을 가중시키기도 하기 때문에 불필요한 부정적 정서를 제거하기 위해서는 정확한 정보가 제공되어야 한다. 이런 점을 통합교육현장에 유사하게 적용할 수 있다. 교사는 일반유아들이 교실에서 장애유아 친구로 인해 생기는 불편한 마음에 대해 교사와 솔직하게 대화할 수 있도록 도와주어야 할 것이다. 이에 대해서는 제13장에서 좀 더 설명할 것이다. 또한 통합되어 있는 장애유아의 장애에 대해 다른 유아들이 알아야 할 정보와 그들이 장애유아를 도와줄 수 있는 방법들을 유아의 눈높이에 맞게 구체적으로 알려 주어야 할 것이다.

비장애 형제자매가 장애유아에 대해 갖는 태도는 비장애 형제자매의 나이나 장애유아와의 나이 차이에 따라 다를 수 있다. 보통 비장애 형제자매의 나이가 더 많거나 연령 차이가 큰 경우에는 좀 더 긍정적인 태도를 보인다. 하지만 나이 차이보다도 비장애 형제자매가 장애유아에 대해 갖는 태도에 더 큰 영향을 주는 것은 장애유아에 대한 부모의 태도이다(Burke & Montgomery, 2000). 부모가 장애유아로 인해 스트레스를 많이 받고, 장애유아에 대해 비관적 태도를 보이는 것을 비장애 형제자매가 자주 경험할수록 장애유아에게 더 적대감을 보이는 등 부정적인 태도를 갖게 된다. 이런 점은 장애유아의 통합교육을 담당하는 교사에게도 시사하는 바가 크다. 교사는 장애유아로 인한 자신의 스트레스나 장애유아에 대한 태도를 스스로 점검하여, 통합학급의 유아들이 장애유아에게 부정적인 영향을 주지 않도록 주의해야 할 것이다.

3. 장애유아 부모와 교사의 협력관계

유아기는 어느 성장기보다도 가정과 연계한 교육이 필요하고 중요한 시기이므로, 부모의 적극적 참여 없이는 통합교육에 대한 최상의 결과를 기대하기 어려울 것이다. 그러므로 교사는 부모와 협력적 관계를 맺기 위해 최선을 다해야 한다. 장애유아 교육을 위해 부모와 전문가들의 협력관계를 강조한

Turnbull과 그의 동료들(2013)은 '협력'을 다음과 같이 정의했다.

> 협력은 가족과 전문가들이 각자의 전문성과 자원을 토대로 하여, 가족과 전문가에게는 간접적인 혜택을 주고 장애아동에게는 직접적인 혜택을 주기 위해, 동의하여 형성한 관계를 뜻한다.

이 정의를 살펴보면, 협력이란 부모와 교사가 서로의 전문성을 인정하는 평등관계에서 출발해야 하며, 협력을 통해서 장애유아뿐 아니라 가족과 교사에게도 유익이 있을 것이고, 그 관계는 서로의 동의를 전제로 만들어 가는 것임을 의미하고 있다.

교사는 부모와 협력관계를 형성하기 위해서 장애유아 부모가 자기 자녀에 대한 전문가임을 인정하고, 장애유아의 교육에 미치는 힘에 있어서 부모와 평등한 관계라는 태도를 보여 주어야 한다. 부모만큼 자기 자녀에 대해 잘 아는 사람들도 없으며 부모는 장애유아와 가장 많은 시간을 함께 보내며 돌보는 사람들이다. 그러므로 그들은 장애유아의 강점과 필요뿐 아니라 장애유아에 대한 정보를 가장 많이 알고 있는 사람들이다. 따라서 교사는 부모가 지니고 있는 장애유아에 관한 정보를 공유하면서 부모가 장애유아 교육에 있어서 그들의 역량을 최대한 발휘할 수 있도록 부모와 힘을 나누어 가져야 한다.

또한 교사는 부모와 협력적 관계를 맺기 위해 가족의 문화와 그들만의 강점을 인정해 주며 존중하는 태도를 보여 주어야 한다. 특히 교사는 장애유아와 관련하여 부모가 내린 결정에 대해서 존중해야 한다. 왜냐하면 장애유아에게 있어서 교사는 바뀌어도 부모는 바뀌지 않는 존재이므로 부모야말로 장애유아에게 가장 지속적인 영향력을 미칠 수 있는 사람들이기 때문이다. 사실, 유아의 심리적·사회적 발달에 가장 큰 영향을 미치는 것은 부모의 양육태도였고, 신체발달이나 언어발달과 같은 다른 발달영역에서도 장애의 심각성과 같은 다른 요인들보다 부모의 양육태도의 영향력이 더 큰 것으로 보고

되었다(Aran, Shalev, Biran, & Gross-Tsur, 2007). 교사가 장애유아 부모를 존중하는 태도를 보이는 것은 장애유아의 삶의 질에 가장 큰 영향을 미칠 수 있는 존재가 부모임을 인정하는 것이다.

그리고 교사는 부모와 편안한 신뢰관계를 형성해야 한다. 신뢰감은 상대방에 대해 안전하다고 여겨질 때 만들어지기 시작하는 것이다. 그러므로 교사는 신뢰를 쌓기 위해서 장애유아 부모와 관계를 형성할 때 장애유아와 그 가족에 대해 알게 된 민감한 내용에 대한 비밀을 유지하고, 그들의 사생활을 보장해 주어야 한다. 신뢰란 경험을 통해 축적되는 것이므로, 장애유아 부모와 꾸준한 직간접적인 관계 경험을 만들어 가며 신뢰를 쌓아 가야 할 것이다. 또한 부모들의 어려운 질문에 대해서 모르는 것은 모른다고 말할 수 있어야 하고, 들어주기 어려운 요구에 대해서는 못한다고 말할 수 있어야 한다. 교사 자신의 한계를 명확히 알려 줄 때 오히려 부모의 신뢰를 더 얻을 수 있다. 모른다고 말하는 것을 두려워하지 말라. 변명하거나 방어적 태도를 취할 필요가 없다.

교사가 부모와 협력관계를 만들기 위한 좀 더 구체적인 방법은 Turnbull과 그의 동료들(2013)이 장애 전문가가 부모와 협력관계를 맺는 데 필요한 원칙으로 제시한 『장애아 가족지원: 가족, 전문가, 장애아: 협력과 신뢰를 통한 긍정적 성과』(학지사, 2013)를 참고할 수 있다.

4. 장애유아 부모와의 의사소통

부모와 교사가 절친한 친구가 될 필요는 없지만 장애유아의 교육을 위해서 협력할 수 있는 관계는 되어야 한다. 교사가 부모와 협력관계를 이루려면 질 높은 의사소통이 필수적이다. 부모와 교사가 좋은 의사소통 관계를 유지할 수 있는 중요한 요인 중 하나는 의사소통의 빈도이다(Blue-Banning, Summers, Franland, Nelson, & Beegle, 2004). 부모와 교사의 효과적인 의사소통을 위해서는 빈번한 의사소통과 잦은 정보교환이 필요하다는 뜻이다. 교사가 부모에게 자기가 하고 싶은 말을 편안하고 자유롭게 할 수 있는 기회가 자주 주어져야 한다. 이를 위해서 친구나 동료들과 대화하듯이 부모와 비구조화되고 비공식적인 대화의 기회를 만드는 것이 중요하다. 교사는 부모와 이런 비공식적 대화를 하기 위해서 유아의 등 · 하원 시간을 이용할 수도 있다. 이런 시간이 비록 짧을지라도 "○○이는 오늘 아침에 잘 일어났나요?" "○○이가 밤에 잘 잤어요?" "○○이가 오늘 점심을 남기지 않고 다 먹었어요."와 같이 상세한 정보에 대해 이야기를 나눌 수도 있고, "지난번 가족 여행은 잘 다녀오셨어요? 어디로 가셨나요?" "김장은 하셨어요?"와 같이 부모의 개인적 관심사나 가족 행사 등에도 관심을 보일 수 있다. 교사와 일상을 나누는 이런 짧은 대화는 사회적으로 고립되기 쉬운 부모에게 유용한 상호작용이 될 수도 있다. 또한 이러한 편안한 비공식적 대화가 자주 이루어지면 부모와 교사의 관계가 단단해지는 진정한 협력관계를 이루는 토대가 만들어질 수 있다. 그래서 어떤 의미에서는 이런 비공식적 대화가 공식적인 만남에서 이루어지는 대화보다 더 중요하다고 할 수 있다.

비공식적 대화 이외에도 부모와 교사는 정기적인 의사소통 통로를 가지고 있어야 한다. 유아가 지니고 있는 장애의 특성(예: 표현언어의 부족) 때문에 교육기관에서 있었던 일을 부모에게 스스로 말하지 못하는 경우라면, 부모가 교육기관에서 일어난 일들을 파악하는 데 있어서 부모와 교사의 정기적인 의사소통은 아주 큰 도움이 될 것이다. 정기적인 의사소통을 위해서 글과 말을 이용할 수 있다. 글을 이용한 의사소통에는 알림장, 전자우편 및 문자 주고받기가 있다. 그러나 글이 가지고 있는 한계로 인하여 오해를 불러일으킬 수도 있으므로, 민감한 내용은 직접 만나서 대화해야 한다. 말을 이용한 의사소통에는 전화통화, 부모모임, 일대일 면담 등이 있다. 특히 전화통화는 부모와 교사가 직접 만나는 데 필요한 시간을 절약해 주는 장점이 있다. 효과적인 전화통화가 이루어지려면 부모와 교사가 서로 방해받지 않고 여유 있게 통화하기 쉬운 시간을 서로 약속하여 미리 정하는 것이 좋다. 정기적인 전화통화가 이루어진다면 부모는 교사와 자녀의 발달에 관한 다양한 이야기를 나눌 수 있으리라 기대하게 될 것이다. 교사는 부모와 약속한 통화시간을 잊지 않도록 해야 한다. 또한 정기적인 전화통화는 부모의 감정을 나눌 수 있는 창구 역할을 할 수도 있을 것이다. 그러나 전화통화도 상대의 표정이나 몸짓 등을 포함한 비언어적 내용은 볼 수 없기 때문에, 심각한 내용은 직접 만나서 대화하는 것이 좋다.

교사와 부모의 대화를 통해 장애유아 가족의 필요나 적응력을 이해할 수 있는 가장 자연스럽고 좋은 방법 중 하나는 부모에게 전형적인 하루 일과를 구체적으로 이야기하도록 하는 것이다. 이때 교사는 부모의 걱정이나 관심사에 귀를 기울여 들어야 한다. 공감하면서 적극적으로 잘 들으려면 판단하는 자세를 버리고 말하는 상대의 입장이 되어서 그 내용의 의미를 이해하려는 노력이 필요하다. 누구나 상대가 자기 이야기를 경청한다고 생각되면 더욱 편하게 자신의 이야기를 충분히 말할 수 있게 된다. 이는 신뢰가 생긴다는 의미이다. 그뿐만 아니라 교사가 자기를 존중하며 이해해 주고 있다고 느끼게 되면 부모는 교사가 하는 이야기도 기꺼이 더 잘 들으려는 마음을 갖게 된다. 그러므로 교사의 이야기를 잘 전달하기 위해서라도 교사는 부모의 말에 공감적으로 경청해야 한다.

부모와 대화 중에, 특히 부모가 장애유아와 관련한 감정을 표현할 때, 교사는 부모의 감정에 대해 속단하면서 해결책을 제시하려 하기보다는 부모의 감정을 수용해 줄 수 있어야 한다(McWilliam, 2010). 교사는 부모가 감정을 표현할 때 어떤 말을 어떻게 해야 할지 몰라 당황하거나 대화를 이어 갈 자신이 없을 수 있다. 그러면 감정에 관한 대화를 꺼리게 되거나 부모가 감정에 관한 말을 하는 것에 대해서 아무 말도 하지 못할 수 있다. 하지만 부모가 감정을 표현할 때 교사가 아무 반응을 못하게 되면, 부모는 자기가 표현한 감정이 어리석거나 부적절하거나 중요하지 않다고 여기게 되고, 마음으로부터 교사와 거리를 두게 될 수 있다. 그렇게 된다면 부모와 교사의 관계에 부정적 영향을 미칠 것이다. 부모가 감정을 표현하면, 무엇보다 먼저 교사는 그 감정을 인정해야 한다. 이때 꼭 기억해야 할 것은 부모의 감정을 알게 되었다고 해서 교사가 부모의 그런 감정(걱정, 근심, 불안, 두려움, 분노, 슬픔 등)을 책임져야 하는 것은 아니라는 점이다. 무엇보다도 교사는 결혼상담가나 심리치료사가 아니다. 또한 부모의 감정 표현에 대해 부인하거나 부정하는 태도도 조심해야 한다. 부모가 생각하는 것만큼 심각하지 않다고 말하거나 용기를 주려는 마음으로 "이만하면 다행인 면도 있잖아요. 늘 밝은 면을 보도록 하세요."와 같이 말하는 것은 부모의 감정이 틀렸다는 인상을 줄 수 있다. 부모가 감정을 표현할 때 교사가 할 수 있는 가장 좋은 방법은 부모의 감정을 반영하는 것이다. 예를 들어, "아무리 달래도 달래지지 않고 아이가 계속 울 때 부모가 돼가지고 자기 아이 하나 달래지 못한다고 생각되어서 좌절감을 느끼셨군요."라고 반응해 줄 수 있다. 그리고 부모가 자기의 감정을 계속해서 충분히 이야기할 수 있도록 "좀 더 얘기해 주실래요?"와 같은 질문을 하면서 계속해서 부모의 감정을 반영해 주면 된다.

부모와 대화 중에 교사는 부모에게 전문용어나 약어를 사용하지 않도록 주의해야 한다. 장애유아 부모는 특수교육 용어에 익숙하지 못한 경우가 많기 때문에 전문용어는 부모와의 의사소통에서 명확성을 떨어뜨리기도 하고, 불필요한 오해를 만들 수도 있어서 의사소통을 방해한다. 또한 전문용어를 사용하면 교사가 부모에게 전문성을 과시하는 것으로 보일 수 있어서, 부모의 마음을 닫히게 할 수도 있다. 그러므로 교사는 전문용어 사용 대신에 일상적인 쉬운 말로 풀어서 설명해야 한다.

그리고 유아가 지닌 장애와 관련된 대화를 하다 보면 부정적인 정보(예: 유아가 보이는 문제행동)를 나누게 되기도 하는데, 그럴 때에도 부정적 내용에만 초점을 맞추기보다는 유아가 잘한 점을 언급하거나 부모를 칭찬하는 것과 같은 긍정적인 내용을 잊지 않도록 해야 한다. 긍정적인 내용은 반드시 장애와 관련된 내용일 필요는 없다. 예를 들어, "○○이가 요즘 밥을 맛있게 잘 먹어요." "○○이는 참 멋진 미소를 가졌어요." "어머니가 저에게 해 주신 말씀은 제가 아이를 이해하고 지도하는 데 정말 도움이 많이 돼요."와 같은 이야기를 할 수 있다. 부모와 함께 기뻐할 만한 어떤 것을 찾아서 나눈다는 것은 부모에게 있어서 기대어 울 수 있는 어깨를 찾아 주는 것만큼이나 중요한 일임을 기억해야 한다. 부득이하게 유아의 문제행동과 같은 부정적인 내용을 이야기할 때는 부모를 비난하는 말투를 사용하지 않도록 주의하면서 그 내용을 듣는 사람이 어떻게 반응할지를 생각하면서 대화해야 한다. 교사는 부모들이 현실적이면서도 긍정적인 태도를 갖도록 도와주어야 할 것이다.

교사는 자신이 부모와 효과적으로 의사소통하고 있는지 스스로 점검하기 위해 〈표 5-2〉와 같은 체크리스트를 사용할 수 있다.

표 5-2 부모와의 효과적 의사소통 점검을 위한 교사용 체크리스트

번호	질문 내용	예	아니오
1	부모들을 만날 때마다 장애를 지닌 유아의 부모 입장에서 생각하는가?		
2	부모와 유아에 대해서 상담할 때 유아를 장애유아 이전에 한 유아로서 생각하고 있는가?		
3	부모가 유아를 지도할 때 전문가와 동일한 전문성을 가지고 있다고 진정으로 믿는가?		
4	부모의 의견과 조언이 진정으로 가치 있고 유용하다고 생각하고 경청하는가?		
5	부모와 상담을 할 때 부모의 의견을 중요시 여기는 표시로 적절한 제스처, 눈 맞춤, 단어를 사용하는가?		
6	부모가 편안하게 대화할 수 있는 환경을 준비하고 있는가?		
7	부모와의 상담 날짜를 정할 때 전문가와 부모의 가능한 시간을 동시에 중요시 여기면서 시간을 정하는가?		
8	어려운 전문용어를 피하고 부모가 알아듣기 쉽게 설명하고 있는가?		

출처: 이창미, 장혜성, 김수진(2009), p. 507.

이상으로 장애유아 부모들이 보일 수 있는 정서적 반응과 그들이 겪을 수 있는 스트레스 그리고 장애유아 형제자매가 경험할 수 있는 어려움을 살펴보았다. 교사가 장애유아의 가족을 이해할수록 장애유아를 더 잘 이해하게 되고, 가족과 어떻게 연계할 수 있는지도 더 잘 알게 될 것이다. 또한 교사는 부모와 서로의 전문성을 인정하며 협력해야 할 관계임을 분명히 이해하고 막힘이 없는 의사소통을 하게 될수록 자신의 직업이 더 좋아질 것이다!

제6장

장애유아 통합교육 관련 전문인력의 역할

장애유아는 장애의 특성에 따라서 그와 관련한 다양한 전문인력의 도움을 필요로 한다. 장애유아가 주로 도움을 받는 사람 중에는 유아교사, 유아특수교사, 보조인력, 언어재활사, 작업치료사, 물리치료사 등이 있다. 이러한 전문인력들이 장애유아에게 도움을 줄 수 있는 영역은 각각의 전문 역할에 따라 다르다. 그러므로 매일 많은 시간을 장애유아와 보내는 유아교사는 각 장애유아 통합교육 관련 전문인력은 누구이고 그들의 역할은 무엇이며 그리고 그들로부터 유아가 어떤 도움을 받을 수 있는지 알 필요가 있다. 왜냐하면 그러한 전문인력의 역할에 대한 지식은 자신을 비롯한 전문인력들에게 무엇이 기대되는지 알게 해 주고, 통합교육현장에서 장애유아를 더욱 효과적으로 교육하기 위하여 그들과 무엇을 어떻게 협력해야 하는지 알게 해 주기 때문이다. 여기에서는 장애유아가 통합교육현장에서 자주 만나게 되는 유아교사, 유아특수교사, 보조인력의 역할과 유아교육기관 밖에서 가장 자주 만날 수 있는 사람들 중에서 언어재활사, 작업치료사, 물리치료사의 역할을 살펴보겠다.

1. 유아교사

유아교사는 일반유아를 교육하는 것과 관련한 전문가로서 장애유아를 포함하여 교실에 있는 모든 유아를 가르치는 자이다. 즉, 유아교사는 교실의 책임자로서 학급에서 이루어지는 모든 활동을 계획하고 실행하며, 수업활동의 결과에 대해 전적으로 책임을 지는 역할을 맡은 자이다. 학급 수업의 모든 책임을 지닌 유아교사가 자기 학급에 통합되어 있는 장애유아를 효과적으로 교육하기 위해서는 유아특수교사들과 함께 일해야 하는 것을 전제로 한다. 그러므로 자신의 학급에 통합되어 있는 장애유아의 성공적인 통합교육을 위해서 유아교사가 유아특수교사와 협력관계를 유지하는 것은 필수라 할 것이다. 이런 협력관계를 위해서 유아교사가 교육과정과 수업내용 및 수업방법뿐 아니라 수업에서 관찰된 장애유아에 대한 정보와 그에 대한 자신의 의견 등을 유아특수교사와 공유하는 것은 매우 중요하다. 그리고 유아교사는 유아특수교사와 합의한 교수방법을 수업에 적용할 수 있어야 한다. 이렇게 유아특수교사와 협력하는 관계를 형성하고 유지하기 위해서는 정기적으로 함께 회의할 수 있는 시간이 확보되어야 할 것이다.

통합교육에서 유아교사의 역할과 책임에 대한 구체적 내용은 학자에 따라 조금씩 다르게 제시하고 있는데, 그중 몇몇 학자가 제시한 내용을 살펴보기로 한다. Snell과 그의 동료들(1995)은 효율적 통합교육이 이루어지기 위한 유아교사의 역할에 대해 다음과 같이 제시했다.

- 장애유아를 다른 유아와 동등하게 대하기
- 또래들에게 장애유아를 대하는 모범을 보이기
- 장애유아를 위한 수정 절차를 계획하고 적용하기
- 협력을 위한 팀의 구성원으로서 역할 수행하기
- 장애유아의 담임교사로서 역할 수행하기
- 융통성을 지니기

Klein, Cook과 Richardson-Gibbs(2007)가 유아교사의 통합교육에서의 역할과 책임에 대해 제시한 내용은 다음과 같다.

- 장애와 관련하여 이용 가능한 정보와 서비스에 대해 파악하기
- 장애유아에게 법적 권리가 있는 서비스 요구하기
- 부모와 전문가 사이의 파트너십 형성하기
- 전문가와는 대화만 할 것이 아니라 시연할 수 있도록 요구하기

- 전문가에게 정보와 제안점에 관련된 문서 요구하기
- 보조인력 활용하기
- 보조인력의 역할과 의무 파악하기
- 보조인력이 장애유아를 또래유아와 멀리 있게 하거나 과잉보호하는 것을 미연에 방지하기
- 보조인력은 전문적인 교사가 아니므로 많은 훈련을 받지 않은 사람이라는 사실을 명심하기

이소현과 황복선(2000)이 제시한 통합교육현장에서 유아교사의 역할은 다음과 같다.

- 전반적인 학습 환경과 활동 개발하기
- 장애유아와 일반유아의 상호작용 증진을 위한 활동 개발하기
- 장애유아의 발달을 확장할 수 있는 정보와 지원 제공하기
- 교육 프로그램의 효율성 평가하기
- 장애유아의 문제에 대한 의견을 유아특수교사에게 제공하여 장애유아의 목표행동을 설정하는 데 도움 주기(유아특수교사에게는 일반교사의 관점에서 장애유아의 문제를 보는 것에 대한 의견이 큰 도움이 됨)
- 장애유아를 위한 교수전략에 관한 문제를 유아특수교사와 협력하여 해결하기
- 교육과정에 대해 유아특수교사의 자문역할 하기
- 학급 전체를 관리하는 기술에 대해 유아특수교사의 자문역할 하기

이러한 내용들을 종합해 보면 유아교사는 수업을 책임지면서 유아특수교사나 보조인력과 협력하여 장애유아를 수업활동에 참여시키고 장애유아가 비장애유아들과 바람직한 상호작용을 할 수 있도록 지도해야 함을 알 수 있다.

성공적인 통합교육은 장애유아가 일반유아들이 하고 있는 활동에 함께 참여하여 발달의 촉진이 이루어지는 것이라고 할 수 있다. 그러한 성공적인 통합교육이 이루어지려면 장애유아와 일반유아의 관계형성이 우선되어야 할 것이다. 그런데 일반유아와 장애유아 사이의 바람직한 관계를 촉진시키는 데 있어서 가장 중요한 도움의 역할을 수행할 수 있는 사람이 바로 유아교사이다(Turnbull, Pereira, & Blue-Banning, 2000). 그러므로 유아교사는 일반유아와 장애유아 사이의 친구관계를 촉진시키기 위해 장애유아와 일반유아가 함께 상호작용을 할 수 있는 활동들을 구체적으로 계획하여 제공해야 하며, 일반유아에게 장애유아를 이해할 수 있도록 잘 설명해 주어야 한다(Schaffner & Buswell, 1992). 장애유아와 일반유아가 함께 상호작용을 하는 활동의 진정한 목적이 제대로 이루어지려면 일반유아가 장애유아를 잘 이해하는 것이 바탕이 되어야 한다. 그러므로 유아교사는 일반유아가 장애유아를 이해할 수 있는 장애이해교육을 실시할 필요가 있다. 계획된 장애이해교육을 공식적으로 실시하는 것도 중요하지만 학급에서 일반유아가 장애유아에 대해 가질 수 있는 질문이나 부담감을 교사에게 충분히 말할 수 있는 분위기를 형성하는 것은 더욱 중요하다. 특히 유아교사는 유아들이 교실에 있는 친구들 중에서 자기와 다른 친구에 대해서 호기심을 갖고 질문하는 것은 매우 자연스러운 일임을 알고, 유아들이 그런 질문을 할 수 있는 분위기를 만들어 주고 질문에 대해서 정직하게 대답해 줄 수 있어야 한다. 더 나아가서 유아교사는 자신이 장애유아를 대하는 태도에 있어서 일반유아들에게 모델이 되고 있음을 명심해야 할 것이다.

그리고 유아교사는 통합학급에 배치되는 보조인력(특수교육 보조인력 또는 사회복무요원)과 의사소통하며, 그들을 관리하고 감독하는 일을 유아특수교사와 공유해야 한다. 학급에 보조인력이 배치되어 있는 경우라면, 교사는 보조인력이 스스로 알아서 교사를 도와줄 것으로 기대해서는 안 된다. 보조인력은 교사의 지도와 감독 아래 수업 계획과 실행을 지원하는 자이지 수업을 책임지는 자가 아니기 때문이다(Causton & Tracy-Bronson, 2018). 보조인력은 교실활동이나 수업을 직접 계획하고 실행하는 교사로 훈련 받은 사람들이 아니다. 학급의 유아에 대한 모든 책임은 유아교사에게 있다. 따라서 유아교사는 보조인력에게 지나치게 의존하지 않도록 주의하여야 한다. 또한 유아교사는 보조인력이 자신의 역할을 잘 수행할 수 있도록 보조인력에게 각 장애유아를 위한 수업목표와 행동지원 방법을 충분히 이해시키고, 적절한 직무를 맡길 수 있어야 한다. 그렇게 하기 위해서 유아교사는 보조인력이 자신의 역할을 분명히 알 수 있도록, 보조인력의 직무에 대해 설명한 문서로 된 지침서를 작성할 필요가 있다. 문서화된 지침서가 있을 때 통합교육현장에서 유아교사와 유아특수교사, 보조인력의 역할 경계를 분명히 알 수 있을 것이다. 또한 구두로 어떤 지시나 피드백을 줄 때에 그 내용은 명확하고 구체적이어야 한다. 예를 들어, 단순히 교재·교구를 잘 정리하라고 지시하는 것보다는 색연필은 ○○에 넣어 두고, 가위는 ○○에 놓아두고, 활동이 끝난 후 테이블은 ○○에 위치하도록 옮겨 놓으라고 말하는 것이 분명하고 바람직한 지시이다. 보조인이 수행한 일에 대해서 피드백을 줄 때에도 구체적이어야 한다. 예를 들어, "곁에 있어서 도움이 되었어요."와 같이 막연한 표현보다는 "산책시간에 ○○가 넘어지려 했을 때 선생님이 즉시 ○○를 붙잡아 주어서 ○○가 더 크게 다치지도 않았고, 다른 아이들이 동요 없이 산책활동을 계속할 수 있었어요. 선생님이 붙잡아 주지 않았으면 활동의 진행이 매끄럽지 못했을 거예요. 고마워요."와 같이 구체적으로 하는 것이 좋다. 이러한 구체적인 피드백은 교사가 보조인력의 행동을 관찰하고 있으며 상황에 대한 책임을 가지고 있음을 보조인력에게 알려 주는 방법이기도 하다. 유아교사는 유아특수교사와 함께 보조인력에 대한 교육과 지도, 관리, 감독을 꾸준히 실행해야 하지만, 그렇다고 해서 보조인력이 감시 받는다는 느낌을 갖게 해서는 안 될 것이다.

유아교사는 장애유아에게 발달에 적합한 실제를 적용해야 한다. 장애가 있든 없든 모든 유아에게는 발달에 적합한 실제가 적용되어야 한다. 발달에 적합하다는 것은 유아의 연령, 개인적 특성, 사회문화에 적합해야 함을 의미한다(Kostelnik, Soderman, & Whiren, 1999). 자기 학급에 통합되어 있는 장애유아에게 발달에 적합한 실제를 적용하려는 유아교사는 다음과 같은 부분에서 실제를 실현시키고자 노력해야 할 것이다.

- 장애가 아니라 유아에 초점 맞추기
- 장애유아들에게 적합하도록 교육 프로그램을 개별화하기
- 유아가 스스로 시작한 활동에 대한 중요성을 인식하기
- 놀이가 학습의 수단임을 인정하고 그 중요성을 존중하기
- 유아의 발달을 촉진하는 자극을 주는 교실환경 만들기
- 통합교육과정 실행하기
- 경험을 통해 배우는 유아의 학습방법 강조하기
- 무엇을 어떻게 배울 것인지에 대해 유아에게 선택권 주기
- 개별 유아와 교육 프로그램에 대해 지속적으로 평가하기
- 부모들과 협력하기
- 유아특수교사 및 보조인력과 협력하기

유아교사는 모든 유아 한 사람, 한 사람을 소중한 가치와 무한한 잠재능력을 소유한 개별적 존재로 존중할 수 있어야 한다. 이러한 태도는 특히 장애를 지닌 유아에 대해서는 더욱더 필요하다. 유아교사가 마음으로부터 유아를 개별적 존재로서 존중하는 태도는 통합교육현장에서도 장애유아가 일반유아와 다른 방식으로 배울 수 있음을 인정하면서 장애유아가 선호하는 학습방식을 존중하는 것으로 나타나게 될 것이다. 일반유아와 비교할 때 장애유아를 가르치는 일은 특별한 도전이 되는 것이 사실이다. 그러나 유아교사가 장애유아의 가치와 잠재능력을 존중하고 그들의 배움과 성장에 대해 희망을 놓지 않는다면 비록 느리더라도 장애유아가 한 걸음씩 앞으로 나아가는 것을 보게

될 것이다. 희망은 차라리 그만두는 것이 나을지도 모르겠다고 생각될 때조차도 주저앉지 않고 앞으로 나아가게 해 주고, 상황이 어두워질 때에도 불평만 하고 앉아 있지 않고 일어나서 불을 밝히는 방법을 찾아 나서도록 해 줄 것이기 때문이다.

2. 유아특수교사

유아특수교사는 장애가 있는 유아를 교육하는 것에 대한 전문가이다. 유아특수교사는 장애유아에 대한 직접 교수를 실시하기도 하지만, 통합교육에 있어서 유아특수교사가 맡은 가장 중요한 역할은 장애유아가 일반학급의 교육과정에 잘 적응하고 활동에 참여할 수 있도록 하기 위해 장애유아와 유아교사에게 각각 어떤 지원이 필요한지 파악하고 적절한 지원을 제공하는 것이다. 이를 위해 유아특수교사는 유아교사에게 장애유아의 특성과 지도방법에 대한 정보를 제공해 주고 장애유아가 활동에 참여하는 데 필요한 교수적 수정에 대한 내용을 개발하여 알려 주어야 한다. 그리고 보조인력을 교육하고 감독하는 일을 해야 한다.

Snell과 그의 동료들(1995)은 효율적 통합교육이 이루어지기 위해서는 유아특수교사에게 다음과 같은 역할과 책임이 있다고 제시했다.

- 통합 촉진자 및 개별 유아의 관리자로서의 역할 수행하기
- 일반 유아교사와 함께 일하기
- 협력하기
- 교육과정 수정을 계획하고 적용하기
- 특수교육 보조인력을 훈련하고 관리하기
- 장애유아에 대한 정보를 제공하기

- 행동지원 프로그램을 개발하고 실행하도록 지원하고 감독하기
- 동료들과 함께 일하기

이소현과 황복선(2000)은 통합교육현장에서 유아특수교사의 역할을 다음과 같이 제시하고 있다.

- 장애유아의 판별과 발달에 관한 검사 실시하기
- 장애유아의 개별화교육 프로그램 개발하기
- 장애유아의 교육적 성취 평가하기
- 장애유아에게 적합한 학업 및 행동적인 교육방법 실시하기
- 교육 프로그램 효율성 평가하기
- 장애유아를 위한 교수방법이나 서비스를 기획하고 조정하기
- 유아교사에게 장애유아의 행동을 관찰하여 분석한 정보 제공하기
- 유아교사에게 장애유아의 개별화된 교육방법을 알려 주기
- 장애유아와 그 가족의 필요를 파악하여 유아교사에게 전달하기

이상의 내용을 종합해 보면, 유아특수교사는 통합교육에서 각 장애유아의 개별화 교육계획을 설계하는 데 주된 책임을 맡은 자로서 교육과정이 각 장애유아에게 적합하도록 수정하고 조정하여서 장애유아의 개별적 교육목표가 달성되도록 돕는 역할을 하는 자임을 알 수 있다. 즉, 유아특수교사는 장애유아의 특별한 문제를 해결하기 위한 교육적 조치나 중재전략에 대해 다양하게 알고 있어야 하고, 모든 발달영역에서 장애유아의 진보 상황을 평가할 책임이 있다.

3. 보조인력

통합학급에서 장애유아를 돕도록 배치되는 보조인력에는 '특수교육보조원/보조인력/특수교육실무원'이나 '장애학생 활동지원 사회복무요원'이 있다. 이들 모두를 여기에서는 '보조인력'으로 표기한다. 보조인력제도는 학부모들이 비용을 부담하는 개인 보조인을 두었던 것에서 출발하여 2004년부터는 전국적인 제도를 갖추기에 이르렀다(전선주 외, 2014).

「초·중등교육법」과 「장애인 등에 대한 특수교육법」에서는 보조인력을 배치하는 목적을 교수-학습 활동, 신변처리, 급식, 교내외 활동, 등하교 등 특수교육 대상자의 교육 및 학교 활동에 대하여 보조 역할을 담당하여 특수교육의 질을 제고하는 것이라고 했다. 전선주와 그의 동료들(2014)은 "보조인력이란 특수교육 요구 학생(장애를 지닌 학생)에게 특수교육이 이루어지는 교육 장면(특수학교, 특수학급, 일반학급)에서 담당교사를 도와 장애학생을 지원하는 일을 담당하는 사람"이라고 정의했다. 정리하면, 보조인력은 통합교육을 위해 장애유아의 수업활동을 보조하는 자로 유아교사나 유아특수교사를 돕는 역할을 맡은 자임을 알 수 있다. 통합교육현장에서 수업을 지원할 인력 부족으로 장애를 지닌 유아를 제대로 교육하기 어려운 현실 속에서, 보조인력을 적절히 활용하면 장애유아 통합교육의 효과를 높일 수 있을 것이다.

효율적 통합교육이 이루어지도록 하기 위한 보조인력의 역할과 책임에 대해 Snell과 그의 동료들(1995)은 다음과 같은 내용을 제시했다.

- 팀 구성원이 함께 계획한 것을 실행하기
- 장애유아가 아닌 다른 유아와도 일하기
- 팀 구성원의 일원으로 참여하기
- 대상 장애유아에 대해 잘 알고 함께 일하기

- 대상 장애유아가 학급에 잘 적응하도록 도와주기

Cook, Tessier와 Klein(2000)은 통합교육현장에서 보조인력이 대신할 수 있는 활동을 구체적으로 다음과 같이 제시했다.

- 수업 준비(각 영역의 준비, 교재와 교구 정리)하기
- 유아와 인사하기
- 일상 활동 보조하기
- 적절한 행동지원하기
- 교사가 계획한 활동 수행하기
- 유아의 식사와 배변을 위해 보조하기
- 전문가의 지도에 따른 유아의 자세잡기와 이동 보조하기
- 교육을 위한 게임이나 교재의 정리와 준비하기
- 간식과 미술활동을 위한 재료 준비하기
- 정리와 귀가 준비 보조하기
- 보조기구의 관리 보조하기
- 유아의 수행에 대해 관찰 및 기록하기

여기 열거된 내용 외에도 보조인력이 단순히 장애유아를 보살피는 것 이상으로 장애유아에게 의미 있는 진정한 통합교육에 도움이 되도록 하려면, 유아교사나 유아특수교사를 통한 충분한 사전 교육과 함께 장애유아의 개별화된 지원과 교육을 위한 수업 협의, 수업평가 등에 보조인력이 참여할 수 있어야 할 것이다.

4. 언어재활사

언어재활사는 장애유아의 언어치료를 담당하는 자이다. 언어재활사는 유아의 의사소통에 초점을 맞추어 유아가 내는 소리의 양과 질이나 유아의 의사소통 전략을 평가하고, 유아의 발화를 방해하는 신체적 문제가 있는지 조사한다. 한국언어재활사협회(2021. 3. 21.)에서 제시한 언어재활사에 대한 정의는 다음과 같다.

> 아동기 언어발달장애를 비롯하여 뇌졸중 또는 치매와 같이 두뇌기능장애로 인한 신경 말·언어장애, 삼킴장애, 발음에 문제를 보이는 조음음운장애, 성대 등 음성 산출기관의 문제로 인해 목소리를 정상적으로 산출하지 못하는 음성장애, 말더듬과 같은 유창성장애, 지적장애 또는 자폐범주성 장애들과 같은 발달장애를 동반한 의사소통장애, 청각장애를 동반한 말·언어장애에 대한 전문적인 교육을 받고 일정한 자격 요건을 충족한 전문가를 언어재활사라 한다.

이러한 정의에서도 알 수 있듯이 장애유아들이 갖는 의사소통의 어려움에는 여러 가지 이유가 있을 수 있다. 운동영역의 문제로 조음에 어려움이 있는 경우도 있고, 인지능력의 문제로 화용론적 어려움이 있는 경우도 있으며, 목소리의 무분별한 사용이나 상부호흡기 감염으로 음성장애가 있는 경우도 있고, 발달과정에서 전형적으로 보일 수 있는 비유창성이 아닌 실질적인 말더듬을 보이는 경우도 있다. 언어재활사는 이러한 모든 경우의 말장애와 언어장애를 구별하고 진단하며, 이를 위한 치료를 수행하고 프로그램을 개발하며, 그 성과를 분석하고 평가한다. 즉, 언어재활사는 장애유아의 의사소통발달을 위한 치료방법을 훈련받은 전문가이다. 언어재활사가 이런 역할을 수행하려 할 때 교사는 언어재활사에게 통합교육환경에서 장애유아가 나타내

표 6-1 협력의뢰서

협력의뢰서

안녕하세요?

우리 ○○○를 위해 늘 수고하고 애쓰시는 선생님의 노고에 감사드립니다.

다음은 저희 ◇◇ 유치원/어린이집에서 ○○○를 지도하는 데 있어 좀 더 많은 유용한 정보를 얻고 저희 ◇◇ 유치원/어린이집과 협력 방안을 찾아 효과적인 교육 계획을 세우기 위해 파악하고자 하는 내용입니다. 바쁘시더라도 앞으로 ○○○를 교육하는 데 있어 도움이 될 수 있도록 성의 있는 답변을 해 주시면 ○○○를 교육하는 데 귀중한 자료로 사용하겠습니다.

유아 이름		기관명	
프로그램명		담당 선생님	
○○○의 교육 수혜 기간			

의뢰 내용

1. 선생님이 평가하신 ○○○의 현행수준에 대해 말씀해 주시겠습니까?

2. 현재 어떠한 치료목표를 가지고 지도하고 계십니까?

3. 현재 지도하고 계신 내용은 무엇입니까?

4. 저희 ◇◇ 유치원에서 ○○○를 교육할 때 유념해야 할 ○○○의 특성(행동, 언어, 현재 ○○○가 가진 문제 등)에는 어떠한 것들이 있습니까?

5. 저희 ◇ ◇ 유치원에서 연계하여 지도했으면 하는 내용이 있으면 적어 주십시오.

감사합니다.

○○○와 관련하여 저희와 상의할 내용 또는 도움 드릴 내용이 있으시면

◇ ◇ 유치원(전화: ○○○-○○○○-○○○○) 담당교사 ○○○에게 연락 주시기 바랍니다.

출처: 한국보육진흥원(2010).

는 의사소통의 문제점이나 장애유아가 다니고 있는 교육기관의 교육과정에 대한 정보를 제공해 주는 것으로 치료에 협력할 수 있다.

가장 이상적인 언어치료는 장애유아의 자연스러운 생활환경, 즉 교육기관이나 가정에서 치료가 이루어지는 것이다. 따라서 유아교사가 언어재활사의 도움을 받아 장애유아가 매일 생활하는 교육기관에서 언어치료가 시행되도록 지원할 수 있는 것이 바람직하다. 이런 이상적인 방법의 필요성을 강조한 미국의 말-언어-청각협회(American Speech-Language-Hearing Association: ASHA, 1990)에서는 언어재활사가 교육기관에서 간접서비스를 수행할 것을 제안하고 있다. 예를 들어, 유아가 운동능력에 문제가 있어 말을 하지 못하는 경우(예: 뇌성마비)나 인지발달에 문제가 있어 말을 하지 못하는 경우(예: 중도의 지적장애)에 보완대체 의사소통 도구를 개발하고 그 사용방법을 유아교사에게 알려 주거나 통합교육과정 내에서 유아를 지원하기 위해 교사회의에 참석하는 것 등을 언어재활사의 역할로 제시하고 있다. 현실적으로 언어재활사가 교육기관 내에서 도움을 주는 것이 어렵다면, 유아교사는 언어재활사의 도움을 받기 위해 앞의 〈표 6-1〉과 같은 형식을 갖춘 협력의뢰서를 작성하여 언어재활사에게 보내는 방법을 사용할 수 있을 것이다. 이와 같은 협력의뢰서는 장애유아의 현행수준에 대한 정보를 수집하고 연계하여 지도할 수 있는 방안을 찾기 위해 언어재활치료뿐 아니라 작업치료나 물리치료 등의 관련 서비스 전문가(치료사)에게도 활용할 수 있을 것이다.

이런 협력의뢰서를 통해, 언어재활사로부터 장애유아에게 물을 자주 마시게 해서 삼키기를 연습시켜야 한다는 정보를 듣게 되면, 유아교사는 장애유아에게 물 마시는 기회를 자주 주려고 의식적으로 노력할 수 있을 것이다. 또한 장애유아가 특정 발음을 하는 데 어려움이 있는 경우, 언어재활사로부터 그 발음이 포함된 단어를 발음할 때 혀와 입술의 모양이 어떻게 되어야 하는지에 대한 정보를 받아서 장애유아가 특정 단어를 발음할 때 "혀를 ○○에 대세요. 입은 ○○ 모양으로 벌리세요."와 같은 지시를 줄 수 있을 것이다.

5. 작업치료사

우리나라 작업치료는 한국전쟁 중 부상당한 군인들을 치료하기 위해 외국 작업치료사가 입국하여 치료를 시작한 것에서 출발했으므로, 비교적 그 역사가 길지 않다. 따라서 아직은 작업치료에 대한 일반인의 이해가 높지 않은 편이어서 물리치료와 혼동하는 경우도 흔하다. 그런데 작업치료사는 유아가 일상적인 일들(식사하기, 옷 입기, 화장실 사용하기)을 수행하는 것과 소근육 기술을 사용하는 것과 같은 독립성에 주로 초점을 맞춰 유아의 자조기술이나 조작기술을 평가하고 치료하는 일을 한다. 위키백과(2021. 3. 21.)에서 소개하는 작업치료와 작업치료사의 정의에 관한 내용은 다음과 같다.

> 작업치료(作業治療, Occupational Therapy)의 정의는 다양하다. 그중 대표할 만한 세계작업치료연맹(World Federation of Occupational Therapists: WFOT)의 작업치료 정의는 다음과 같다: 작업치료란 대상자 중심의 철학 실현을 바탕으로, 작업을 통하여 사람의 삶을 건강하고 안녕(well-being)으로 이끄는 보건전문분야이다. 작업치료의 주된 목표는 사람들이 일상생활 활동에 참여할 수 있도록 하는 것이다. 작업치료사는 이러한 목적을 실현하기 위하여 사람들이 원하는 활동, 해야만 하는 활동, 혹은 할 것으로 기대되는 활동에 참여할 수 있도록 그들과 함께 일하거나, 혹은 그들이 속한 사회와 함께 일하는 사람들이다. 사람들의 활동 참여를 극대화하기 위하여 작업치료사는 그 생활 활동 자체를 수정하거나, 환경을 변화시키거나, 혹은 도움을 줄 수 있는 보다 나은 방법을 제시한다. 이와 더불어 한국의 대한작업치료협회에서는 작업치료에 대하여 "신체적·정신적 그리고 발달과정에서 어떠한 이유로 기능이 저하된 사람에게 의미 있는 치료적 활동(작업)을 통해 최대한 독립적으로 일상생활을 수행하고 능동적으로 사회생활에 참여함으로써 행복한 삶을 영위할 수 있도록 치료, 교육하는 보건의

> 료의 한 전문분야이다."라고 정의하고 있다. 세계작업치료연맹(WFOT)에 의하면, 작업치료에서 말하는 작업은 개개인이 가족과 지역사회에서 시간을 보내며 삶의 의미와 목적을 부여하는 일상의 활동을 의미한다.

이 정의에서 살펴본 것처럼 작업치료사는 장애유아가 일상에서 원하는 활동, 해야만 하는 활동, 혹은 할 것으로 기대되는 활동에 참여할 수 있도록 그들과 함께 일하는 전문가이다. 즉, 작업치료사는 장애유아의 수행기술과 운동기술을 향상시키고, 과제나 환경의 수정을 통해서 장애유아가 의미 있고 목적 있는 활동에 참여하도록 돕는 치료사이다. 작업치료사가 장애유아를 도울 수 있는 영역은 크게 상지운동, 섭식행동, 감각통합으로 나누어 볼 수 있다. 먼저, 작업치료는 상지의 기능적 움직임에 중점을 둔다(Klein, Cook, & Richardson-Gibbs, 2007). 예를 들면, 물건에 손 뻗기나 도구를 사용하여 밥 먹기 등에서 필요한 팔과 손목의 움직임, 물건을 잡거나 조작하거나 옮길 때 필요한 손 근육 움직임 등의 상지 사용능력에 집중하여 치료한다. 이를 위해 작업치료사는 물리적 · 사회적 · 문화적 환경 내에서 장애유아의 일상생활에서의 자조기술과 놀이 등의 수행력을 평가한다.

다음으로 작업치료사는 섭식과 관련한 구강운동 발달을 다룬다. 구강운동은 빨기, 삼키기, 우물거리기, 씹기, 숟가락으로 먹기, 컵으로 먹기 등의 행동을 하는 동안에 턱, 혀, 입술, 뺨의 조화로운 움직임을 통합시키며 발달한다(Hooper & Umansky, 2011). 작업치료사는 장애유아가 씹거나 삼키는 데 필요한 입 주변 근육의 움직임과 통제에 관한 부분을 도울 수 있다. 그 외에도 작업치료사는 먹기와 관련하여 장애유아의 머리가 몸통과 중력에 대하여 취하는 자세나 장애유아에게 음식을 먹이는 사람과 장애유아의 먹는 자세 그리고 젖병이나 컵, 숟가락의 위치, 음식의 형태와 질감의 적합성 등을 평가하고 지도한다. 또한 작업치료사는 장애유아가 음식과 음료의 질감, 온도, 맛, 색깔, 냄새 등에 적절히 반응하는 감각처리 기술을 익히도록 돕는 역할을 한다.

마지막으로, 작업치료사는 감각발달에 중점을 둔다. 감각발달이란 입력된 감각의 정보를 통합하고 분리하고 사용하는 것을 의미한다(Ayres, 1973). 그런데 장애유아들 중에는 감각 정보를 처리하고 통합하는 데 어려움을 보이는 경우가 있다. 즉, 시각, 청각, 촉각, 후각뿐 아니라 신체 부위의 위치나 움직임에 대한 감각이나 공간 내에서 신체의 움직임에 대한 감각 등의 통합에서 어려움을 보이는 경우가 있다(Klein, Cook, & Richardson-Gibbs, 2007). 각각의 경우에 장애유아는 어떤 점을 어려워하는지 예를 들어 보겠다. 시각의 경우는 반짝거리는 불빛 또는 혼란하거나 갑작스러운 변화를 주는 시각적 자극을 어려워할 수 있다. 청각의 경우에는 극도로 시끄러운 소리, 여러 명이 한꺼번에 말하는 상황, 선풍기나 환풍기 등의 모터가 돌아가는 소리, 수돗물이나 화장실 변기의 물 내려가는 소리, 사이렌 같은 고주파의 소리, 배경 음악 등을 힘들어할 수 있다. 촉각의 경우에는 특정 옷감이나 물건이 피부에 닿을 때, 다른 사람이 잡거나 만질 때, 풀이나 페인트 같이 끈적거리는 물질이 손에 닿을 때, 특정한 음식을 씹을 때 어려워할 수 있다. 후각의 경우는 특정한 향수나 페인트 등의 냄새를 힘들어할 수 있다. 신체 부위의 위치와 관련하여서는 다른 사람이나 물건이 얼마나 자기 가까이에 있는지, 계단을 오르내릴 때 발을 어느 정도 올리고 내려야 하는지, 공을 차거나 칠 때 얼마나 세게 해야 하는지 등을 인식하는 것에 어려움이 있다. 신체 부위의 움직임과 관련하여서는 근육이나 관절의 수축과 이완 정도에 관한 인식이 부족하고, 몸이나 머리를 돌리거나 몸 굽히기, 쭈그리고 앉기, 한 방향으로 몸 비틀기, 등 받침대 없는 의자에서 균형 잡고 앉기 등에 어려움을 보인다. 이러한 모든 어려움을 감각통합의 어려움이라고 할 수 있는데, 감각통합의 원리와 기술을 습득하는 것을 도울 수 있도록 훈련받은 전문가가 작업치료사이다. 작업치료사는 장애유아가 겪는 운동과 감각의 어려움을 이해할 수 있으며, 감각의 입력에 민감한 유아나 촉각 방어 현상을 나타내는 유아의 감각 통합을 다루며, 유아의 감각적 환경을 구성하기 위한 방법을 교사에게 제안해 줄 수 있다.

앞에서 살펴본 것에서 짐작할 수 있듯이, 작업치료사는 장애유아와 관련하여 구체적으로 다음과 같은 영역에서 도움을 줄 수 있다(Klein, Cook, & Richardson-Gibbs, 2007).

- 지저분한 활동을 하거나 특정 재료를 만지는 것을 거부하는 유아의 저항을 다루기
- 유아가 손으로 음식 먹는 것을 도와주기
- 유아가 먹는 음식의 맛과 식감의 다양성을 확장해 가도록 돕기
- 침 흘리기를 감소시키기
- 스스로 옷을 입을 수 있도록 돕기
- 소근육운동을 효과적으로 하도록 돕기
- 극도로 긴장되거나 저하된 근육을 다루기

장애로 진단 받지 않은 유아들 중에도 다른 장애 없이 감각처리에만 문제를 보이는 경우가 있기 때문에 유아교사는 감각통합에 대한 지식이 필요할 것이다. 감각통합과 관련하여 좀 더 알기를 원한다면, Lisa A. Kurtz(2014)의 『통합운동장애, ADHD, 자폐성 장애, 기타 학습장애 아동의 운동기술 이해(Understanding motor skills in children with dyspraxia, ADHD, Autism, and other learning disabilities)』를 참고할 수 있다.

이상으로 살펴본 작업치료사의 역할을 간단히 요약하자면 작업치료사는 장애유아의 음식 먹기, 옷 입기, 자세잡기, 글씨쓰기, 심리사회적 욕구와 같은 일상생활의 영역에서 장애유아가 자신을 둘러싼 환경과 자기에게 주어진 과제(원하는 활동, 해야만 하는 활동, 혹은 할 것으로 기대되는 활동)에 최상으로 기능할 수 있도록 도움을 주는 전문가임을 알 수 있다.

앞에서 소개한 〈표 6-1〉과 같은 협력의뢰서를 사용하는 경우에, 예를 들어 작업치료사가 유아교사에게 장애유아의 양측성 기술 훈련을 위해 유아가

두 손을 사용해서 두 손이 같은 작업을 하도록 하거나 각 손이 다른 작업을 동시에 하도록 하는 것이 필요함을 알려 주게 된다면, 유아교사는 교실에서 장애유아에게 가위질을 할 수 있는 활동을 독려하거나 장애유아가 자를 사용하여 줄을 긋는 경우에 "한 손은 자를 잡고, 다른 손으로 줄을 그리세요."와 같이 두 손을 사용하도록 격려해 줄 수 있을 것이다.

6. 물리치료사

물리치료사는 유아의 움직이는 능력에 초점을 맞춰 근육의 긴장, 근력, 움직임의 범위, 균형 등을 평가하고, 움직임에 있어서 기능적이거나 병리적인 문제가 있는지 검사하고 치료하는 일을 한다. 위키백과(2021. 3. 21.)에서 제시하는 물리치료의 정의에 관한 내용은 다음과 같다.

> 물리치료(物理治療, 영어: physical therapy 또는 physiotherapy, 의학: PT)는 근골격계에 장애가 있는 사람의 기능적 회복과 재활을 위해 신경계와 근육계 및 골격계에 맨손(massage 및 manipulation)이나 비침습적으로 열, 빛, 전자기파, 외력 등을 적용하여 치료 및 통증관리를 하는 의료의 일종이다. 물리치료는 노화, 부상, 질병 또는 환경 요인에 의한 운동기능 저하를 극복하고, 건강과 활동성을 위한 피트니스와 프로그램을 개발하여 운동능력, 기능성을 지속적으로 향상시키는 것을 목적으로 한다.

우리나라의 대한물리치료사협회(2021. 3. 21.)에서 제시하는 물리치료사와 물리치료에 대한 정의는 다음과 같다.

> 물리치료사는 온열치료, 전기치료, 광선치료, 수치료, 기계 및 기구 치료, 마사

> 지, 기능훈련, 신체교정운동 및 재활훈련과 이에 필요한 기기, 약품의 사용, 관리, 기타 물리요법적 치료 업무에 종사하는 자이다. 그러나 물리치료는 수술 및 화학요법(약물요법)이 아닌 전기, 광선, 물, 공기, 소리 및 운동요법과 각종 기구 및 기계 등 물리적인 소재를 이용하여 이를 치료목적으로 개발하여 환자에게 적용함으로써 환자의 고통을 경감시키고, 나아가 기능을 회복시켜 정상적인 사회활동을 하는 데 도움을 주기 위한 물리적인 치료법이라고 설명할 수 있다.

앞의 정의에 나와 있듯이 물리치료사는 전형적인 운동발달과 다양한 치료기술에 대한 지식으로 장애유아의 이동과 자세를 조절하는 방법을 지원할 수 있으며 다양한 보조 장비를 설계하고 평가하는 일을 하는 전문가이다. 즉, 장애유아가 자연스러운 일상의 환경에서 효과적으로 움직이도록 보조 장치를 만들기도 하고, 다양한 활동에 좀 더 독립적으로 참여하도록 지원해 주는 일을 한다. 주로 장애유아의 자세 및 움직임과 관련된 기능에 관한 대근육운동과 보행능력 발달에 중점을 두고, 신경발달적 접근법과 보이타법 등을 사용한다.

대근육운동에는 앉기, 서기, 걷기, 이동하기, 몸통 중심 잡기, 머리 중심 잡기 등이 있다. 이러한 대근육운동의 발달을 통해 자기 몸을 조절할 수 있게 될 때 유아의 자기 통제감 능력, 자기 존중감이 향상될 수 있다. 또한 대근육운동 기술은 소근육운동, 인지, 의사소통, 자조기술, 사회 · 정서 등 다른 발달영역의 기초가 된다(Hooper & Umansky, 2011). 예를 들어, 손과 무릎으로 기는 운동기술은 숨겨진 물건을 찾아내고, 뒤돌아서 부모와 눈을 맞추고, 높은 곳에서 조심하고, 거리를 인식하고, 멀리 있는 사물에 주의를 집중하는 것 등 다른 발달영역의 발달을 촉진한다. 또한 유아의 인지, 언어, 자조, 사회성 등을 평가할 때에도 운동능력이 필요하다. 예를 들어, 유아의 애착행동을 평가할 때 유아가 엄마를 향해 고개를 돌리거나, 바라보거나, 미소 짓거나, 엄마에게서 떨어지거나 위안을 받으려고 되돌아오는 것과 같은 행동을 하는 데는 운동능력이 절대적으로 요구된다. 이렇게 다른 발달영역의 기초가 되는 대근육운동 기술에 어려움이 있는 유아에게 물리치료가 필요하다.

물리치료사가 장애유아를 도울 수 있는 영역은 다음과 같다(Klein, Cook, & Richardson-Gibbs, 2007).

- 지지대 없이 앉을 수 있는 능력, 머리와 목을 안정시키는 능력, 앉은 자세에서 선 자세로 이동할 수 있는 능력과 관련된 자세 교정의 발달
- 균형을 유지하고, 넘어지는 것으로부터 보호하는 보호 반사나 움직임의 발달
- 신체 상하부의 최적의 운동발달(예: 손을 뻗거나, 물건을 잡거나, 한 손에서 다른 손으로 물건을 옮기는 것과 같은 소근육운동과 기거나 걷는 것과 같은 대근육운동)
- 보조 장비와 관련된 평가 및 추천(다리 교정기, 팔 부목, 머리나 목의 지지대, 헬멧, 보조의자 등)

좀 더 구체적으로, 물리치료사가 유아교육기관에서 통합교육을 받고 있는 장애유아를 위해 교사에게 제공해 줄 수 있는 정보에는 다음과 같은 것들이 있다.

- 미술과 같은 테이블 활동에서 손을 사용할 수 있도록 위치 제안하기
- 특별한 섭식기술 지도
- 자세를 조절하고 과도한 피로를 막아 주는 보조의자를 사용할 수 있도록 실제적인 제안하기
- 물건을 좀 더 쉽게 잡을 수 있도록 도와주는 팔 지지대 고안하기
- 장애유아의 보행기 사용을 도와주는 전략 제공하기

앞에서 소개한 〈표 6-1〉과 같은 협력의뢰서가 잘 활용된다면, 예를 들어 유아교사가 물리치료사로부터 장애유아가 근력과 지구력 기술을 연습하고 있다는 정보를 받게 되면, 이를 위해서 교실에서 장애유아가 대집단활동 시간에 의자에 앉아 있는 시간 동안 "10분간 앉아 있은 다음에 쉴 수 있어요."라고 알려 주거나 "몸이 흔들리는 기분이 들면 알려 주세요."라고 지시하는 것으로 장애유아를 도와줄 수 있을 것이다.

앞에서 설명한 것과 같이 언어재활치료, 작업치료, 물리치료 등의 관련서비스는 치료실이나 센터와 같은 곳에서 별도로 이루어지는 pull-out 방법 외에도 치료사와의 협력을 통해 자연스러운 현장인 가정이나 유아교육기관의 일상활동 내에서 제공될 수 있는 pull-in 방법으로도 이루어질 수 있다. 〈표 6-1〉과 같은 협력의뢰서가 실질적으로 활용되어 교사와 치료사의 협력이 이루어질 수 있기를 소망한다.

- pull-out 방법: 장애유아를 교실 상황이 아닌 치료실 같은 곳으로 데리고 나가서 관련서비스를 제공하는 방법
- pull-in 방법: 장애유아의 교실 내에서 관련서비스를 제공하는 방법

통합교육현장에서 장애유아가 가장 자주 만날 수 있는 통합교육 관련 전문인력들의 역할과 그들에게 교사가 어떤 도움을 받을 수 있는지 살펴보았다. 유아교사는 통합교육현장에서 장애유아를 더욱 효과적으로 교육하기 위하여 이들 전문인력과 잘 협력해야 할 것이다.

제3부 장애유아 통합교육의 이해와 실제

제7장

통합교육의 개념적 이해

우리나라 장애유아는 2000년대에 들어서면서부터 특수학급이나 일반학급에서 교육받는 경우가 현저히 많아지면서 통합교육이 양적으로 확장되고 있는 실정이다(교육인적자원부, 2017). 실제로 국가의 의무교육 지원으로 유치원 교육을 받고 있는 전체 장애유아 중에서 특수학급 설치 유무와 관계없이 일반 유치원에서 통합교육을 받는 장애유아가 약 83%라는 보고가 있다(이소현, 2020). 이렇게 수요자의 궁극적인 요구가 변하고 있는 현실 속에서 유치원에 특수교사가 배치되지 않은 상황일지라도, 일반유아교사는 자신이 장애유아를 교육할 자격과 준비를 갖추었는가와 상관없이 장애유아를 교육해야 하는 상황이 발생하고 있다. 그런데 예비유아교사가 대학에서 교직과목인 '특수교육학개론'이라는 과목 하나를 수강하고 대학을 졸업한다면, 현장에서 장애유아 통합교육을 실시하기에는 역부족일 것이다.

통합교육현장에서 발생할 것으로 예상되는 많은 어려움을 예방하고, 통합교육현장에서 유아교사가 장애유아를 지도할 수 있도록 준비시키기 위한 것이 이 책의 목적이다. 앞서 제1~2장을 통해 일반유아의 발달과정과 함께 어떻게 장애가 발생할 수 있는지를 살펴보았고, 제3~6장을 통해 장애유아의 특성과 그 특성에 따른 교수방법 그리고 가족과 관련 전문인력에 대해 살펴보았다. 이제 제7장부터는 통합교육의 실제에 대한 구체적 내용을 설명하면서, 가장 먼저 통합교육에 대한 개념부터 살펴보고자 한다. 유아교사는 통합교육을 실행할 주체이므로, 통합교육이 무엇이며, 왜 필요하고, 그 효과는 무엇인지에 대한 전반적인 이해는 유아교사에게 통합교육 실시에 대한 기초지식을 제공할 수 있을 것으로 기대된다.

1. 통합교육의 정의와 개념

통합을 시간적 · 교수-활동적 · 사회적 통합으로 구분하여 설명한 Kauffman, Logan, Agard와 Kukic(1975)의 정의는 통합교육의 정의를 논하는 많은 연구와 저서에서 인용되고 있다. 오늘날 지향하고 있는 진정한 통합교육에 대한 바른 이해를 위해서도 그들의 정의를 이해하는 것은 도움이 될 것이다. 그들이 말하는 시간적 통합이란 장애유아를 비장애유아와 함께 같은 시간에 동일한 물리적 환경에 배치하는 것을 의미하고, 교수-활동적 통합이란 일반교육환경에서 진행되는 교수활동에 장애유아가 함께 참여하는 것을 뜻하며, 사회적 통합이란 장애유아가 속한 학급의 교사와 또래 유아가 장애유아를 구성원으로 인정하고 수용하며 의미 있는 상호작용을 하는 것을 뜻한다. 그런데 그들이 말하는 내용을 통합의 세 가지 종류로 이해해서는 안 된다. 이 세 가지가 모두 충족되고 상호 유기적으로 작용할 때에야 비로소 진정한 통합이 이루어질 수 있기 때문이다. 시간적 통합, 교수-활동적 통합, 사회적 통합을 집을 건축하는 것에 비유한다면 각각을 바닥과 벽, 지붕이라 할 수 있을 것이다. 바닥 없이 벽을 세울 수 없고, 벽 없이 지붕을 얹을 수 없는 것과 마찬가지로 시간적 통합, 교수-활동적 통합, 사회적 통합은 서로 유기적 관계를 형성하는 통합교육의 중요한 세 가지 측면이다.

우리나라의 교육법에서 통합교육을 정의하는 내용은 시간의 흐름과 함께 바뀌고 있다(김삼섭, 임경원, 2009). 2007년에 폐지된 「특수교육진흥법」에서는 통합교육을 다음과 같이 정의했다.

> 통합교육이라 함은 특수교육대상자의 정상적인 사회적응능력의 발달을 위하여 일반학교에서 특수교육대상자를 교육하거나 특수교육기관의 재학생을 일반학교의 교육과정에 일시적으로 참여시켜서 교육하는 것을 말한다(제2조 제6항).

개정된「장애인 등에 대한 특수교육법」에서는 통합교육을 다음과 같이 정의하고 있다.

> 통합교육이란 특수교육대상자가 일반학교에서 장애유형 · 장애 정도에 따라 차별을 받지 아니하고 또래와 함께 개개인의 교육적 욕구에 적합한 교육을 받는 것을 말한다(제2조 제6항).

이러한 정의의 변화는 과거에는 통합교육이란 특수교육대상자를 일반학교에 물리적으로 잠시 배치하는 것으로 정의하면서 장소적 의미를 강조하는 시간적 통합이나 일반학교 교육과정에 일시적으로 참여하는 부분적 교수-활동적 통합을 의미했다면, 이제는 일반학교에서 장애에 대한 차별 없이 개별적 요구에 따른 적절한 교육을 받는 것을 강조하는 교수-활동적 통합과 사회적 통합까지 지향하는 것으로 그 의미가 바뀌고 있음을 보여 주는 것이다.

또한「장애인 등에 대한 특수교육법」에 의하면, 일반학교의 장은 특수교육대상자 또는 그의 보호자나 특수교육기관의 장이 통합교육을 요구하는 경우에 특별한 사유가 없는 한 이에 응해야 한다고 규정하고 있다. 그 규정에 따라 통합교육을 실시하는 경우에 일반학교의 장은 대통령령이 정하는 기준에 따라 특수학급을 설치 · 운영하고, 예산의 범위 안에서 특수교육에 필요한 교재 · 교구를 갖추어야 하고, 교육과정의 조정, 보조인력의 지원, 학습보조기기의 지원, 교원연수 등을 포함한 통합교육계획을 수립하고 시행하여야 한다. 그뿐만 아니라 동일한 법에서 만 3세 이상 장애유아의 의무교육과 만 3세 미만 장애영유아의 무상교육을 규정하고 있다. 이는 통합교육이 영유아에게까지 해당할 수 있음을 시사한다.

이와 같이 오늘날 장애유아의 통합교육을 교육법에서 정의하고 장애영유아의 의무교육과 무상교육을 규정하게 되는 데 이르기까지 영향을 준 중요한 개념들이 있다. 이러한 개념을 이해하는 것은 통합교육의 의미를 이해하는 데 도움이 될 것이다. 통합교육의 기초적 의미를 형성하는 데 이바지한 두 가지 중요한 개념을 간략히 설명하겠다. 먼저, '정상화 원리(principle of normalization)'라는 용어가 있다. 이 원리는 1960년대에 덴마크의 Bank-Mikkelsen가 규정하고, 스웨덴의 Nirje가 최초로 그 용어를 사용하여 논문을 발표하고, Wolfensberger가 장애인 서비스의 원리로 주장하면서 널리 전파되었다(김삼섭, 임경원, 2009; 총신대학교 부속유치원 편, 2011). 그 이후 정상화가 무엇인지에 대한 다양한 정의가 내려지고 구체적 실천 방안에 대한 논의들이 이루어지고 있는데, 그 정의들이 서로 어떤 차이가 있든지 간에 기본적인 전제는 장애인도 보통 사람이라는 것이다. 이런 전제는 장애를 지닌 사람과 그렇지 않은 사람 사이에 장애라는 차이점보다는 모두가 사람이라는 공통점이 있음을 강조하고 있는 것이다. 위키백과(2021. 3. 25.)에서 제시한 정상화 원리에 대한 정의는 다음과 같다.

> 정상화 원리란 장애가 있는 모든 사람에게 최대한으로 일반적인 삶의 방식과 정상적인 환경에 가까운 삶의 패턴과 일상생활 방식이 가능하도록 하는 것을 의미한다.

이 정의에서 '일반적인 삶의 방식과 정상적인 환경에 가까운 삶의 패턴과 일상생활 방식'이라는 표현을 장애유아의 교육에 적용하면, 일반유아들이 있는 일반교육환경에서 장애유아가 일반유아들이 하는 활동에 참여할 수 있도록 하는 통합교육이 이루어져야 함을 쉽게 알 수 있을 것이다. 그런 의미에서 정상화 원리는 지금도 통합교육의 가장 기본이 되는 원리 중 하나로 여겨지고 있다.

다음으로는 '최소제한환경(Least Restirictive Environment)'이라는 용어가 있다. 이 용어는 1975년 미국의 「전장애아교육법(EHA P.L. 94-142)」에서 "장애학생은 최소제한환경에서 무상의 공교육을 받을 권리가 있다."라고 명시하면서부터 사용되기 시작했다. 그 후 개정된 「장애인교육개선법(IDEIA)」에서는 최소제한환경에 대해 다음과 같이 명시하고 있다(Baglieri, 2020: 14에서 재인용).

> 최대한 적절한 범위 내에서, 공립 또는 사립 기관, 다른 보호 시설에 있는 아동을 포함하여 장애아동은 비장애아동과 함께 교육받는다. 특수학급, 특수학교 또는 일반교육환경으로부터 장애아동을 분리하는 것은 장애의 특성과 정도로 인하여 보충적인 지원과 서비스를 사용할지라도 일반학급과 같은 교육을 제공하는 것이 어려울 경우에만 발생한다[20 U.S.C. 1412(a)(5)(B)].

최소제한환경이라는 용어를 단어의 뜻대로 풀이하면 최소한으로 제한된 환경이라는 뜻으로, '환경을 제한하는 것을 최소화한다'는 것이다. 장애유아를 교육할 때는 장애가 없었다면 유아가 있게 될 환경으로부터 유아를 제한(또는 분리)시키는 것을 최소화하라는 뜻이다. 다시 말하자면, 장애유아에게 꼭 필요한 교육이 제공되어야 하되, 일반유아가 있는 교육환경에 장애유아를 최대한으로 참여시키도록 하라는 의미이다. 물론, 최소제한환경을 모든 장애유아를 언제나 일반유아들과 함께 교육하라는 뜻으로 해석할 수는 없다. 즉, 최소제한환경이란 장애유아의 특별한 교육적 요구나 환경에 따라 각기 달리 적용되는 상대적 개념이다. 그런데 일반학급이 모든 장애유아를 위한 최소제한환경이 될 수 있는지, 분리되어 특수교육을 받는 환경이 적절한 경우는 언제인지에 대한 명확한 판단기준이 없어서, 최소제한환경이라는 개념을 실제 적용하는 데는 많은 의문이 따를 수밖에 없다. 그럼에도 불구하고 장애유아를 최소한으로 제한된 환경에서 교육해야 한다는 뜻을 담은 최소제한환경이라는 개념은 통합교육의 원칙처럼 사용되고 있는 중요한 개념이다.

'정상화 원리'나 '최소제한환경' 외에 통합교육에 영향을 준 여러 다른 개념을 살피거나 통합을 뜻하는 다양한 단어(mainstream, integration, inclusion) 각각의 뜻을 명확히 구분하여 밝히고 적용하는 것은 이 책의 범위를 벗어난다. 따라서 여기에서는 통합을 뜻하는 여러 단어를 구분하여 사용하지 않을 것이다. 다만, 장애유아의 분리교육을 피하고 일반유아가 하는 활동에 장애유아를 참여시켜 발달이 촉진되도록 한다는 의미로 통합이라는 용어를 사용한다.

- mainstreaming: 시냇물이 강물에 합쳐지는 것처럼 커다란 물줄기에 작은 물줄기가 합쳐지는 것을 주류화(mainstreaming)라고 한다. 즉, 일반유아가 있는 환경을 큰 물줄기로 보고 상대적으로 적은 숫자인 장애유아를 작은 물줄기로 보아서, 필요한 경우에 일반유아들이 있는 환경에 장애유아를 받아들이는 것을 의미한다. 이 개념은 특수교육과 일반교육 체제가 그대로 유지되는 것을 뜻한다.
- integration: 분리와 반대되는 개념으로, 2개의 서로 다른 집단을 서로 합치거나 모은다는 뜻을 가지고 있다. 이 개념은 한 장소에 합쳐졌어도 특수교육과 일반교육 체제가 그 가운데서 유지되고 있음을 의미한다.
- inclusion: 포함이라는 의미를 가지고 있으며, 이는 일반유아와 장애유아의 구분 없이 일반교육이 모든 유아의 교육을 담당하는 것으로 일반교사가 장애유아의 교육에 우선적 책임이 있음을 의미한다.

모든 인간은 각각 독특하다. 장애유아도 그렇다. 통합교육은 이러한 인간의 다양성과 각 사람의 특별한 개별성에 대해 가치를 부여하는 신념을 바탕으로 하는 교육철학이라고 할 수 있다. 인간의 다양성과 개인의 개별성을 존중하는 가치를 수용하면, 장애유아도 자기가 원하는 곳에서 교육받을 수 있는 권리가 있다는 것을 자연스럽게 받아들이게 될 것이다. 이를 장애유아교육에 적용해 보면, 통합교육이란 장애를 지닌 유아의 발달을 촉진하기 위하여 장애유아를 제한하지 않는 환경에서 일반유아가 하는 경험들을 장애유아에게 제공해 주는 것이라고 할 수 있다. 즉, 참여를 통한 발달의 촉진이 이루어지도록 하는 것이다. 여기에서 참여란 일반유아가 하는 활동에 장애유아가 의미 있게 참여하는 것을 뜻한다. 그러므로 성공적 통합교육이란 장애유아의 성공적인 참여에 달려 있다고 할 수 있을 것이다.

2. 통합교육의 영향

1) 장애유아에게 미치는 영향

장애유아는 일반학급에서 분리되어 따로 교육받는 것보다 자신의 또래 옆에서 함께 교육받을 때 학업 수행을 더 잘하는 경향이 있다(Theoharis, Causton, & Tracy-Bronson, 2016). 또한 장애유아는 또래와 함께 교육받을 때 자연스럽게 나이에 맞는 일반유아의 행동을 관찰하고 모방할 수 있고, 또래들과 상호작용할 수 있는 기회가 주어지므로 긍정적인 사회적 행동이 증가한다(조영숙, 2018; Buysee, Bailey, & Wolery, 1992). 이러한 긍정적인 사회적 행동의 증가는 동시에 장애유아가 교사의 주의를 끌기 위해 하게 되는 문제행동을 감소시키는 결과도 가져온다. 그리고 통합교육을 통해 다양한 친구를 사귈 수 있는 기회가 주어지며, 친구와 함께 하는 활동에 참여하는 공동체 경험은 장애유아의 자아존중감을 발달시킬 수 있다.

이소현과 박은혜(2011)는 통합교육이 장애아동에게 미치는 혜택을 다음과 같이 세 가지로 제시했다. 첫째, 낙인효과를 줄일 수 있다. 즉, 장애가 있는 아동을 일반아동과 함께 교육받게 함으로써 장애 표찰로 인한 낙인의 부정적인 영향을 감소시킬 수 있다. 둘째, 장애아동의 사회성과 의사소통이 발달한다. 분리된 교육환경에서는 또래와 상호작용할 기회를 갖기 어려운데, 통합교육환경에서는 장애아동이 적절하고 나이에 맞는 일반아동의 행동을 관찰하고 그들과 상호작용하면서 사회성과 의사소통이 발달하게 된다. 셋째, 장애유아의 인지와 학업성취 면에서도 긍정적인 효과가 있다. 통합교육환경에서 장애아동의 학업적 발전이 없다면 통합교육은 재고되어야 하기 때문에, 인지와 학업성취에서 긍정적이라는 것은 중요한 효과라고 할 수 있다.

2) 일반유아에게 미치는 영향

통합교육은 장애유아에게만 유익한 것이 아니다. 통합교육환경은 다양한 장애특성을 지닌 유아를 교육하기 위해서 물리적으로도 심리적으로도 안전한 환경을 구성해야 하는데, 이렇게 안전을 고려한 통합교육환경은 일반유아에게도 안전한 환경이 된다. 이런 점이 사소하게 여겨질지 모르지만 결코 그렇지 않다. 장애가 있는 사람을 위해 설계된 모든 환경은 일반인들에게도 매우 안전하고 유익한 환경이다. 보편적 설계라고도 불리는 유니버설 디자인(universal design)이 이를 입증한다. 필자가 최근에 오른손에 화상을 입어 붕대를 감고 생활하면서 [그림 7-1]과 같이 수도꼭지나 문손잡이가 각각의 손가락을 벌리지 않아도 작동되거나 손목만으로도 작동되는 레버식이 얼마나 편리한 것인지 경험해 보았다. 장애유아 통합교육을 위한 환경은 모든 유아에게 편리한 환경이다.

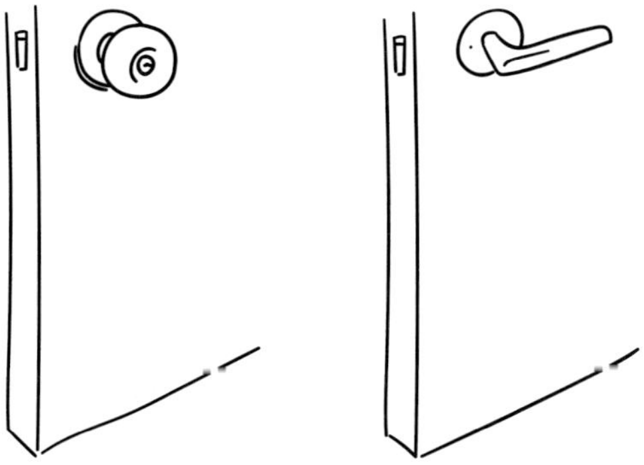

그림 7-1 원통형 문손잡이와 레버식 문손잡이

- 유니버설 디자인(universal design): 유니버설 디자인이란 성별, 연령, 국적, 문화적 배경, 장애의 유무와 상관없이 누구나 손쉽게 쓸 수 있는 제품 및 사용환경을 만드는 디자인을 말한다. '모든 사람을 위한 디자인(design for all)' '범용(汎用) 디자인'이라고도 불린다. 이렇게 디자인된 도구, 시설, 설비 등은 장애가 있는 사람뿐 아니라 건강한 사람들에게도 유용하다. 유니버설 디자인의 8대 목적은 몸에 맞게, 편안하게, 알 수 있게, 이해할 수 있게, 건강에 도움 되게, 사회 통합에 기여하게, 각자에 맞게, 문화에 맞게이다. 유니버설 디자인의 사례로는 손아귀 힘이 약한 사람을 위해 과거의 원통형 문손잡이를 레버식으로 바꾼 것, 버스 바닥이 낮고 출입구에 계단이 없이 휠체어를 탄 사람이 타고 내릴 수 있게 한 저상버스 등이 있다(다음백과, 2021. 3. 25.).

통합교육이 일반유아에게 부정적인 영향을 미치지 않을까 하는 우려와는 달리, 통합교육이 일반유아에게 미치는 부정적인 영향은 없는 것으로 나타났다(Odom, Parrish, & Hikido, 2004). 그뿐만 아니라 통합교육을 하게 되면, 통합교육을 함께 지원하는 특수교사를 통해 아직 진단을 받지는 않았어도 발달이 지체되었거나 장애위험이 있는 유아를 발견하고 지원할 수 있는 가능성이 높아진다는 장점도 있다. 그리고 일반유아에 대한 직접적인 긍정적 영향도 있다. 통합교육을 통해 일반유아는 개인의 다양성을 인식하고 수용하게 되어 장애유아에 대해 긍정적인 태도를 갖게 되며, 장애유아를 배려하고 도우면서 사회적 책임감의 향상을 보인다는 것이다(총신대학교 부속유치원 편, 2011). 이런 효과는 성인기까지 이어져 성인이 되었을 때에도 장애인에 대한 이해와 존중의 태도를 갖게 된다. 즉, 타인을 향한 태도는 유아기에 학습되며, 바로 그 시기에 태도발달이 시작되므로, 유아기에 통합교육을 통해 장애인에 대한 긍정적인 태도를 갖게 될 수 있다는 것이다. 이렇게 통합교육은 일반유아의 인격적 태도와 사회성 발달을 가져오며, 일반유아의 교육적 성취를 방해하지 않을 뿐 아니라 장애유아와 함께 통합교육을 받은 일반유아는 통합교육을 받지 않은 비교집단에 비해 발달적 성취도 더 높게 나타났다(이소현, 박은혜,

2011; 총신대학교 부속유치원 편, 2011).

3. 통합교육의 필요성

1) 교육성과적 측면

먼저, 교육성과적 측면에서 통합교육이 필요하다. 앞에서 통합교육의 영향에서도 언급했듯이 통합교육은 장애유아와 비장애유아 모두에게 교육적으로 긍정적인 영향을 주기 때문이다. 즉, 분리교육이 아무리 전문성을 갖춘다 하더라도 결코 가르치기 어려운 부분들이 있기 때문에 통합교육이 필요하다는 것이다(이대식, 김수연, 이은주, 허승준, 2018). 장애유아에게 반드시 필요한 사회성 교육의 경우에 사회적 기술을 분리교육현장에서 아무리 집중적이고 반복적인 연습을 통해 체계적으로 가르친다고 할지라도 그 기술을 실천하고 적용할 곳은 함께 놀 수 있는 또래가 많은 곳이어야 한다. 또한 일반유아도 사회에는 다양한 요구를 지닌 구성원이 있음을 인식하고 그러한 사람들에 대한 사회적 책임을 가지고 존중하는 것을 배우려면 그런 사람들과 실제적 상호작용을 통해 삶을 공유하는 경험이 필요하다. 즉, 장애유아도 비장애유아도 서로 함께 같은 공간에서 교육받지 않으면 배울 수 없는 부분이 있다는 것이다. 이는 통합교육은 장애유아와 비장애유아 모두에게 교실에서 공식적으로 주어지는 교육과정 외에 잠재적 교육과정을 제공할 수 있다는 의미이다. 이런 장점에는 일반유아나 장애유아가 미래에 사회로 나갈 준비를 할 때 분리교육을 시켰을 경우에 발생할 수 있는 사회적응문제를 예방할 수 있다는 점을 내포하고 있다. 통합교육은 모두를 위한 것이다.

2) 경제적 측면

현실적이고 경제적인 측면에서도 통합교육은 필요하다. 우리나라 특수교육대상 학생의 30% 정도가 특수학교에서 교육을 받고 있는 실정인데, 만일 장애가 있는 학생들을 모두 특수학교에 다니게 하려면 엄청나게 많은 특수학교를 신설해야 할 것이다(이대식, 김수연, 이은주, 허승준, 2018). 이런 상황을 고려하면, 일반학교에서 특수교육대상학생을 교육하는 것이 훨씬 더 합리적이라는 결론이 나온다. 실제로 비용을 따져 본 연구에서 통합교육의 비용이 덜 들거나 분리교육과 비슷하다는 보고가 있다(Odom, Parrish, & Hikido, 2001; OECD, 1995). 기존의 교육시설을 이용할 수 있는 통합교육은 경제적으로 더 효율적이다.

3) 윤리적 측면

윤리적인 이유에서도 통합교육은 필요하다. 장애가 있든 없든 모든 유아는 소속될 권리가 있다(Causton & Tracy-Bronson, 2018). 우리가 어떤 집단에서 배제되었을 경우, 우리는 당혹감을 느끼거나, 울거나, 화가 나거나, 우울해지거나, 위축되거나, 조용해지거나, 타인을 의식하거나, 수치감을 느끼거나, 기분이 나빠지거나, 참여하지 않거나, 그 집단을 떠나려고 애쓰게 될 것이다. 장애가 있는 유아도 그렇다. 그러므로 장애유아를 또래집단이 있는 교육현장에서 배제해서는 안 될 것이다. 장애유아는 장애가 없었더라면 다니게 되었을 교육기관에서 교육 받을 권리가 있다. 이런 이유에서도 통합교육은 필요하다.

유아들이 장애유아를 자기들과 다르다고 생각하게 하는 요소로 꼽은 것은 특별한 서비스를 받기 위해 교실을 떠난다, 자기들과 다른 과제를 한다, 자기들과 다른 통학차를 탄다 등이었다(Bigler, Jones, & Lobliner, 1997). 즉, 유아들은 장애 유무에 따라 집단이 나뉘는 것을 볼 때, 장애를 지닌 또래를 자기들과 다른 사람으로 여기게 된다는 것이다. 이런 유아기 특성을 고려할 때, 특별한 요구를 만족시키기 위해 장애유아를 교실에서 내보내서 분리시키기보다는 교실에 그대로 두고 통합교육을 통해 그들의 필요를 채워 주는 것이 장애유아도 학급의 중요한 구성원이라는 사실을 모든 유아에게 보여 줄 수 있는 방법이 될 것이다. 함께 수업하고 놀이하는 경험을 통해 비장애유아의 장애유아에 대한 긍정적 태도를 키울 수 있을 것이다.

앞에서 얘기한 이유들 외에도, 장애유아와 그 가족이 더 선호하는 교육체계가 분리교육보다 통합교육이라는 것도 통합교육의 필요에 대한 충분한 이유가 될 것이다(조윤경, 홍은주, 2005). 유아기는 아직 사람에 대한 편견이 굳어지지 않았고, 인식과 태도와 행동 면에서 변화의 가능성이 가장 큰 시기이며, 발달과 학습에서 매우 민감한 시기이다. 이러한 어린 시기에 통합교육을 경험한다면 일반유아는 장애에 대해 올바른 인식을 가지고 장애로 인한 다양성을 자연스럽게 수용하며 성장할 수 있을 것이고, 장애유아는 현재의 발달 촉진뿐 아니라 미래에 필요한 사회적 능력을 기를 수 있을 것이다.

4. 성공적 통합교육을 위한 조건

성공적인 통합교육을 위한 조건에는 일반유아의 태도, 통합교육 담당교사의 자질과 관련 전문가들과의 협력 기술, 통합교육환경, 교육과정 등이 있다(총신대학교 부속유치원 편, 2011). 첫째, 일반유아의 태도이다. 장애유아와 비장애유아의 긍정적인 상호작용은 서로 함께 있게만 해 준다고 해서 자연스럽게 발생하는 것이 아니다. 다수를 이루고 있는 일반유아가 소수인 장애유아를 수용하려면 장애유아의 장애에 대한 편견과 오해가 없어야 한다. 이를 위해서는 일반유아에게 장애유아는 그들과 무엇이 어떻게 다른지, 그들과 어떻게 상호작용할 수 있는지 등을 그림, 영상, 동화 등의 매체를 사용하여 가르치는 장애이해교육을 체계적으로 실시해야 한다. 그에 더해서, 언급한 바와 같이 일반유아들이 장애유아에 대해서 갖는 질문이나 느낀 점을 자유롭게 말할 수 있는 학급분위기가 만들어져야 한다. 그리고 일반유아는 장애유아를 대하는 태도의 모범을 교사를 통해 볼 수 있어야 한다.

또한 장애유아에 대한 일반유아들의 긍정적 태도 형성을 위해서는 장애유아와 비장애유아의 상호작용을 위한 구체적이고 체계적인 교육 프로그램이 있어야 할 뿐 아니라 서로 함께하는 시간도 절대적으로 필요하다. 장애유아 통합학급에서 1년 3개월 동안 비장애 유아들의 변화를 관찰한 강희연(2007)의 참여관찰 연구결과는 긍정적 효과를 위해서는 시간의 흐름도 필요함을 보여 준다. 연구결과는 시간에 따라 비장애유아들의 장애유아에 대한 태도가 3단계를 거치며 변화함을 보여 주었다. 첫 번째 단계에서 비장애유아는 장애유아를 자기들에 비해 못하는 것이 많은 아이들로 여겼다. 그런데 이 단계에서도 처음에는 못하니까 장애인이라고 인식했던 것이 점점 장애인이니까 못하는 것이라고 인식하는 것으로 변하면서, 장애유아가 할 수 있는 것조차도 못하는 것으로 규정짓는 모습이 관찰되었다. 그러나 시간이 지나며 두 번째 단계에서 비장애유아는 장애유아가 자기들과 같은 면도 있고 다른 면도 있다고 여기게 되었다. 이 단계에서는 점차 장애유아와의 상호작용이 늘어나면서 자기들에 비해서 장애유아가 못하는 것만 있는 것이 아니라 자기들과 같은 점도 있음을 알게 되지만, 여전히 능력을 기준으로 하여 자기들이 장애유아보다 더 우위에 있다고 여기면서 장애와 비장애를 구별 짓는 모습이 관찰되었다. 그러다가 세 번째 단계에서는 비장애유아들이 더 이상 장애와 비장애를 구분하지 않고, 장애유아를 친구로 여겼다. 즉, 장애유아를 능력으로 구분하지 않고 누구나 잘 하는 것도 있고 못하는 것도 있다고 하면서 그 존재 자체로 인정하고 수용하는 모습이 관찰되었다. 이런 연구결과 외에도 비장애유아가 장애유아에게 어떻게 도움을 제공할지에 대한 아이디어를 자발적으로 내놓는 것은 1학년도를 살펴볼 때 1학기보다는 2학기에 확연하게 더 많이 드러났다는 연구결과도 함께하는 시간의 필요를 나타내 주고 있다(Diamond & Carpenter, 2000). 이렇듯 장애유아와 비장애유아가 서로 진정한 친구로서 상호작용하기까지는 함께하는 시간이 축적되어야 한다.

둘째, 통합교육 담당교사의 자질과 관련 전문가들과의 협력이다. 통합교육을 담당하는 유아교사는 장애유아의 발달특성에 대한 지식을 가지고 있어야 한다. 이러한 지식이 바탕이 되어야 장애유아를 적절하게 지도할 수 있기 때문이다. 유아교사는 이러한 이론적 지식뿐 아니라 실제 통합교육 상황에 적용할 수 있는 교육기술과 교구나 자료를 활용할 수 있는 기술도 함께 가지고 있어야 한다. 교사에게 이러한 지식과 기술을 갖추도록 하기 위해서는 현행 교원 양성 제도에 대한 검토가 필요할 것이다. 그리고 통합교육교사는 자신의 통합교육에 대한 태도를 자주 점검하며, 장애유아에 대해 희망을 잃지 않고 긍정적이며 수용적인 태도를 유지할 필요가 있다. 교사의 태도는 장애유아의 자아존중감과 비장애유아의 장애유아에 대한 태도에 지대한 영향을 미치기 때문이다. 또한 통합교육교사에게는 장애유아 통합교육을 위한 기본적 자질이 요구될 뿐 아니라 다른 장애 관련 전문인력들과 협력할 수 있는 기술도 있어야 한다. 그리고 각 전문가의 역할에 대한 분명한 지식도 있어야 한다. 이와 함께, 교사가 전문가들과 협력을 이룰 수 있도록 뒷받침해 주는 행정적 · 제도적 지원이 있어야 할 것이다. 교사와 전문인력들의 협력이 원활하게 이루어질 때, 교사들은 전문가의 자문을 받아 장애유아를 위해 가장 좋은 교육활동을 계획하고 교육환경 내에서 이를 수행할 수 있을 것이다.

셋째, 통합교육환경이다. 통합교육을 위해서는 장애유아의 언어적이거나 비언어적인 신호에 적절하게 반응해 주는 사람이 교육환경 내에 존재하는 사회적 환경이 구축되어야 한다. 또한 다양한 감각적 특성과 신체적 특성을 지닌 장애유아의 독립성을 최대한 보장하고 격려할 수 있는 물리적 환경이 보장되어야 한다. 이에 대해서는 제8장에서 더 구체적으로 설명할 것이다.

넷째, 교육과정이다. 교사는 자신이 가르치고 있는 교육과정이 통합교육에 적합한지 살펴보아야 한다. 즉, 교사는 현재의 교육과정을 통해 장애유아를 포함한 모든 유아의 개별적 요구가 충족되고 있는지 지속적으로 점검해야 한다. 그래서 필요하다면 교육과정을 수정해야 할 것이다. 교육과정의 수정에 대해서는 제9장과 제10장을 참고할 수 있다. 통합교육을 위한 교육과정을 계획할 때, 총신대학교 부속유치원 편(2011)에서 제시한 통합교육을 위한 교육 프로그램에 대한 다음 원칙을 적용할 수 있다.

- 장애유아의 발달적 요구와 장애의 정도를 고려할 수 있는 융통성이 있어야 한다.
- 기존 교육 프로그램의 자원(예: 놀이도구, 교육자료, 교육활동)을 활용할 수 있어야 한다.
- 놀이와 모방을 통한 교육방법을 채택해야 한다.
- 장애유아와 비장애유아 간의 상호작용을 통해 언어 및 사회적 기술을 발달시킬 수 있어야 한다.
- 비장애유아의 훈련을 통해 장애유아의 지체된 부분이 발달되도록 하고, 비장애유아의 사회성 발달을 꾀해야 한다.

앞서 살펴본 것과 같이 성공적인 통합교육이 이루어지려면 선결조건들이 있음을 알 수 있다. 성공적인 통합교육은 장애유아와 일반유아를 물리적으로 같은 공간에 배치한다고만 해서 이루어지는 것도 아니고, 장애유아에게 일반유아 교육과정을 제공하고 거기에 참여시켜 준다고만 해서 이루어지는 것도 아니다. 질적으로 우수한 진정한 통합교육이 이루어지려면 시간적 통합, 교수-활동적 통합과 사회적 통합을 위해 의도적이고 체계적이며 지속적인 다각도의 노력이 필요하다.

5. 통합교육의 구성 원리

통합교육을 구성할 때는 전체를 위한 좋은 프로그램이 효과적으로 운영되고 있을 때 특별한 필요가 있는 소수를 위한 중재가 더욱 효과 있을 것이라는 원리를 적용해야 한다. 즉, 모든 아동을 위한 프로그램이 잘 실행되고 있는 기반 위에서 어떤 영역에서 특별한 필요가 있는 아동들에게 적합한 중재를 제공해 주고, 필요에 따라 집중적이고 부가적인 중재가 주어진다면 그 효과는 더 클 것이라는 뜻이다. 이런 기본 가정을 가지고 있는 대표적인 예방 모델에는 미국의 중재반응모형(Response to Intervention: RTI)과 긍정적 행동지원(Positive Behavior Support: PBS)의 연속적 행동지원 체계가 있다. 이 두 모델은 삼각형 모양으로 나타내는 3개의 층으로 구성되어 있다.

먼저, 중재반응모형은 학습장애 판별을 위한 접근법으로, 학생이 학업성취에서 향상이 없을 때 점점 더 강도 높은 다양한 중재를 제시하면서 학습장애가 있는지를 결정하도록 하는 판별방법이다. 이는 [그림 7-2]와 같다.

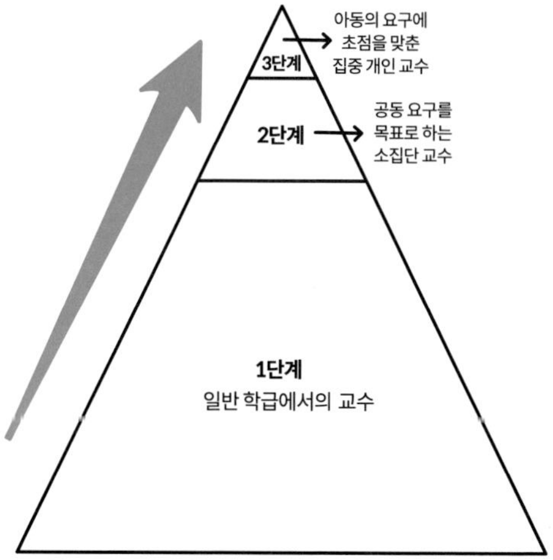

그림 7-2 중재반응모형

출처: 이대식 외(2018), p. 92.

중재반응모형은 Fuchs와 Fuchs(2007)가 제시한 3단계 접근(예: 전체 → 소집단 → 개별)으로 설명할 수 있다. 즉, 1단계에서 일반학급에서 보편적 교수방법으로 가르쳤는데 반응이 좋지 않으면, 2단계에서 소집단으로 가르치고, 그래도 반응이 좋지 않으면 3단계에서 개별화된 프로그램을 적용해 보는 다단계 접근을 하였는데도 성취의 변화가 없으면 학습장애로 판별하여 특별한 교육적 서비스를 제공해야 한다는 것이다. 이는 불필요하게 학습장애로 진단되는 것을 예방하기 위해 다단계 접근 방식을 먼저 실행하도록 요구한다.

다음으로 연속적 행동지원 체계를 간단히 소개한다. 이 개념은 Walker와 동료들(1996)이 아동과 청소년의 반사회적 행동 패턴을 예방하기 위해 내놓은 것으로, 행동지원을 세 단계 수준으로 하도록 구성되어 있다. 이는 [그림 7-3]과 같다.

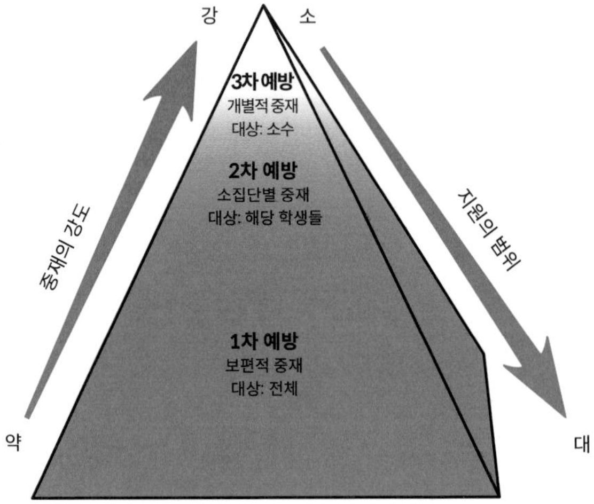

그림 7-3 연속적 행동지원 체계

[그림 7-3]을 보면, 전체 사각뿔에서 윗부분으로 올라갈수록 학생에게 제공되는 지원의 강도는 강해지고 지원을 받는 대상학생의 범위는 좁아지며, 아랫부분으로 내려올수록 지원의 강도는 약해지고 대상학생의 범위는 넓어

지는 것을 알 수 있다. 1차 예방 단계에서는 교육환경 전체에서 모든 학생을 대상으로 문제행동을 예방하기 위한 보편적 중재가 실행된다. 보편적 중재에도 불구하고 여전히 문제행동을 보이는 학생들에게는 2차 예방 단계가 적용된다. 2차 예방 단계에서는 지속적이고 심각한 문제행동을 보이는 학생들을 포함하여 위험행동 가능성이 있는 학생들을 대상으로 소집단을 구성하여 그들의 목표행동에 초점을 맞춘 중재를 실행한다. 2차 예방 단계에도 반응을 보이지 않는 학생들에게는 3차 예방 단계가 적용된다. 3차 예방 단계에서는 지속적이고 심각한 문제행동을 나타내는 소수의 학생을 대상으로 개별화된 지원을 체계적이고 집중적으로 실행한다(Scott & Caron, 2005; Sugai & Horner, 2009; Sugai, Horner, et al., 2000; Sugai, Sprague, Horner, & Walker, 2000).

중재반응모형과 연속적 행동지원 체계가 공통적으로 강조하는 것은 학습문제이든 행동문제이든 전체를 위한 좋은 교육과정과 교수가 절대적으로 필요하다는 것이다. 그런 바탕이 없다면 문제가 있는 학생들을 위한 특별한 중재가 제대로 효과를 발휘하기 어렵다는 것이다. 이를 장애유아 통합교육에 적용하면 장애 유무와 상관없이 모든 유아를 위한 질 높은 교육과정으로 진행되는 교육활동을 통해 어려움이 있는 유아를 포함한 모든 유아의 요구가 충족되도록 하는 것이 우선되고, 그런 기초 위에서 차별화된 교수방법을 적

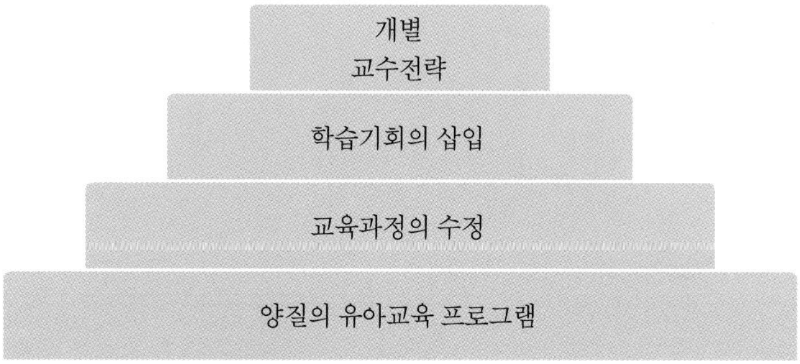

그림 7-4 The building block model

출처: Sandall & Schwartz (2002).

용하자는 것이다.

Sandall과 Schwartz(2002)는 그런 원리를 적용하여 'The building block model'을 개발했다. The building block model은 모든 유아를 위한 튼튼한 기초 위에 점점 더 요구의 강도가 높은 아이들을 위한 교육을 체계적으로 적용할 것을 강조하고 있다. 이를 그림으로 나타내면 앞의 [그림 7-4]와 같다. The building block model에 대해서는 제9장과 제10장에서 좀 더 자세히 설명할 것이다.

이상으로 통합교육의 개념을 이해하는 데 필요한 전반적인 내용을 살펴보았다. 유아교사가 통합교육을 실행하기 전에 통합교육의 정의, 그 효과와 필요성, 선결 조건과 구성 원칙 등에 대한 바른 이해를 지니고 있을 때 무늬와 형식만 갖춘 통합교육이 아니라 진정한 통합교육을 이루기 위한 내실을 기할 수 있을 것이다.

제8장

장애유아 통합교육을 위한 환경

성공적인 통합교육은 장애유아가 일반유아의 활동에 의미 있게 참여하여 발달에 촉진을 가져오는 것이다. 이러한 통합교육이 이루어지려면 장애유아가 속해 있는 환경을 어떻게 구성하는가는 참으로 중요하다. 환경이 장애유아가 활동에 참여하기에 편리하고 안전하게 구성된다면 장애유아는 더욱 독립적이고 자유롭게 활동에 참여하는 것이 가능해질 것이다. 그러므로 교사는 장애유아가 자신의 학급에서 소속감을 가지고 모든 다른 유아와 함께 활발하게 활동에 참여할 수 있도록 환경을 구성하는 것에 주의를 기울여야 한다. 여기에서는 장애유아 통합교육 환경을 크게 사회적 환경과 물리적 환경으로 나누어 살펴본다. 이 장의 내용은 필자의『유아교사를 위한 학교폭력 예방과 학생의 이해』(학지사, 2018)의 제9장 '폭력 예방을 위한 유아교육기관의 환경적 지원' 내용에서 인용한 부분이 많음을 밝힌다.

1. 장애유아 통합교육을 위한 사회적 환경

사회적 환경이란 한 사람을 둘러싸고 있는 사람들 그리고 그 사람들과 맺고 있는 관계를 의미한다. 그러므로 장애유아 통합교육을 위한 사회적 환경이란 바로 장애유아가 학급에서 자주 만나는 교사와 다른 유아들 그리고 그들과의 관계이다. 그러한 사회적 환경 속에서 장애유아가 상호작용을 통해 소속감과 안정감을 느낄 수 있는 것이야말로 무엇보다도 가장 바람직한 통합교육의 기초가 될 것이다. 성인기 삶의 성공 여부가 다른 사람과 효과적으로 상호작용을 할 수 있는 사회적 능력에 의해 결정되는 경우가 많다는 사실을 이해한다면, 장애유아의 미래를 위한 사회적 능력을 기를 수 있는 터가 될 수 있는 유아기의 사회적 환경이 얼마나 중요한지 실감할 수 있을 것이다.

1) 또래들과의 관계

유아들의 또래관계는 우정관계, 사회적 수용관계, 사회적 거부관계라는 연속선상의 어디쯤에 놓여 있을 것이다(Sandall & Schwartz, 2002). 먼저, 우정관계란 다른 아이들보다 같이 놀 사람으로 서로를 선택하고, 학급에서도 같이 앉고 싶어 하고, 이동할 때도 같이 가고 싶어 하는 관계이다. 즉, 동등하게 상호작용을 시작하고 둘이 서로를 친구라고 부르는 관계이다. 그다음으로 사회적 수용관계란 학급의 다른 아이들이 한 아이랑 함께 놀고, 그 아이에게 미소 짓고 식사나 간식 시간에 그 아이 곁에 앉는 것을 편안해하는 관계를 뜻한다. 우정관계가 보다 더 적극적 관계라면 사회적 수용관계는 조금 수동적 관계라고 할 수 있다. 그리고 사회적 거부관계란 또래들이 함께 놀지 않으려 하고, 놀이에서 떠나라고 하거나, 그 아이가 함께 놀자고 하는 제안을 거절하는 관계이다. 사회적으로 거부된 아이는 대개 아무 친구도 없다.

유아들이 사회적으로 건강하게 성장하고 발달하는 데 있어서 긍정적인 또래관계를 형성하는 것이 얼마나 중요한지는 굳이 설명할 필요가 없는 기본 상식이라고 할 수 있다. 그런데 장애유아는 외모나 행동이 또래와 다르고, 축적된 실패의 경험으로 인해 위축되어 있고, 실질적으로 친구를 사귀는 데 필요한 사회적 기술이 부족한 경우가 많다. 그리고 일반유아는 장애에 대한 제한적 경험과 지식으로 인해 편견과 비수용적 태도를 갖기가 쉽다. 그러므로 장애유아와 일반유아를 한 장소에 함께 모아 놓는다고 해서 바람직한 상호작용이 저절로 발생하는 것은 아니다.

교사는 일반유아가 장애유아와 단순히 접촉하는 것을 넘어서 실제적인 관계가 만들어지고 지속될 수 있도록 도와주어야 한다. 즉, 장애유아가 또래들에게 받아들여져서 소속감을 느낄 수 있도록 또래유아들을 준비시킬 필요가 있다. 그러기 위해서 기본적으로 장애에 대한 잘못된 개념이나 정보를 교정해 주고 장애에 대한 바른 이해를 높이기 위한 '장애이해교육'을 해야 한다.

실제로 장애이해교육을 통해 장애유아와 또래들의 사회적 수용도와 사회적 참여 및 상호작용이 증진되었다는 연구보고들이 있다(이수정, 이소현, 2011). 장애이해교육은 사람의 다양성을 존중하고, 차이점에 따라 차별하지 않으며, 장애유아의 장애보다 강점을 강조하는 것 등으로 구성되어야 한다. 그리고 쉽게 만날 수 있는 대표적인 장애유형에 대해 설명해 주고 왜 도움이 필요한지 어떻게 도와줄 수 있는지에 대해 설명해 줄 필요가 있다. 장애이해교육은 장애에 대한 바른 정보와 지식의 제공, 장애 모의체험, 장애이해를 위한 동화를 읽거나 영상을 보고 이야기 나누기, 장애를 딛고 사회적으로 성공한 장애인을 초청하여 이야기 나누기, 장애를 지닌 또래와 구조화된 프로그램 진행하기 등 다양한 방법으로 구성할 수 있다. 이런 모든 방법이 효과가 있지만, 일회적일 때보다는 정규 수업에서 지속적으로 실행될 수 있도록 기존의 교육과정을 수정하는 것이 가장 효과가 크다는 연구결과도 있으므로(Sapon-Shevin, 2000), 교사는 자신의 수업에서 어떻게 장애이해를 담아낼 수 있는지 고려해야 할 것이다. 유아를 위한 장애이해교육에 관한 구체적인 내용은 이소현 등(2007)의 『유아를 위한 장애 이해 및 통합교육 활동자료』(교육인적자원부)를 참고할 수 있다.

여기에서는 장애이해교육의 일환으로 유아교육현장에서 자주 사용하는 책 읽기 활동에 적용할 수 있는 장애 관련 동화책을 고르는 기준을 제시한다 (Favazza, LaRoe, & Odom, 1999).

- 장애가 있는 사람이 주인공이나 주요 인물로 등장한다.
- 장애가 있는 사람을 잘 묘사한다.
- 장애가 있는 사람의 장애뿐 아니라 감정이나 일상 등 전체적인 것을 표현한다.
- 등장하는 모든 사람의 강점과 약점을 고루 묘사한다.
- 다양한 배경과 환경에서 장애가 있는 사람이 등장한다.

- 장애가 있는 사람에 대한 동정심을 유발하지 않는다.
- 그림은 실제적이고 사실적으로 표현한다.
- 현재 사용되고 있는 적절한 용어를 사용한다.
- 사람의 다양성을 수용하고 존중하도록 격려한다.
- 장애유아와 일반유아의 비슷한 점을 강조한다.

장애유아와 일반유아가 서로 실제적인 관계를 만들고 그 관계를 유지하도록 하기 위해서는 일반유아에게 장애유아를 수용하는 태도를 갖게 하는 것도 필요하지만, 장애유아와 일반유아의 상호작용을 위한 구조화된 프로그램도 필요할 것이고, 장애유아에게 부족한 사회적 기술을 가르치는 것도 필요할 것이다. 이런 내용들을 통합해서 Brown, Odom과 Conroy(2001)가 장애유아들의 사회적 관계 향상을 위한 위계적 프로그램을 제안했다([그림 8-1]

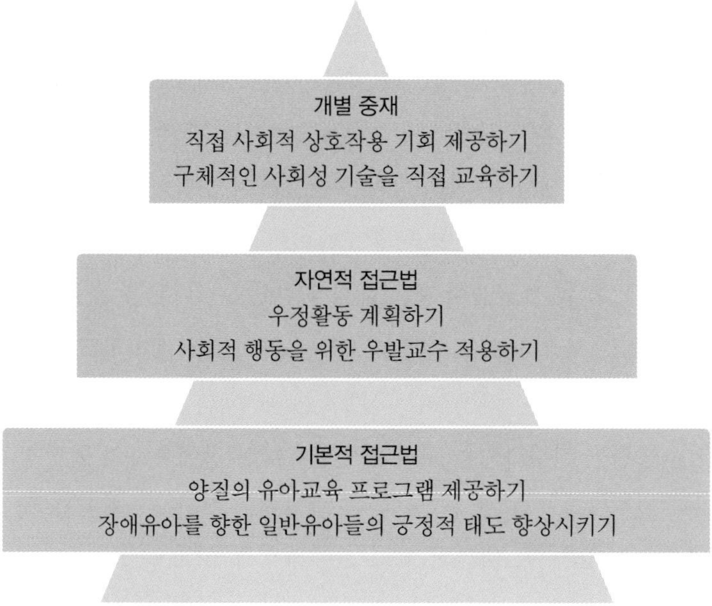

그림 8-1 장애유아들의 사회적 관계 향상을 위한 전략

출처: Brown, Odom, & Conroy (2001)에서 도형을 수정.

참조). 이는 제7장의 마지막 부분에서 설명한 대로, 모든 유아를 위한 프로그램이 잘 실행되고 있을 때 그 기반 위에서 특별한 필요가 있는 유아들에게 좀 더 적합한 중재를 제공해 주고, 극소수의 유아를 위해서 집중적이고 체계적이며 부가적인 중재가 주어진다면 그 효과는 더 클 것이라는 원리를 그대로 반영한 것이다.

Brown, Odom과 Conroy(2001)는 모든 유아에게 적용될 수 있는 '기본적 접근법'을 적용한 후, 이러한 접근으로 개선이 없을 때 '자연적 접근법'을 적용하고, 그 후 '개별 중재'를 위계적으로 적용할 것을 제안했다. 기본적 접근법에는 발달에 적합한 실제를 사용하는 양질의 유아교육 프로그램 제공하기와 장애유아를 향한 일반유아들의 긍정적 태도 향상시키기가 있다. 이를 위해서 우정에 관한 책 읽기, 둘 이상이 함께 하는 활동 계획하기, 둘 이상이 놀 수 있는 장난감 제공하기, 사회성 기술이 뛰어난 또래를 관찰하거나 함께 상호작용을 할 수 있는 기회 제공하기, 장애이해교육 제공하기 등을 실행할 수 있다.

이러한 기본적 접근법이 실시되고 있는 환경에서 자연적 접근법을 실행해야 하는데, 여기에는 사회적 행동을 위한 우발교수(incidental teaching)와 우정활동 계획하기가 있다. 우발교수는 자유놀이시간과 같이 비구조화된 환경에서 자연적으로 발생할 수 있는 상황을 이용하여 긍정적 상호작용이 발생하도록 하는 것이다. 예를 들어, 또래의 도움이나 상호작용을 필요로 하는 장난감(예: 공, 블록, 탈 것, 소꿉놀이 장난감, 의사놀이 장난감 등)을 제공해 줄 수 있다. 또 다른 예로, 소집단으로 함께 미술활동을 하도록 계획하고 자료나 도구를 약간 충분하지 않게 제공하여서 서로 나눠 쓰거나 차례로 쓸 기회를 주는 것이다. 우정활동 계획하기는 교사가 일반유아와 장애유아의 긍정적 상호작용을 위해 의도적으로 또래 우정활동을 계획하는 것이다. 예를 들어, 노래나 율동, 게임을 할 때 서로 껴안기나 간지럼 태우기, 바라보고 미소 짓기, 악수하기 등을 포함시키거나 혼자서도 할 수 있는 퍼즐을 둘씩 짝을 지어 주사위를 던져 더 많은 수가 나온 친구가 퍼즐을 하나씩 맞추는 식으로 규칙을 수정해 줄 수도 있다.

그리고 좀 더 상호작용에 어려움을 많이 보이는 장애유아를 위한 개별중재에는 사회적 상호작용에 참여하도록 직접적인 기회를 제공하기와 개별적으로 구체적인 사회성 기술을 직접 교육하기가 있다. 상호작용에 참여하도록 직접 기회를 제공하는 것에는 구체적 놀이를 제안하고 역할을 정해 주면서 시범을 보여 줄 수 있다. 예를 들어, 소집단으로 나누어 식당놀이를 하게 하면서, 요리사, 식당 주인, 손님 등의 역할을 정해 주고, 어떻게 할지, 무슨 말을 할지를 시범 보여 줄 수 있다. 사회성 기술의 직접 교육은 장애유아에게 부족한 사회성 기술(예: 인사하기, 놀이 제안하기, 차례 지키기 등)을 설명, 시범, 시연, 피드백, 평가 등의 순서로 직접 구체적으로 가르치는 것이다. 사회성 기술의 직접 교수에 대해서는 양명희(2016)의 『행동지원』을 참고할 수 있다.

2) 교사와의 관계

어떤 의미에서 일반유아를 위한 장애이해교육보다 더 중요한 것은 교사의 장애에 대한 인식과 태도라고 할 수 있다. 교사의 장애에 대한 인식과 태도는 자신의 학급에 있는 장애유아에게 그대로 자연스럽게 드러나며, 그것을 바라보는 다른 유아들에게 결정적 영향을 미치기 때문이다. 그러므로 교사는 자기가 하는 말과 행동이 모든 유아에게 모델이 되고 있음을 명심하고, 장애유아의 사회적 수용에 있어서 모범이 되는 긍정적 태도를 보이도록 주의해야 할 것이다. 또한 교사의 장애에 대한 인식과 태도는 장애유아를 가르치는 계획을 세우는 데에도 영향을 미친다. 예를 들어, 장애가 있다는 이유만으로 장애유아의 수준과 능력을 과소평가하고 기대수준을 낮추는 경향이 있을 수 있다. 그러므로 교사는 장애에 대한 정확한 정보와 지식을 습득하고, 장애유아를 세심히 관찰하여 할 수 있는 것과 없는 것을 분명하게 이해해야 할 것이다. 또한 장애유아를 대할 때 부족한 부분에 초점을 맞추기보다는 유아로서 다른 유아들과 유사한 점이 더 많다는 사실을 기억해야 할 것이다.

교사의 태도가 학급의 모든 유아의 태도에 영향을 준다는 것을 고려할 때, 교사가 학급의 모든 유아와 긍정적인 관계를 형성하는 것은 매우 중요하다. 교사와 긍정적인 관계를 맺은 유아는 문제행동이 감소하고, 친구들과 협동적이며, 초등학교에 진학해서도 문제를 덜 일으키고, 자신들의 개인적 감정을 밖으로 잘 표현하고, 교육기관을 긍정적으로 평가한다(Dwyer & Osher, 2000; Huffman, Mehlinger, & Kervin, 2000). 이는 유아들이 교사와 가깝게 지내면 장애에 관한 의문 또는 장애가 있는 친구로 인한 어려움이나 부담감이 있을 때에도 교사와 자연스럽게 의논할 수 있게 된다는 뜻을 포함한다. 또한 유아들의 잠재적인 공격 또는 폭력 행동에 대한 조기 경고 신호를 확인할 수 있는 중요한 요인이 바로 교사와 유아 간의 관심 깊은 긍정적 관계이다(Dwyer, Osher, & Warger, 1998). 이는 장애를 지닌 유아가 장애로 인해 나타낼 수 있는 문제행동에 있어서도 교사와 맺고 있는 의미 있고 긍정적인 깊은 관계가 보호적 역할을 할 수 있다는 뜻이 된다. 장애유아가 다른 사람으로부터 부정적 영향을 받았다 할지라도 교사와 맺고 있는 긍정적 관계는 그러한 악영향으로부터 장애유아를 보호하는 역할을 할 수 있다는 것이다(Zionts, 2005).

Evertson과 동료들(1980)은 유아들과 긍정적인 관계를 맺기 위해 교사가 할 수 있는 것을 다음과 같이 제안했다.

- 공손하고 친절한 말 사용하기
- 유아들의 의견 경청하기
- 유아들과 함께 시간 보내기
- 유아들을 자주 칭찬하기
- 유아들의 성공을 확인하고 칭찬해 주기
- 유아들의 사적인 관심사를 알기
- 언행일치를 보여 주기

- 유머를 사용하기
- 유아들의 의견을 반영하기
- 학급의 전통을 개발하기
- 유아들의 필요에 반응하기

사실 교사들은 유아들의 적절한 행동은 간과하고, 부적절한 행동에 대해서는 자주 관심을 보이는 경우가 많은데, 유아들과 긍정적 관계를 만들려면 유아들이 잘하고 있을 때 칭찬과 격려를 아끼지 말아야 할 것이다. "친구에게 가위를 빌려 주었구나. 정말 친절한 행동을 했구나."와 같이 구체적인 칭찬을 바로바로 해 주는 것이 좋다. 칭찬은 즉시, 자주 주어져야 하고, 칭찬할 때는 유아의 눈을 마주 보면서 칭찬받을 행동의 구체적 내용을 알려 주어야 하며, 칭찬은 진심이 담긴 다양한 방법으로 전해져야 한다. 또한 교사는 유아와의 관계에서 부정적인 말과 긍정적인 말의 비율이 최소한 1:4 이상으로 높게 유지되도록 주의해야 한다. 때로는 구체적인 언어적 칭찬과 격려가 아니더라도 단순히 유아 가까이에 다가가거나, 등을 가볍게 만져 주거나, 바라봐 주는 개인적 관심만으로도 충분할 수 있다. 교사가 유아에게 개인적 관심을 나타내며 유아의 말을 경청할 때, 유아도 교사의 말에 주의를 기울이고 지시를 잘 따를 수 있다. 교사들은 자신들이 모든 유아의 문제행동 참여에 대한 보호요인이 될 수 있음을 기억해야 한다.

2. 장애유아 통합교육을 위한 물리적 환경

사람들은 누구나 물리적 환경의 영향을 받는다. 비좁고 고약한 냄새가 나고 바닥에는 쓰레기가 즐비하고 고함치는 사람들로 북적이는 병원 대기실과, 쾌적하고 넓고 조용하며 여유롭고 평온한 병원 대기실을 상상해 보라. 어느 장소에서 바람직하지 못한 행동들이 더 많이 발생하겠는가? 씻기지 않은 요리 도구와 그릇들이 싱크대와 조리대 위에 아무렇게나 뒤섞여 있고 바닥에는 음식물 쓰레기가 넘쳐나는 좁은 공간의 부엌에 있다면, 아무리 필요한 모든 요리 재료가 주어진다 하더라도 그런 곳에서 요리하기가 쉽겠는가? 유아를 둘러싸고 있는 물리적 환경을 바꾸는 것만으로도 유아들의 문제행동을 감소시킬 수 있고, 발달을 촉진시킬 수 있는 활동에 참여시키기가 순조로울 것이다.

장애유아의 통합교육을 위한 물리적 환경에서 가장 중요한 것은 안전성, 독립성, 청결성이라고 할 수 있다. 즉, 유아는 지니고 있는 장애와 상관없이 안전하게 독립적으로 환경에 접근할 수 있어야 한다. 또한 물리적 환경의 배치와 청결의 정도가 어떠한가에 따라 유아는 심리적으로 안정감을 느낄 수 있다. 교사는 환경이 유아의 발달과 행동에 어떤 영향을 미치는지 알아야 한다. 여기에서는 장애유아의 독립적 접근이 가능하고 안전하며 청결한 물리적 환경 구성을 위해 필요한 요소들을 나누어 살펴보겠다.

1) 사회적 밀도

장애유아 통합교육 환경의 물리적 구조를 생각할 때 가장 먼저 떠오르는 것은 사회적 밀도이다. 사회적 밀도란 일정한 크기의 교육환경 내에 있는 유아들의 수를 의미한다. 교실의 사회적 밀도가 높다는 것은 한 교실에 너무 많은 유아가 있다는 것이다. 한 공간에 유아가 많을수록 유아 개인에게 주어지는 교사의 관심은 더 적어질 것이다. 한 명의 교사가 상대해야 하는 유아가 많아질수록 한 유아에게 주어지는 관심의 양이 상대적으로 적어지는 것은 자명한 것이며, 유아들 간에도 관심의 분산으로 인해 개별적 관심의 양은 줄어들 수밖에 없다. 그뿐만 아니라 사회적 밀도가 높을수록 유아들 간의 긍정적인 사회적 상호작용 수준은 더 낮아지고(Evans, 2001), 또래와의 협력 수준도 더 낮아지며(Rimm-Kaufman, Laparo, Downer, & Pianta, 2005), 유아의 스트레스

수준은 더 높아진다(Legendre, 2003). 그 외에도 좁은 공간에 많은 유아가 함께 있게 되면 이동할 때 서로 부딪히게 되거나, 의자를 넘어뜨리거나, 선반이나 탁자 위의 물건을 떨어뜨리는 일이 자주 발생하게 된다. 그러므로 장애유아 통합교육을 위한 공간은 적정 수준의 사회적 밀도를 유지할 필요가 있다.

2) 쾌적성

교실의 조명, 소음, 온도, 습도 등의 변수도 유아들의 행동에 영향을 미치므로, 이러한 변수를 신중하게 고려해야 한다. 실제로 교실의 쾌적한 환경과 유아들의 사회적 행동은 상관관계가 높고(Weinstein, 1979), 구체적으로 교실의 소음 수준을 조절함으로써 교사의 지시 불이행 행동이 감소한다는 보고가 있다(Maag & Anderson, 2006). 소음은 방음타일, 카펫, 커튼 등을 사용하여 감소시킬 수도 있다. 가능하면 유아들이 활동하는 실내 공간의 조명은 백열등을 설치하거나 채광창을 설치하여 자연 채광을 높이고 형광등으로 인해 발생하는 스트레스를 줄여 주는 것이 좋다. 쾌적한 교실은 행동에만 영향을 주는 것이 아니라, 유아들의 건강과도 직결된다. 청소된 교실 바닥, 소독된 교재·교구와 잘 세탁된 교재들은 유아들의 건강을 지켜 주는 데 꼭 필요하다. 우리는 코로나 바이러스의 영향을 경험하며 손 씻기의 중요성을 알게 되었다. 장애 유형이나 정도에 따라 감염에 더 위험한 경우도 있으므로 개인위생을 위한 교육이 반드시 지켜져야 한다. 교사도 손을 자주 씻고, 손 소독제 등을 비치하고, 교실의 쾌적한 물리적 환경을 구성하도록 주의해야 할 것이다.

3) 접근 가능한 환경구조

건축 내의 교실 공간과 자료를 배치할 때 장애유아의 독립성이 고려되어야 한다. 즉, 유아는 장애의 종류에 상관없이 환경 내의 공간이나 자료, 진행 중인 활동에 스스로 쉽게 접근할 수 있어야 한다. 접근이 가능하다는 것은 다른 유아들과 동등한 교육의 기회를 제공한다는 것과 같은 의미라고 할 수 있다. 왜냐하면 유아기는 다른 유아들과의 활동에 참여하고 주변을 탐색하면서 주로 학습이 이루어지므로, 접근할 수 없으면 곧 학습의 기회를 잃는 것이라고 할 수 있기 때문이다.

장애유아가 안전하게 독립적으로 접근이 가능한 환경을 구성하기 위해 고려해야 할 구체적 내용은 다음과 같다(Klein, Cook, & Richardson-Gibbs, 2007).

- 출입문은 휠체어가 통과할 수 있을 만큼 넓어야 하고, 열고 닫기 쉬워야 하며, 열어 놓기도 쉬워야 한다.
- 통로는 휠체어나 목발을 사용하는 유아가 자유롭게 교차하며 다닐 수 있을 만큼 넓어야 한다.
- 경사로는 휠체어 두 대가 지나갈 수 있을 만큼 넓어야 하고, 경사는 완만해야 한다.
- 실내에 바닥의 높이가 서로 다른 공간이 있다면 휠체어를 타는 유아가 접근할 수 있도록 수정되어야 한다.
- 화장실 칸막이는 유아가 휠체어에서 변기로 이동하기 쉽도록 넓어야 하고, 변기 높이는 다양하게 준비되어야 한다.
- 의자는 유아의 다리가 바닥에 닿을 수 있는 높이여야 하고, 근긴장도가 낮은 유아를 위한 팔걸이와 등받이가 있는 의자가 있어야 한다.
- 저시력 유아들이 구별할 수 있도록 통행로에 놓인 장애물들이나 계단 그리고 교실 내의 영역들을 분명하게 표시하는 경계가 있어야 한다.
- 저시력 유아나 걸음이 불안정한 지체장애 유아를 위해 통로에는 손으로 잡을 수 있는 난간이 있어야 한다.
- 자세가 불안정한 유아는 가구를 의지할 수 있으므로, 가구들은 견고하고 안정된 것이어야 한다.

- 날카로운 모서리는 고무나 스펀지 등으로 감싸야 한다.
- 바깥놀이 영역에는 고무매트가 필요하다.
- 그네에는 벨트를 설치하거나 의자 모양의 그네를 설치해야 한다.
- 소음 수준을 통제할 수 있는 환경이 필요하다. 시끄러운 환경은 보청기를 착용한 유아나 자폐성 장애가 있는 유아에게 스트레스가 될 수 있으므로, 코르크나 카펫, 커튼 등의 흡음 재료로 소음을 감소시켜야 한다.
- 선반 위의 자료는 휠체어에 앉아서도 접근할 수 있는 높이에 진열되어 있어야 한다. 유아가 직접 가져와서 사용하고 제자리에 되돌려 놓을 수 있도록 잘 보이게 진열할 필요가 있다.

4) 교실에서 유아의 자리 배치

교실에서 유아들의 자리를 배치할 때는 공격적 행동의 가능성이 있는 유아는 가능하면 교사와 가까운 자리에 앉히는 것이 좋다. 특히 구조화된 대집단활동을 할 때 여러 유아가 서로 가까이 앉으면 갈등이 생기기 쉬운데, 그럴 때는 서로 너무 가까이 앉지 않도록 자리 배치를 해야 한다. 모든 유아가 적어도 한 뼘 정도의 거리를 유지하여 앉게 하되, 모두가 앉은 자리에서 활동을 잘 볼 수 있도록 배치하여 자리다툼이 발생하지 않도록 해야 한다. 다른 방법으로는 각자가 앉는 바닥의 위치에 자기 자리임을 표시하는 작은 네모 모양의 카펫이나 깔판을 깔고 앉게 하거나, 바닥에 사각형 모양으로 테이프를 붙여 유아가 자기 공간임을 시각적으로 알 수 있게 해 주거나, [그림 8-2]처럼 각자 자기 이름이 적힌 방석을 사용해도 된다.

그리고 시각적으로 산만해지기 쉬운 유아는 시각적으로 방해 받을 가능성을 최소화할 수 있는 자리에 앉히는 것이 좋다. 구조화된 대집단활동을 할 때 놀이영역이 개방되어 있어 놀이시간이 아닌 경우에도 유아들에게 유혹이 된다면 그 영역을 천으로 덮어 씌워 시각적으로 영역을 차단하는 시각적 신호를

그림 8-2 이름이 적힌 방석으로 자리 표시

출처: 양명희, 김희정, 임유경(2018), p. 189 수정.

주거나, 유아의 손이 쉽게 닿는 곳에는 어떠한 물건도 두지 않도록 하거나, 그것이 어려운 경우에는 [그림 8-3]처럼 교재 · 교구 선반을 뒤로 돌려놓거나, 선반의 물건들을 모두 치우도록 하는 것도 문제행동을 예방하는 데 도움이 된다.

그림 8-3 교구장을 뒤로 돌려놓은 영역

출처: 양명희, 김희정, 임유경(2018), p. 190 수정.

5) 교실의 공간 배치

무엇보다도 건축 내의 교실 공간과 자료의 배치는 질서가 있어야 한다. 질서 있는 환경에 놓일 때 유아는 그 환경을 예측할 수 있다. 예측할 수 있는 환경 속에 있을 때, 유아는 신체적으로는 안전감을 느끼고 심리적으로는 안정감을 느껴 더욱 활발하게 탐색하고 상호작용할 수 있다. 예측이 어려운 환경에 있을 때 유아는 불안을 느끼게 되고, 그런 불안이 부적절한 행동을 유발하게 할 수도 있다. 자료를 질서 있게 제시하는 방법으로, 자료를 정해진 장소에 보관하고, 유사한 자료끼리 함께 모아 놓고, 서로 다른 자료는 구별이 가능하도록 떼어 놓고, 크기가 작은 것들은 바구니나 투명 상자 등을 사용하여 볼 수 있게 제시하는 것이 좋다. 질서 있는 구조뿐 아니라 영역에 대한 명확한 경계 표시도 유아에게 안정감을 준다. 책장이나 교구장을 사용하여 영역을 구분하기도 하고, 다른 색으로 구분되는 바닥재나 카펫을 사용하거나, 모빌이나 가림막을 사용하기도 한다. 시각장애 유아가 있다면 시각적으로 명확히 구분되게 해 주는 것은 특정 장소와 특정 활동을 연관시켜 주는 데 매우 효과적인 방법이다.

또한 안정감을 위해 소란하지 않은 공간을 배치하여 유아가 필요할 때 조용히 쉴 수 있게 해 주거나, 교실 내의 복잡하고 산만한 공간을 피하여 독립적 과업을 수행할 수 있는 공간을 계획할 필요가 있다. 소란하고 분주한 환경을 견디기 어려운 유아도 있고, 소음은 유아의 주의집중을 방해하고 과민하게 하여 공격적 행동문제를 일으킬 수 있기 때문이다. 그러므로 이런 공간은 많은 사람이 드나드는 출입문 옆은 피해야 하고, 필요하다면 칸막이 등을 이용하여 만들어 줄 수 있다. 유아가 충분히 다 쉬고 집단으로 돌아올 준비가 되었을 때를 스스로 결정할 수 있도록 도와주어서 유아가 자기 통제를 발달시킬 수 있는 기회를 주는 것이 좋다.

또한 교실 공간을 배치할 때 교사는 유아의 수, 활동의 종류, 소집단의 구성 등을 고려하되 교사나 보조인력들이 각 유아에게 쉽게 다가갈 수 있도록 책상과 가구를 배치해야 한다. 그러나 지나칠 정도로 너무 넓게 열린 공간은 오히려 유아들끼리 부딪혀서 다치게 할 수도 있으므로 피해야 한다. 장애유아가 사용하는 보조 장비를 고려한 세심한 공간구조도 유아에게 안전감과 동시에 안정감을 줄 것이다. 예를 들어, 지체장애를 지닌 유아가 크러치를 사용하는 경우, 의자에 앉아서 활동할 때 크러치를 바닥에 놓는다면 다른 유아들이 걸려 넘어질 수도 있고, 그로 인해 장애유아도 마음이 불편해질 수 있다. 그런데 [그림 8-4]와 같이 장애유아가 앉는 의자 뒤쪽에 크러치를 세워서 보관할 수 있도록 공간을 만들어 준다면 다른 유아들도 안전하고, 장애유아도 몸을 숙이지 않고 크러치를 손쉽게 꺼낼 수 있어 편리할 것이다.

그림 8-4 크러치를 보관할 수 있는 의자

또한 교실의 공간 배치를 할 때 교사나 보조인력들이 언제라도 유아들을 한눈에 볼 수 있도록 해야 한다. 즉, 교사의 눈이 미치지 못하는 사각지대가 없도록 배치해야 할 것이다. 교사는 조용한 공간에서 혼자 쉬고 있는 유아도 관찰할 수 있어야 한다. 그리고 교실의 공간 배치는 교사가 계획하는 교육활동의 특성에 따라 활동에 필요한 배열 형태를 달리할 수 있어야 하므로 가구나 장비들은 이동이 쉽고 교육자료에 접근하기 쉽도록 배치하는 것이 좋다. 교육자료는 찾기 쉽게 배열되어야 하고, 가구는 유아의 신체 발달과 학습에 적당한 크기여야 한다. 청소도구나 세제가 교실에 있는 경우, 청소도구나 유독 물질 등과 같이 잠재적 위험이 있는 자료나 장비는 자물쇠가 있는 함을 마련하여 따로 보관하는 것이 안전사고를 예방할 수 있는 방법이다. 유아들의 개인 물품을 보관할 수 있는 적절한 사물함이 있어야 하는데, 사물함처럼 유아들이 한꺼번에 몰릴 수 있는 지점들(출입문, 개수대 등)은 서로 밀집되지 않게 배치하는 것이 문제행동 예방에 도움이 된다. 그뿐만 아니라 사물함은 아이들의 연령에 맞게 사용하기 편하도록 여닫이 형태를 갖추는 것이 좋다.

6) 흥미영역의 배치

흥미영역은 유아가 활동에 참여하는 수준을 최대한 높일 수 있도록 구성되어야 한다. 흥미영역을 배치할 때 전반적으로 고려해야 할 내용은 다음과 같다(Klein, Cook, & Richardson-Gibbs, 2007).

- 흥미영역은 명확하게 구분되어야 한다. 이를 위해 모빌, 색으로 구분되는 바닥재, 색깔 테이프, 교구장 등을 이용할 수 있다. 청각장애 유아가 있다면 영역별 활동을 보여 주는 사진을 사용하면 유아가 더 독립적으로 영역의 활동에 참여하기가 쉬울 것이다.
- 흥미영역은 활동에 적합한 바닥재를 선택해야 한다. 미술활동을 위해서는 청소가 쉬운 바닥재가 필요하다.
- 흥미영역의 자료들은 유아가 쉽게 접근할 수 있는 높이에 일관성 있게 배치해야 한다.
- 조작놀이 영역의 자료들은 잘 표시된 바구니나 투명한 플라스틱 용기에 담아 놓는 것이 좋다.
- 움직임이 어려운 유아라도 사용하기 쉬운 놀잇감이나 물건을 배치하여 발달수준에 적합한 환경이 되게 해야 한다.
- 자료는 유아가 사용 후에 제자리에 다시 갖다 놓기 쉽도록 잘 보이는 곳

에 배치해야 한다.

- 자료를 놓아 두는 선반이나 담아 두는 용기에 그림이나 이름 표시를 하여 쉽게 찾을 수 있게 해야 한다.
- 흥미영역 간의 동선은 교차통행이 일어나거나 움직임이 복잡하지 않도록 관리되어야 한다. 대형 병원에 가면 환자들이 가야 할 곳을 혼선 없이 찾아갈 수 있도록 안내해 주는 구별된 색깔로 표시한 선들을 병원 복도 바닥에서 쉽게 볼 수 있을 것이다. 이와 같이 발바닥 모양의 스티커나 색깔 테이프를 이용하여 유아가 다닐 곳을 구별하도록 해 줄 수 있다.
- 인기가 있는 흥미영역은 유아들이 한꺼번에 몰려 혼잡할 수 있으므로, 참여할 수 있는 인원수를 미리 정해 놓는 것이 좋다. 예를 들어, 흥미영역의 입구에 정해진 수의 손목밴드를 걸어 놓고 그곳에 들어갈 때 손목에 차고 들어가게 한다면, 입구에 손목밴드가 없는 유아에게는 더 이상 그곳에 들어갈 수 없다는 뜻임을 알려 줄 수 있다.
- 소음 수준을 통제하기 위해 도서영역 같은 조용한 영역은 극화놀이나 쌓기놀이 영역 옆에 배치하지 않아야 한다.
- 시각적 주의가 필요한 활동은 유아를 쉽게 피곤하게 할 수 있으므로, 조명을 고려해야 한다. 형광등보다는 백열등을 사용하고, 창문을 이용하여 자연 채광을 높이는 것이 좋다. 저시력 유아는 필요한 경우 개별 스탠드를 사용할 수 있다.

다음은 각각의 흥미영역 배치를 위해 고려할 구체적 내용이다(Klein, Cook, & Richardson-Gibbs, 2007).

- **도서영역**: 도서영역은 주의집중을 위해 조용한 곳에 위치해야 하며 조명을 잘 갖추어야 한다. 책은 겉표지가 다 보이도록 개방된 선반이나 진열장에 진열해야 한다. 지체장애 유아를 위해 책을 잡거나, 책장을 넘기거

나, 녹음기를 켜는 보조장비를 갖출 필요가 있다. 안락함을 주는 흔들의자나 빈백의자, 커다란 쿠션, 카펫 등을 갖추는 것이 좋다. 시각장애 유아를 위해서는 점자책이나 후각책을 갖추어야 한다.

- 미술과 물놀이 영역: 미술과 물놀이 영역은 이젤이나 모래/물놀이 테이블, 종이와 미술자료 보관용기 등이 있어야 하고, 바닥은 물청소가 가능한 바닥재가 깔려 있어야 한다. 위치는 실외나 싱크대 근처가 좋다. 옷이 젖거나 얼룩지는 것을 염려하는 유아를 위해 비닐 앞치마가 준비되어야 한다. [그림 8-5]와 같이 사용하기 쉽게 수정된 미술도구(예: 사용이 편하게 제작된 가위)를 갖출 필요가 있다. 시각장애 유아에게는 커다란 포장 박스를 준비하여 붓을 크게 휘두르며 물감칠을 할 기회를 주는 것도 좋을 것이다.

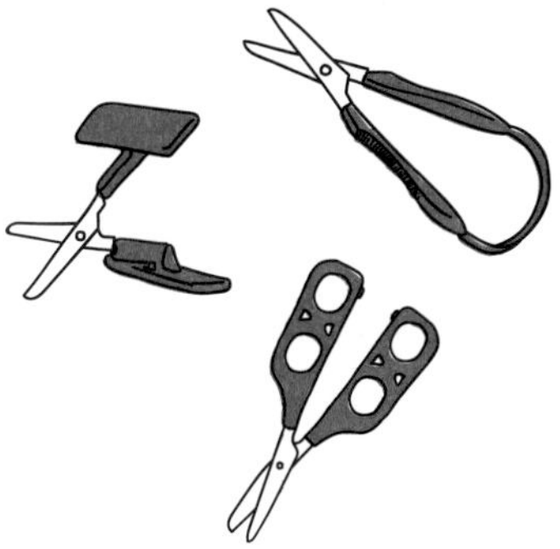

그림 8-5 사용이 편하도록 수정한 가위

- 조작놀이 영역: 조작놀이 영역의 테이블은 유아의 몸무게를 감당할 수 있을 만큼 견고해야 하고 자료들이 떨어지지 않도록 테두리가 둘러 있어야 한다. 바닥에서 조작놀이를 할 때 카펫이 없다면 테이프를 사용하여 영역의 경계를 표시할 필요가 있다. 퍼즐 조각에 손잡이를 붙여 주면 쉽게 잡을 수 있다. 시각장애 유아가 퍼즐을 할 때는 쟁반 위에 제시하여 쉽게 찾도록 해 주고, 종이를 자를 때는 자르는 선에 풀칠을 해 주어 선을 놓치지 않도록 해 주는 것이 좋다.

- 실외놀이 영역: 실외놀이는 청각적으로 민감한 유아에게는 소음이 적게 울리고 넓게 분산되므로 스트레스를 덜어 줄 수 있으며, 실내에서는 하기 어려운 대근육운동이 가능한 좋은 활동이다. 실외놀이 바닥은 부드럽고 탄력이 있어야 하며, 그네는 안전하고 견고해야 한다. 페달로 바퀴를 돌리는 자전거 같은 놀잇감에는 키가 작거나 다리운동 능력이 약한 유아를 위해 발 받침대와 벨크로를 부착하여 보조해 주어야 한다. 저시력 유아를 위해서는 인조 잔디와 같은 것으로 영역의 경계 표시를 해 주어야 한다. 오르기 구조물 등은 손잡이나 난간이 있어야 한다. 그리고 실외놀이 장소는 실내와의 연결이 쉬워서 장애유아의 이동이나 화장실 사용이 편리해야 하며, 일조량을 고려하여 남쪽에 위치하는 것이 좋다.

〈표 8-1〉의 질문을 사용하면, 앞에서 설명한 사회적 밀도, 쾌적성, 접근가능성, 유아의 자리 배치, 공간 배치, 흥미영역의 구성에서 안전한 물리적 환경을 갖추었는지 점검할 수 있을 것이다(양명희, 임유경, 2014; 장혜순, 박명숙, 최윤정, 손수민, 2011; Sandall & Ostrosky, 2010). 〈표 8-1〉의 질문 대부분에서 '예'라고 답할 수 있는 경우에 그 유아교육기관은 안전한 물리적 환경을 갖추었다고 할 수 있다.

표 8-1 안전하고 쾌적한 물리적 환경 점검을 위한 질문

- 교실의 크기에 비해 유아의 수가 적절한가?
- 유아가 뛰어다니는 것을 예방하는 동시에 영역 사이의 이동이 쉽고 편하도록 충분한 공간이 있는가?
- 필요할 때 사용할 수 있는 독립된 개별 공간이 있는가?
- 교실의 크기가 적당한가?
- 유아의 수에 비해 교재 · 교구의 수가 충분한가?
- 교사가 유아들에게 다가가기 쉽게 배치되어 있는가?
- 교사는 교실의 어느 장소에서도 유아들을 한눈에 볼 수 있는가?

- 가구는 이동이 가능한가?
- 가구는 유아의 신체발달과 활동에 적당한 크기인가?
- 잠재적 위험이 있는 자료나 장비(예: 성냥, 화학약품, 세제, 청소 도구 등)는 유아들의 접근이 어렵도록 따로 보관하고 있는가?
- 개인 사물함이 교실에 있는가?
- 개인 사물함이 유아가 사용하기에 편리한 구조와 높이인가?
- 한꺼번에 유아가 몰릴 수 있는 공간(예: 출입문, 개수대 등)이 서로 떨어져 있는가?
- 한 영역의 공간이 충분하고 각 영역 사이에 시각적 경계 표시가 있는가?
- 교실에 길고 넓게 트인 공간이 없는가?
- 한 흥미영역에 유아가 몰리는 것을 예방하는 규칙이 있는가?
- 정적 영역(예: 듣기, 책읽기)과 동적 영역(예: 블록, 역할놀이)이 구별되어서 떨어져 마련되어 있는가?
- 모든 유아가 활동을 선택할 수 있을 정도로 충분한 영역들(미술영역, 요리영역, 수·과학영역, 조작영역, 언어영역, 블록영역, 역할놀이 영역, 음률영역 등)이 있는가?
- 유아의 발달과 흥미에 맞는 교재·교구를 제공하였는가?
- 각 영역에서 필요한 자료와 도구들이 가까이 배치되어 있는가? 예를 들면, 미술영역이 개수대 근처에 있는가?
- 충분한 수량의 교재·교구를 제공하였는가?
- 교구의 정리를 위한 위치를 알려 주는 그림을 제공하였는가?
- 교실의 채광/조명이 충분히 밝은가?
- 교실의 소음 수준이 적절한가?
- 교실의 온도가 적절한가?
- 교실의 습도가 쾌적한 수준인가?
- 교실의 환기는 자주 하는가?
- 복도의 넓이가 유아가 통행하기에 충분히 넓은가?
- 복도가 충분히 밝은가?
- 유아가 실외놀이를 할 때 언제나 교사의 감독이 있는가?
- 유아들이 한꺼번에 이용할 수 있을 만큼 공간이 충분한가?
- 유아가 넘을 수 없는 높이의 울타리가 둘러져 있는가?
- 비상구의 위치를 보여 주는 지도가 게시되어 있는가?
- 정기적으로 비상 상황(예: 지진, 화재)에 대한 훈련이 실시되고 있는가?
- 실내에 소화기가 비치되어 있는가?
- 교실의 정해진 위치에 구급상자가 비치되어 있는가?

7) 일과 계획표

하루 일과 계획표는 유아들에게 언제 어떤 활동이 있을지 알려 주는 역할을 한다. 일과가 자주 바뀐다면 유아가 일과를 학습하기 어려울 것이다. 교사는 유아들에게 그들의 일과가 계획표에 의해 이루어진다는 것을 알게 해 주어야 한다. 매일 정해진 순서대로 일과가 진행되면 유아들은 어떤 활동이 언제 일어날지 예측할 수 있게 되므로 안정감을 느끼게 되어, 일과가 무리 없이 진행되기 쉽다. 또한 일과 계획표가 일관성 있게 유지되는 것은 유아들의 문제행동에 대한 예측과 예방에 도움이 된다. 유아에 따라서는 일과가 흐트러지면 매우 불안해하고 짜증을 많이 낼 수 있다. 실제로 교육기관에서는 하루 일과 계획표 때문에 유아들의 문제행동이 발생하기도 한다(O'Neill, Horner, Albin, Storey, & Sprague, 1990). 효율적 일과 계획표는 유아들과 교사들이 하루 생활을 순조롭고 효율적으로 진행하는 데 도움을 줄 것이다. 일과 계획표를 규칙적으로 사용하는 것은 유아들의 교육기관 생활에 질서를 부여해 줄 수 있다.

하루 일과 계획표는 유아들이 최대한으로 교수활동에 의미 있게 참여할 수 있도록 만들어져야 한다. 유아들이 교수활동에 참여하지 않는 시간은 문제행동을 만들어 내고, 이러한 문제행동은 다시 교사의 수업시간을 방해하게 되기 때문이다. 실제로 성공적인 교수활동 참여 시간은 유아들의 적절한 행동과 상관관계가 있다(Martella, Nelson, & Marchand-Martella, 2003). 그러므로 일과 계획표를 만들 때는 활동 순서도 고려해야 한다. 유아들의 집중도가 높은 시간에 주요 활동을 넣도록 하고, 일과가 지루해지지 않게 다양한 활동을 고루 할 수 있도록 작성해야 한다. 특히 한 장소에서 움직임 없이 오랫동안 작업할 수 없다는 유아의 발달특성을 고려하여, 하루 일과 중 몸을 움직이는 활동이 적절히 배치되어야 한다. 조용한 시간과 활동적인 시간, 소집단 시간과 대집단 시간, 교사 주도 시간과 유아 주도 시간이 균형 있게 계획되어야 한다. 유아의 활동 수준에 따라 활동을 계열화하는 것은 유아의 행동에 긍정적 영향을 준다(Whaley & Bennett, 1991).

성인들도 사람마다 각자 능률이 높은 시간대와 그렇지 않은 시간대가 있는 것처럼 유아도 그럴 수 있다. 그러므로 각 활동마다 가장 좋은 시간대를 찾아서 하루 일과를 수정해 줄 필요가 있다. 예를 들어, 하루 일과가 끝나 가는 마지막 30분 동안을 항상 견디기 힘들어 하는 유아가 있다면, 교실 양쪽에 움직임이 많은 활동과 조용한 활동 공간을 따로 만들어 두고 원하는 것을 선택하게 할 수 있다. 그뿐만 아니라 유아가 싫어하는 활동에서 문제행동을 많이 보이는 경우라면, 그 활동 바로 뒤 시간에 유아가 좋아하는 활동으로 계획표를 구성하여 좋아하는 활동을 기대하면서 좋아하지 않는 시간을 견디도록 도와줄 수도 있다. 동기가 낮은 활동 다음에 동기가 높은 활동을 넣는 것이다.

장애유아들의 경우에는 하고 있던 활동을 멈추고 다른 활동으로 전이하는 것이 쉽지 않아 문제가 되는 경우가 많을 수 있다. 전이를 힘들어하는 유아를 위해서 일과 계획표를 시각적으로 만들어 일과의 변화를 알려 주면 유아는 미리 준비할 수 있다. 하루의 행사를 그림으로 표시한 일정을 교실 벽면에 붙여 놓고, 아침에 하루를 시작할 때 오늘 일과를 전체 학급 유아에게 또는 개별적으로 알려 주면 나중에 유아가 말썽부리는 행동을 예방할 수 있을 것이다. 특히 동일성에 대한 고집을 특성으로 하는 자폐성 장애를 지닌 유아가 통합되어 있는 경우에 시각적 계획표를 만들어 게시하는 것은 문제행동 예방에 매우 효과적이다. [그림 8-6]에 시각적 일과표의 예를 제시했다.

시각적 일과표는 무슨 일이 있을 것인지를 시각적으로 상기시켜 주는 것으로, 일련의 상징이나 사진, 글자를 사용하여 만들 수 있는데 인지능력이 떨어지는 어린 유아를 위해서는 작은 상자 여러 개에 실물을 넣어 만들 수도 있다. 예를 들어, 양치할 시간을 알리기 위해 상자에 칫솔을 넣어 놓을 수 있다. 시각적 일과표를 만들 때는 각 활동이 끝났으면 그 시간이 지나갔음을 보여주고 다음 순서 활동이 기다리고 있음을 표시할 수 있게 만드는 것이 좋다.

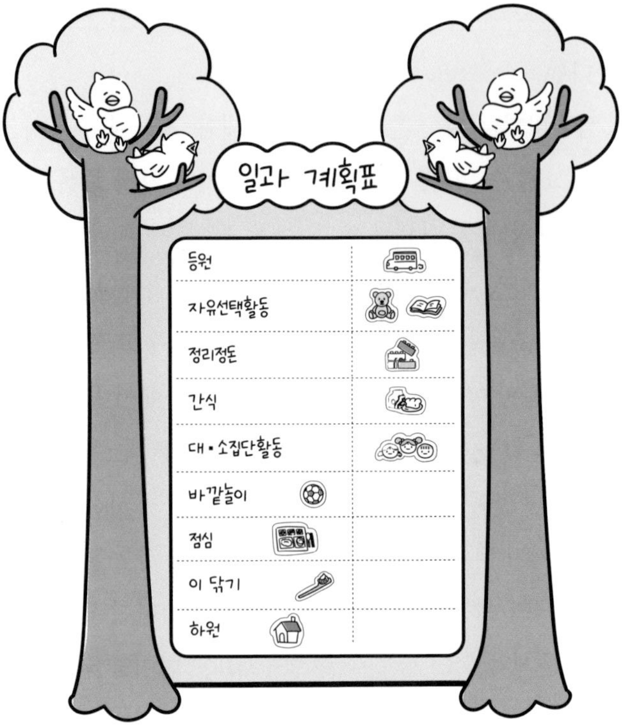

그림 8-6 시각적 일과표의 예 1

출처: 양명희, 김회정, 임유경(2018), p. 198 수정.

일어날 일을 순차적으로 작성하여 게시하고 각 활동이 끝나면 그 일이 지나갔음을 보여 주고 다음 순서의 활동이 기다리고 있음을 표시하기 위해 끝난 활동의 표시는 [그림 8-6]처럼 일과표에서 벨크로를 이용하여 그림을 옆의 빈칸으로 옮겨 놓거나, [그림 8-7]처럼 끝난 활동 옆에 벨크로를 이용하여 ×표를 붙이면 된다(Hanbury, 2008). [그림 8-7]의 일과 계획표를 벨크로를 이용하여 요일이나 날짜, 또는 활동명을 탈부착이 가능하도록 수정한다면 매일 바꾸어 붙일 수도 있다.

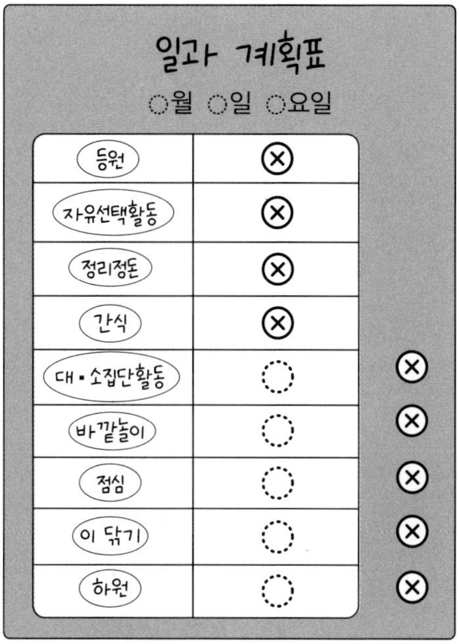

그림 8-7 시각적 일과표의 예 2

출처: 양명희, 김희정, 임유경(2018), p. 198 수정.

이상으로 장애유아 통합교육을 위한 사회적 환경과 물리적 환경을 살펴보았다. 통합교육을 위한 환경은 모든 교수활동을 담는 그릇과도 같다고 할 수 있다. 담아낼 그릇이 없다면 모든 것이 흩뿌려져 버리고 노력은 낭패로 돌아갈 수도 있다. 그만큼 사회적 환경과 물리적 환경을 잘 준비하는 것이 중요하다는 뜻이다. 교사는 통합교육을 위한 교수적 수정과 기술을 익히는 것만큼 환경을 위한 준비에 신경을 써야 할 것이다.

제9장

장애유아 통합교육을 위한 교수전략 원리

장애유아는 발달적으로 유아기에 속한다. 그러므로 유아기에 속한 일반유아들의 보편적 경험을 필요로 한다. 그런데 장애유아는 장애로 인해 특별한 필요가 있다. 그러므로 장애와 관련된 개별적 요구에 대한 지원을 필요로 한다. 따라서 장애유아 통합교육에서는 일반유아들의 보편적 경험을 제공하는 일반유아교육 교수전략을 바탕으로 하면서, 장애에 따른 요구에 적합한 특수교육 교수전략이 실행되어야 한다. 즉, 일반유아교육이 실행되고 있는 일과와 활동 속에서 장애유아의 특별한 요구를 지원할 수 있어야 한다는 뜻이다. 앞에서 계속 강조했듯이 성공적인 통합교육을 위해서는 질 높은 유아교육 프로그램이 우선되어야 하며, 그 바탕 위에 특별한 요구에 대한 특수교육적 교수전략이 일반유아들과 함께 있는 자연스러운 환경에서 실행될 수 있어야 한다. 여기에서는 일반유아교육과 유아특수교육에서 각각 강조되는 교수전략의 원리들을 살펴보고, 그러한 교수전략들을 통합교육현장에서 어떻게 실행할 수 있는지를 설명한다.

1. 일반유아교육 교수전략 원리

통합교육은 일반 유아교육이 진행되는 환경 속에서 이루어진다. 이는 통합교육에는 일반유아를 가르치는 기본적인 교수전략이 적용되어야 함을 의미한다. 그러므로 성공적인 통합교육을 위해서 양질의 일반유아교육 프로그램이 절대적으로 필요하다는 것은 자명하다. 유아들을 위한 일반적 교수방법은 기본적으로 유아 스스로 적극적인 환경과의 접촉과 탐색을 통해 경험하며 학습하게 하는 유아 주도 교육을 강조한다. 여기에서는 유아 주도 교육을 강조하는 일반적 교수전략 원리 중에서 장애유아 통합교육을 위해 효과적으로 사용될 수 있는 것들을 제시한다(양명희, 2016; 이소현, 2020; Klein, Cook, & Richardson-Gibbs, 2007): ① 유아의 관심 파악하기, ② 근접발달지대에서 지도하기, ③ 반복 경험을 제공하기, ④ 놀이중심 교육하기, ⑤ 가정과 연계하여 지도하기, ⑥ 문제행동 예방 전략 사용하기, ⑦ 발달에 적합한 실제 제공하기.

1) 유아의 관심 파악하기

유아가 관심을 가지고 과제나 활동에 참여하지 않는다면 유아는 아무것도 배울 수 없을 것이다. 유아의 학습기회를 결정짓는 중요한 요소 중의 하나가 바로 유아의 관심과 흥미, 즉 선호도이다. 이는 유아가 무엇인가 또는 누군가에 관심이 있어야 그것을 가지고 놀거나, 탐색하거나, 그 사람과 함께하는 상호작용에 참여하려고 할 것이라는 뜻이다. 유아가 흥미를 느끼는 활동에서 자기가 이미 가지고 있는 기술을 이용하고 환경을 탐색하면서 새로운 것을 학습할 수 있는 기회가 주어지는 때가 곧 유아의 학습과 발달이 빠르게 이루어지는 때이다(Dunst, 2000). 자신이 잘하는 영역을 발견하여 이를 즐겁게 탐색하면서 자기만족을 느낄 때, 유아는 이러한 성공 경험을 통해 자신의 강점과 능력을 표현할 수 있는 자신감을 갖게 된다. 흥미를 느끼고 관심을 갖는 것은 유아 주도 교육의 출발점이라고 할 수 있다. 그러므로 유아가 좋아하는 것과 싫어하는 것을 파악하고 흥미를 불러일으키는 활동의 유형을 알아내기 위해 유아를 관찰할 필요가 있다. 즉, 교사는 장애유아의 동기유발을 위해 유아의 관심이나 흥미, 선호도를 파악해야 한다.

그런데 교사는 장애유아의 장애특성 때문에 그들의 동기를 유발시키는 것이 무엇인지 파악하기가 쉽지 않다(Klein, Cook, & Richardson-Gibbs, 2007). 그 이유는 장애유아가, 첫째, 유아들이 일반적으로 관심을 보이는 것이 아닌 것에 특별한 관심을 보이기도 하고, 둘째, 일반유아들이 관심을 보이는 방식이 아닌 독특한 방식으로 관심을 표현하기도 하고, 셋째, 장애의 정도가 심해서 그들의 표현을 알아차리기 어려운 경우도 있기 때문이다. 먼저, 일반적으로 유아들이 관심을 보이는 것이 아닌 특별한 것에 관심을 보이는 경우로는 다음과 같은 것들이 있다.

- 자폐성 장애가 있는 유아가 깜빡이는 불빛, 빙글빙글 돌아가는 물체(예: 선풍기, 환풍기, 바람개비, 변기에 내려가는 물 등), 앞뒤로 흔들리는 것 같은 반복적 감각 경험에 관심을 보이는 경우이다.
- 지적장애가 있는 유아가 또래 유아보다 훨씬 어린 영아들이 주로 하는 것(예: 물건 던지기, 입에 집어넣기, 두드려 보기 등)에 관심을 보이는 경우이다.

다음으로, 장애유아가 일반유아들이 관심을 보이는 방식이 아닌 독특한 방식으로 자기 관심을 표현하는 경우로는 다음과 같은 것들이 있다.

- 어떤 것에 관심이 있을 때 아주 조용해질 수 있다. 예를 들어, 노래나 음악을 들려줄 때 아주 조용해지다가 노래나 음악을 멈췄을 때 소리 내어 우는 경우이다. 그런데 반대로 관심이 있어도 오히려 쳐다보지도 않거나 심지어 그쪽으로 얼굴을 향하지 않는 경우도 있다.
- 어떤 것에 흥미가 있을 때 흥분을 감추지 못하고, 몸통이나 손과 발을 마구 흔들 수 있다.

마지막으로, 장애의 정도 때문에 장애유아의 표현을 알아차리기 어려운 경우로는 다음과 같은 것들이 있다.

- 장난감이나 사람을 똑바로 쳐다보지 못해서 다른 사람에게 관심 없다는

인상을 주는 경우가 있다. 유아가 직접 똑바로 쳐다보지 못하고 흘겨보는 이유가 대뇌피질성 시각장애가 있어서 중심시력보다 주변시력을 사용하여 보기 때문일 수 있다.

- 장난감에 관심이 있어도 그것을 잡으려고 손을 뻗거나 손가락으로 그것을 지적하지 못하는 경우가 있다. 주로 운동장애나 시각장애가 있는 경우에 그렇다.
- 얼굴이 무표정하거나 자주 웃지 않아서 관심을 보이는지 알 수 없는 경우가 있다. 이는 유아가 근육 긴장도가 낮거나 시각장애나 정서 · 행동장애가 있는 경우에 그렇다. 한편, 자폐성 장애유아는 사회적 미소는 없지만 갑자기 예측할 수 없는 때에 웃기도 한다.
- 어떤 것을 좋아할 때 팔과 다리가 뻣뻣해지거나 쭉 뻗거나 고개를 다른 쪽으로 돌리기도 한다. 뇌성마비가 있는 유아에게 볼 수 있는 경우이다.

교사는 장애유아의 이러한 독특한 특성을 고려하여, 부모 면담이나 직접관찰을 통해 장애유아의 동기를 유발시킬 수 있는 유아의 관심이나 흥미, 선호도를 잘 파악할 수 있어야 할 것이다.

2) 근접발달지대에서 지도하기

근접발달지대란 유아가 다른 사람의 도움을 받아 수행할 수 있는 수행 범위를 뜻한다(Vygotsky, 1980). 유아가 과제를 수행할 때, 어떤 것은 유아가 혼자 독립적으로 할 수 있어서 다른 사람의 도움이 필요 없는 경우가 있고, 어떤 것은 유아에게는 너무 어려워서 다른 사람의 도움을 전적으로 필요로 하는 경우가 있다. 그런가 하면 유아가 다른 사람으로부터 약간의 도움만 받으면 효과적으로 성취할 수 있는 경우가 있다. 그런 경우가 근접발달지대이며, 이때의 적절한 지원은 유아가 주도적으로 독립적 수행을 해 나가는 데 있어서 매우 효과적이다. 이런 지원을 받으면서 유아는 좀 더 어려운 수준으로 점차적으로 옮겨 갈 수 있게 된다.

이와 같이 근접발달지대에서 지도하기 위해서, 교사는 장애유아가 과제를 수행할 때 꼭 필요한 만큼의 지원의 양과 형태가 무엇인지 결정할 수 있어야 한다. 즉, 비계설정이 필요하다. 비계란 건설 현장의 높은 곳에서 공사를 할 수 있도록 임시로 설치한 가설물을 뜻하는 용어이다. 비계는 건물이 성공적으로 건축되도록 하는 데 꼭 필요한 것이지만, 결국 건물이 완공된 다음에는 제거되어야 하는 것이다. 마찬가지로 유아가 독립적으로 과제를 수행할 수 있도록 주어졌던 지원은 점진적으로 줄여 나가야 한다. 이렇게 비계를 설정하여 가르치는 것을 '비계교수'라고도 한다. 이는 이 장의 뒤에서 설명하는 촉구와 비슷한 개념이라 할 수 있다.

3) 반복 경험을 제공하기

유아는 예측할 수 없을 때 불안할 수 있고, 불안은 문제행동으로 이어질 수 있다. 활동을 반복하게 하는 것은 유아에게 익숙해지게 하여 안정감을 느끼게 하고, 숙달감을 발달시켜 자신감을 갖게 할 수 있다. 자신감을 갖게 된 환경에서 유아는 훨씬 주도적일 수 있다. 반복은 가장 효율적이면서도 간단한 지도방법 중 하나이다. 그러므로 장애유아에게는 반복할 수 있는 일관성 있고 예측 가능하며 구조화된 일과가 주어져야 한다. 그리고 일과 계획표는 유아가 볼 수 있도록 게시되어야 한다.

이때 일과의 진행에서 유아가 자주 경험해야 하는 것이 활동이 바뀌게 되는 전이이다. 그런데 장애유아 중에는 한 가지 활동에서 다음 활동으로 바뀐다는 것을 알려 주는 명확한 단서가 없으면, 지금 하고 있는 활동 다음에 무슨 일이 일어날지 예측할 수 없어 불안해하는 경우가 있다. 또한 장애유아 중에는 지금 하고 있는 활동을 중단하는 것이 어려운 경우도 있고, 전이과정의 분주함과 소란함을 무서워하는 경우도 있다. 그러므로 전이활동은 각 일과활동마다 일관성 있는 약속된 신호로 미리 계획되는 것이 바람직하다. 예를 들어, 자유놀이가 끝날 때는 노래를 부르고, 대집단활동이 끝날 때는 실내의 전등을 끄고 켜기를 반복하고, 실외놀이가 끝날 때는 차임벨을 울리는 등으로 정해진 활동마다 전이 신호를 각각 달리하여 일정하게 사용하는 것을 반복한다면, 유아는 활동과 신호를 연결하여 기억하며 안정감을 갖게 될 것이다.

4) 놀이중심 교육하기

놀이는 모든 유아에게 중요한 의미를 지닌다. 유아는 자기가 주도적으로 선택한 다양한 놀이를 통해 여러 발달영역의 기술을 학습한다. 유아는 사물을 가지고 놀기도 하고 사람과 함께 놀기도 하면서, 운동기능, 의사소통 기술, 사회성 기술 등 다양한 영역을 학습하며 발달하게 된다. 그러므로 여러 발달영역의 기술 습득을 촉진하기 위해 놀이가 활용되어야 한다. 놀이의 중요성은 우리나라 국가 수준의 공통교육과정으로 개발된 2019 개정 누리과정에서 유아교육은 놀이를 중심으로 운영되어야 한다고 규정하고 있는 것만 보아도 쉽게 알 수 있다. 일반유아에게도 놀이지도가 필요하지만, 장애유아는 더욱 그렇다. 장애유아는 일반유아와 똑같은 장난감과 환경이 주어져도 놀이행동의 빈도도 낮고 복잡성도 낮게 나타나기 때문이다(Barton, 2015). 이는 장애유아에게 비구조화된 놀이를 제공하는 것만으로는 적절하지 않고, 체계적 교수가 필요함을 의미한다. 즉, 놀이의 빈도나 지속시간을 증가시키고 점점 더 복잡한 놀이에 참여하는 것을 목표로 하는 교수적 접근을 하여야 할 필요가 있다.

5) 가정과 연계하여 지도하기

일반적으로 가정과 연계하여 유아를 지도하기 위해 교사는 '알림장'을 이용하여 서로 정보를 주고받는다. 이렇게 교육기관과 가정이 정보를 교환하는 방법은 특히 장애가 있는 유아의 경우에는 더욱 유용하다. 특별히 교사가 그날그날 정확하게 알아야 하는 정보가 있거나, 부모가 가정에서 지도할 때 교육

♡ 가정에서 유치원으로 (　　월　　일)

- ○○이/가 오늘 아침에 먹은 것:
- 오늘 혈액 검사는 ___시 ___분에 했으며, 수치는 ______입니다.
- ○○이/가 오늘 먹어야 하는 것:
- 교사에게 알릴 내용:
- 오늘 저는 ______까지 ______에 있을 것이고, 연락처는 ____________입니다.

♥ 유치원에서 가정으로 (　　월　　일)

- ○○이/가 오늘 유치원에서 먹은 것:
- ○○이의 혈액 검사는 ___시 ___분에 했으며, 수치는 ______입니다.
- 오늘 먹어야 하는 것 중에서 오늘 유치원에서 먹은 것:
- 가족에게 알릴 내용:

그림 9-1 교사가 장애유아를 위해 만든 알림장 양식의 예

출처: Kostenik, Onaga, Rohde, & Whiren (2007).

기관에서 있었던 일을 알아야 할 경우가 있을 때는 더욱 그렇다. 교사는 장애 유형에 맞게 그 형식을 개발하여 사용할 수 있다. 여기 교사가 소아 당뇨를 앓고 있는 유아를 위해 교사가 만든 알림장의 예를 앞의 [그림 9-1]에 제시한다.

알림장이 반드시 특정 형식을 갖춰야 하는 것은 아니다. 특별한 양식 없이 빈 공책을 마련하여 부모와 교환편지처럼 작성하여도 된다. 이렇게 기록으로 남기는 것은 교육의 객관적 효과를 알게 되는 장점도 있다. 또한 교사는 자기 교실에 있는 장애유아의 장애특성을 알리는 소개 책자를 만들어 학급의 다른 유아들의 가정에 보내 줄 수도 있다. 그 외에 유아교육기관의 일과에서 지도하고 있는 방법을 가정에서도 연계하여 지도할 수 있도록 부모를 교육하는 방법도 있다. 이에 대한 구체적인 내용은 김수진과 이정화(2017)의 『누리과정/표준보육과정과 연계한 장애 영유아 통합교육』을 참고할 수 있다.

6) 문제행동 예방 전략 사용하기

어떤 문제든지 발생하기 전에 예방하는 것이 발생한 후에 일을 처리하는 것보다 훨씬 바람직하다. 이는 마치 불이 난 후에 얼마나 효과적으로 빨리 불을 끄느냐보다 불이 나지 않도록 예방하는 것이 더 중요한 것과 같다. 유아교육기관에서도 유아가 문제행동을 일으킨 후에 조치를 취하는 것보다는 그 전에 문제행동이 발생하지 않도록 환경을 지원하고 유아에게 효과적인 기술을 가르치는 것이 보다 더 바람직하다. 예를 들어, 장난감을 서로 먼저 가지고 놀겠다고 싸우는 유아에게 벌을 주는 후속 조치보다는, 충분한 장난감을 준비하거나 유아들에게 언제, 어디에서, 어떻게 장난감을 가지고 노는 것인지를 가르쳐 주는 것이 미래에 그 유아가 또래와 장난감을 가지고 함께 노는 데 더 도움이 된다.

문제행동 예방 전략으로 유아교육기관에 있는 모든 유아를 대상으로 긍정적 행동지원을 실행할 수 있다(양명희, 2016). 문제행동을 보이는 특정 유아에

계만이 아니라 교육기관 내에 있는 모든 유아에게 긍정적 행동지원을 적용하게 되면, 문제행동을 예방할 수 있을 뿐 아니라 문제행동 때문에 소비되는 교사의 모든 시간과 노력도 절약되고, 모든 유아가 한층 더 생산적이고 유쾌한 학습을 할 수 있게 될 것이다. 다양한 문제행동 예방 전략을 포함하고 있는 긍정적 행동지원에 대한 구체적 내용은 제11장과 제12장에서 설명할 것이다.

7) 발달에 적합한 실제 제공하기

앞에서 제시한 여섯 가지 교수전략은 모두 궁극적으로 유아 주도 교육을 이루기 위해 기초가 되는 교수전략이다. 반면에 일곱 번째로 제시하는 '발달에 적합한 실제'는 어떤 구체적인 한 가지 교수전략이라기보다는 유아교육과정 전반에 걸쳐 적용되어야 하는 가치와 철학을 포함하는 지침으로, 교육과정 설계의 기초 원리라고 할 수 있다. 발달에 적합한 실제라는 개념은 1987년 전미유아교육협회에서 유아교육과정의 지침으로 제시한 것인데, 현재 유아교육과정 운영에 가장 많이 적용되고 있다(이소현, 2020). 1987년에 발표한 내용 중에서 잘못 이해되고 있는 부분을 수정하여 Copple과 Bredekamp(2009)이 발표한 것을 살펴보면, 그 기본적 개념은 교육과정의 구성이 발달연령에 적합하고, 개별적으로 적합하고, 사회-문화적으로 적합해야 한다는 것이다. 즉, 유아에게 제공되는 모든 학습환경과 경험은 유아의 연령과 발달에 적절해야 하며, 유아의 개별적인 차이에 맞게 구성되어야 하고, 유아가 성장하는 사회와 문화의 배경에 적합해야 한다는 것이다. 이는 Gargiulo와 Kilgo(2011)가 장애유아 통합교육을 위해 제시한 질 높은 유아교육 프로그램의 구성요소에서도 그대로 잘 반영되어 있다. Gargiulo와 Kilgo(2011)가 제시한 질 높은 유아교육 프로그램의 구성요소는 다음과 같다(이소현, 2011: 25-26에서 재인용).

- 연구결과를 기반으로 한다.

- 연령에 적합하다.
- 개별적으로 적절하다.
- 문화적으로 적절하다.
- 놀이와 가치를 인정한다.
- 적극적인 학습을 촉진한다.
- 발달영역 간의 통합된 활동을 구성한다.
- 교사 주도 활동과 유아 주도 활동이 균형을 이룬다.
- 적절한 수준의 교사 지원과 지도가 제공된다.
- 참여적인 상호작용이 이루어진다.
- 반응적인 환경을 구성한다.
- 장애유아를 위하여 쉽게 수정될 수 있다.
- 의미 있는 가족 참여를 촉진한다.

이렇게 Gargiulo와 Kilgo(2011)가 주장하는 질 높은 유아교육 프로그램을 구성하는 요소를 하나씩 살펴보면, 발달에 적합한 실제의 개념과 동일하게 모든 유아의 발달수준과 개별적 특성 및 문화적 배경을 고려한 적합한 교육을 제공하도록 요구하고 있음을 알 수 있다. 이러한 질 높은 유아교육 프로그램이 실행된다면, 그 속에서 장애유아도 발달과 학습에 긍정적인 영향을 받으리라는 것은 당연한 결과라 할 수 있다. 그럼에도 불구하고 이렇게 유아 주도 교육을 강조하는 일반적 교수방법으로는 장애유아의 특별한 요구가 충족되지 못해서, 교사가 직접 가르치면서 새로운 기술을 습득하게 하는 교사 주도를 강조하는 특수교육의 교수전략이 필요한 경우가 있다. 그러므로 장애유아 통합교육을 위해서는 발달에 적합한 실제의 철학에 따른 유아교육의 일반적 교수전략이 수행되는 가운데, 장애유아의 개별적 요구에 따른 유아특수교육의 교수전략이 적용되는 것이 바람직하다.

2. 유아특수교육 교수전략 원리

모든 유아를 위한 질 높은 보편적 교수전략이 사용되고 있는 교육환경 내에서도 학습과 발달 성취에 어려움을 보이는 장애유아가 있다면, 이를 위해서 보다 구체적이고 집중적인 특별한 교수전략이 필요하다. 즉, 장애유아 통합교육을 위해서는 보편성과 개별성이 모두 고려되어야 한다는 것이다. 장애유아는 일반유아교육과정의 접근이 보장된 가운데 장애로 인한 다양한 개별적 필요에 따른 학습 경험을 제공받기 위해 각 장애유아에게 맞는 개별화교육(individualized education)이 필요하다. 개별화교육은 유아특수교육의 핵심적 원리이다.

장애유아는 발달과 학습에 있어서 개인 간 차와 개인 내 차로 인하여 일반유아교육과정만으로는 그 필요를 충족시킬 수 없기 때문에 교육을 계획하고 실시할 때 장애유아마다 각 유아의 발달에 적절한 프로그램을 계획하고 실행해야 한다(Allen & Cowdery, 2015). 즉, 개별화된 교육 프로그램이 필요하다는 것이다. 그런데 여기서 말하는 개별화란 교사와 유아의 일대일 교육을 의미하는 것이 아니다. 필자가 오래전 어느 유아특수교육기관을 방문했을 때 유아를 데리고 교실 밖으로 나와 어딘가를 향하고 있던 교사를 복도에서 마주한 적이 있다. 어디를 가느냐는 질문에 개별화를 위해서 교실 밖으로 데리고 나가 아이와 단 둘이 있을 수 있는 공간으로 간다는 교사의 대답에 무척 당황스러웠던 것이 기억이 난다. 개별화의 핵심은 교육을 위한 공간이나 교육받는 유아의 숫자에 있는 것이 아니라 교육 프로그램이 개별 유아에게 맞추어진다는 데 있다.

개별화교육은 1974년 미국「장애아교육법」에서 장애아 교육을 위해 처음 규정하였으며, 우리나라에서는 1994년「특수교육진흥법」에서 의무화했다. 「특수교육진흥법」을 개정한「장애인 등에 대한 특수교육법」에서는 “개별화

교육이란 각급 학교의 장이 특수교육대상자 개인의 능력을 계발하기 위하여 장애유형 및 장애특성에 적합한 교육목표, 교육방법, 교육내용, 특수교육 관련서비스 등이 포함된 계획을 수립하여 실시하는 교육을 말한다."라는 조금은 포괄적 정의를 제시했다. 그리고 같은 법의 시행규칙 제4조에서는 "개별화교육계획에는 특수교육대상자의 인적사항과 특별한 교육지원이 필요한 영역의 현재 학습수행수준, 교육목표, 교육내용, 교육방법, 평가계획 및 제공할 특수교육 관련서비스의 내용과 방법 등이 포함되어야 한다."라고 제시하고 있다.

김수진과 이정하(2013)는 장애유아를 위한 개별화교육계획에 포함되어야 할 내용을 조금 더 구체적으로 다음과 같이 제시했다.

- 현행수준: 신변처리/언어/사회성/대근육, 소근육/인지
- 연간교육목표(장기목표), 단기교육목표
- 일반교실활동(주간교육계획안 등)의 참여를 위한 계획
- 필요로 하는 교육서비스와 교재 · 교구
- 교육시작 날짜와 교육기간
- 교육 프로그램 책임자, 목표달성 기준과 평가 절차 등

개별화교육계획서는 유아특수교사가 작성하지만, 유아교사는 자기 학급의 장애유아에 대한 개별화교육계획의 내용을 숙지하고 있어야 한다. 개별화교육 프로그램의 진행은 장애유아의 현행수준을 평가하여, 그 결과를 바탕으로 교육목표를 설정하고, 교육목표를 실행한 후에 장애유아의 진보 정도를 평가하고, 평가 결과를 바탕으로 다시 교육계획을 수정하거나 보완하는 식으로 순환하면서 이루어진다.

계속해서 강조한 바와 같이, 장애유아에게는 장애가 없는 일반유아들을 교육하는 양질의 교육환경에 참여하는 기회가 반드시 주어져야 한다. 그러한

기회가 주어지는 환경에서 장애유아의 개별적인 목표를 설정하고 그 목표를 연습할 수 있는 학습기회를 만들어 가는 개별화교육이 수행되어야 한다. 즉, 개별화는 진행되고 있는 일과와 활동에 각 장애유아의 참여를 촉진할 수 있는 방법을 통해 구체화될 수 있으므로, 장애유아가 일반유아와 동일한 활동에 참여할 수 있도록 일과와 활동의 수정이 계획되어야 하는 것이다. 다시 말하면, 개인적 필요와 수행수준을 근거로 하여 교수내용과 교수방법을 수정하거나 보완하여 장애유아가 유아교육기관에서 진행되는 모든 일과와 활동에 참여하고 긍정적인 사회적 상호작용을 하면서 발달과 학습이 이루어지도록 돕는 것이 통합교육에서의 개별화교육이다.

장애유아를 위한 개별화교육을 일반유아교육기관에서 진행되고 있는 일과와 활동 속에서 실시하기 위한 방법에는 교육과정 수정과 활동중심 삽입교수가 있고, 좀 더 집중적이고 개입적인 방법으로는 개별 유아 중심의 직접교수가 있다. 이들 각각에 대해서는 다음 절에서 설명한다.

3. 장애유아 통합교육 교수전략 원리

앞에서 통합교육을 위해서는 장애유아와 일반유아를 분리하지 않고 일반유아를 위한 양질의 교육이 진행되는 환경에서 장애유아의 개별화 교육목표를 성취할 수 있어야 한다고 했다. 이러한 통합교육을 위한 프로그램으로 제7장에서 소개한 'The building block model'이 있다(Sandall & Schwartz, 2002; [그림 7-4] 참조). The building block model은 모든 유아를 위한 튼튼한 기초 위에 점점 요구의 강도가 높은 아이들을 위한 교육을 체계적으로 적용해야 함을 강조한다. 이는 제7장에서 전체를 위한 좋은 프로그램이 효과적으로 운영되고 있을 때 특별한 필요가 있는 소수 사람들을 위한 중재는 더욱 효과가 있을 것이라고 설명한 통합교육의 구성 원리를 반영하고 있는 모델이다.

다음에서는 The building block model의 네 가지 구성요소인 ① 양질의 유아교육 프로그램, ② 교육과정의 수정, ③ 학습기회의 삽입, ④ 개별 교수전략을 차례로 설명한다.

1) 양질의 유아교육 프로그램

양질의 유아교육 프로그램(high-quality childhood programs)이란 유아의 발달에 적합한 실제를 제공하는 것이다(Bredekamp & Copple, 1997). 이는 유아의 발달과 학습 그리고 각 유아의 강점과 선호도와 필요, 유아가 살고 있는 사회와 문화에 대한 최신 지식을 바탕으로 하는 프로그램을 의미한다. 다시 말하자면, 앞에서 이미 설명했듯이 유아들의 발달적 욕구가 충족되어지는 높은 질의 교육 프로그램이 전제되어야만 장애유아 통합교육도 성공할 수 있다는 것이다. 많은 연구에서 공통적으로 밝히고 있는, 유아의 발달에 적합한 학습환경을 제공하는 양질의 유아교육 프로그램이 갖춰야 하는 필수 요소는 다음의 일곱 가지이다(Bredekamp & Copple, 1997):

- 실재하는 상호작용
- 반응적이고 예측 가능한 환경
- 학습에 대한 많은 기회
- 유아와 잘 맞는 활동을 통한 가르침
- 발달에 적합한 자료, 활동과 상호작용
- 안전하고 위생적인 실제
- 적절한 수준의 유아 지도

이는 앞에서 소개한 Gargiulo와 Kilgo(2011)가 제시한 질 높은 유아교육 프로그램의 구성요소와 비슷함을 알 수 있을 것이다.

교사는 Sandall과 Schwartz(2002)가 제시한 다음 질문들을 적용하여 자신의 교육 프로그램의 질을 평가해 볼 수 있을 것이다.

- 유아들이 교재 혹은 또래들과 놀거나 작업하는 것으로 대부분의 시간을 보내는가?
- 일과 동안 유아들은 다양한 활동에 접근하는가?
- 교사들은 유아들을 개별적으로, 소집단으로, 대집단으로 대하며 일과를 진행하는가?
- 학급이 유아들이 직접 만든 것들로 꾸며져 있는가?
- 유아들이 의미 있는 맥락 내에서 학습하고 있는가?
- 유아들은 프로젝트에 따라서 작업하고, 놀고, 탐색하는가?
- 유아들에게 놀이와 탐색을 위한 시간이 있는가?
- 교사는 유아에게 개별적으로 또는 소집단으로 책을 읽어 주는가?
- 교육과정은 발달이 빠른 유아들과 부가적으로 도움을 필요로 하는 유아에 따라 수정되는가?
- 유아와 그 가족들은 유아교육 프로그램에 대해 안전감과 안정감을 느끼는가?

이 열 가지 질문에 대해 긍정적으로 답할 수 있다면 양질의 유아교육 프로그램이 수행되고 있다고 평가할 수 있을 것이다.

2) 교육과정의 수정

교육과정의 수정(curriculum modification)이란 유아의 참여를 촉진하고 극대화시키기 위해 교실에서 수행하는 활동이나 자료를 바꾸어 주는 것이다(Sandall & Schwartz, 2002). Sandall과 Schwartz(2002)는 교육과정 수정의 여덟 가지 유형과 각 유형에 대한 정의와 전략을 〈표 9-1〉과 같이 제안했다. 〈표 9-1〉과 같은 교육과정의 수정을 통해 유아의 활동에 대한 참여와 다른 유아들과 상호작용이 증가하면, 유아의 발달 촉진과 학습 증진이 있으리라 기대할 수 있다. 즉, 교육과정의 수정은 참여를 통한 발달의 촉진을 목적으로 한다. 그러므로 교육과정의 수정은 유아가 학급에서 진행되고 있는 활동에 관심은 있지만 충분히 참여할 수 없을 때 필요하다. 다시 말하자면, 교육과정 수정은 장애유아의 '참여'에 좀 더 초점이 맞추어진 것이라고 할 수 있다. 교육과정 수정은 특별한 추가적 자원도 필요하지 않고, 교사의 추가적인 시간과 노력을 크게 필요로 하지도 않는 간단하고 쉬운 방법이다. 다만, 장애유아를 현재 진행 중인 활동에 어떻게 참여시켜 줄 수 있을까에 대한 생각과 계획을 필요로 한다.

교육과정 수정의 각 유형에 대한 예는 다음과 같다.

- 환경적 지원: 한 장애유아가 선반에서 장난감들을 꺼내어 그 선반 앞에 앉아서 놀고 있기 때문에 다른 유아들이 그 선반에 접근하기 어려워하는 경우, 선반 앞쪽 바닥에 테이프를 붙여서 장난감을 가지고 놀 때는 테이프가 붙어 있는 바깥쪽에서만 놀도록 경계를 알려 줄 수 있다.
- 자료 개조: 장애유아가 미술활동을 할 때 불수의적인 팔의 움직임으로 종이를 책상 밑으로 자꾸 떨어뜨린다면, 종이가 책상 표면에 고정되도록 뒷면에 테이프를 붙여 줄 수 있다.
- 활동의 단순화: 장애유아가 세발자전거의 페달 돌리는 것을 어려워할 때, 유아의 양발을 자전거 페달 위에 올려 주고 돌리는 시작 부분을 도와주어 유아가 스스로 돌리기를 마치도록 할 수 있다.
- 유아의 선호도 이용: 장애유아가 대집단활동 시간에 오지 않는 경우, 유아가 좋아하는 노래나 간단한 활동(예: 비눗방울 놀이)으로 시작할 수 있다.
- 특별한 장비: 손의 힘이 약한 유아를 위해 손잡이가 고리로 된 가위나 스

표 9-1 교육과정 수정의 유형

교육과정 수정 유형	정의	전략
환경적 지원	참여와 학습을 촉진하기 위해 물리적 · 사회적 환경을 바꾸는 것	• 물리적 · 사회적 환경 바꾸기
자료 개조	독립적 참여를 위해 자료를 수정하는 것	• 최적의 높이와 위치에서 자료나 장비 주기 • 자료를 고정시키기 • 반응방법을 바꿔 주기 • 자료를 더 크거나 밝게 해 주기
활동의 단순화	단계의 수를 줄여 주거나 단계를 더 작게 쪼개어서 복잡한 과제를 단순하게 만드는 것	• 과제를 부분으로 줄여 주기 • 단계의 수를 줄여 주기 • 성공하고 끝내기
유아의 선호도 이용	선호도를 이용하여 참여 기회를 증진하는 것	• 좋아하는 장난감 쥐고 있기 • 좋아하는 활동 사용하기 • 좋아하는 사람 이용하기
특별한 장비	특별한 장비를 사용하여 참여 수준을 높여 주는 것	• 쉽게 접근할 수 있는 특수 장비 사용하기 • 참여를 증진할 수 있는 특수 장비 사용하기
성인 지원	성인이 유아의 참여와 학습을 지원하는 것	• 모델링 • 유아의 놀이에 함께 하기 • 칭찬하고 격려하기
또래 지원	학습목표를 위해 또래가 유아를 돕도록 하는 것	• 모델링 • 또래 도우미 • 칭찬하고 격려하기
보이지 않는 지원	한 활동에서 자연스럽게 일어나는 사건을 의도적으로 조치하는 것	• 차례 바꾸기

출처: Sandall & Schwartz (2002).

프링을 넣어서 손잡이 펴기가 쉽도록 만들어진 조정 가위를 제공할 수 있다.

- 성인 지원: 바깥놀이나 화장실로 이동할 때 유아가 복도에서 뛰는 경우, 교사가 유아 가까이 걸으면서, 유아에게 손을 잡자고 하거나 질문을 할 수 있다.
- 또래 지원: 활동방법을 모르는 경우 짝이 된 또래가 시범을 보여 줄 수 있다.
- 보이지 않는 지원: 물주전자로 물 따르기를 배우는 경우에 다른 유아들이 먼저 따르도록 하여 주전자에 물이 가득 들어 있지 않게 한 후 장애유아가 물을 따르기 쉽도록 할 수 있다.

Sandall과 Schwartz(2002)는 교실에서 교사에게 도전이 되는 상황이 있을 때마다 〈표 9-1〉에 제시한 여덟 가지의 교육과정 수정 유형 중에서 어떤 유형을 사용할 수 있을지 〈표 9-2〉와 같이 분류하여 제시했다.

〈표 9-1〉과 〈표 9-2〉를 종합하여 살펴보면, 유아가 학급에서 〈표 9-2〉에 있는 도전적 행동을 할 때 어떤 유형의 교육과정 수정을 적용할 수 있는지 알 수 있을 것이다. 예를 들어, 유아가 전이를 어려워할 때는 '환경적 지원(예: 유아에게 구어적 지시와 함께 다음 활동의 내용을 명확하게 보여 주는 그림을 제시함)'이나 '유아 선호도 이용(예: 유아가 좋아하는 장난감이나 활동을 나타내는 그림을 필요한 전이의 수만큼 잘라서 퍼즐 조각을 만든 다음에 유아가 전이를 할 때마다 한 조각씩 주고, 유아가 모든 조각을 갖게 되면 그림에 있는 장난감을 가지고 놀거나 활동을 할 수 있게 함)'을 적용할 수 있다. 유아교육기관에서 각각의 일과와 활동에 적용할 수 있는 구체적인 교육과정 수정방법은 Sandall과 Schwartz(2002)가 그들의 책 『Building blocks for teaching preschoolers with special needs』에서 제시한 다양한 예를 참고할 수 있을 것이다. 그리고 이렇게 교육과정을 수정했는데도 효과가 부족할 때는 '학습기회의 삽입'이나

표 9-2 도전적 상황에 대한 교육과정 수정의 유형

도전적 상황	교육과정 수정의 유형							
	환경적 지원	자료 개조	활동의 단순화	유아의 선호도 이용	특별한 장비	성인 지원	또래 지원	보이지 않는 지원
대집단활동 시간에 적극적으로 참여하지 않음			*	*				
대집단활동 시간을 거부함				*		*		
대집단에서 분노발작을 일으킴	*		*					
대집단에서 차례를 지키지 않고 말함	*							
특정 학습/활동 영역에 가기를 꺼림	*			*				
활동이나 장소에서 전이를 어려워함	*			*				
지시에 순종하지 않음	*					*		
교실에서 뛰어다님	*							
미술자료를 입에 넣음	*					*	*	
다른 유아의 것을 집어감	*							
다른 사람을 때림	*	*						
주의를 집중하지 않음	*							*
칭얼거림						*		
말대꾸함	*					*		
자기 자극 행동을 함				*		*		
자기를 해롭게 하는 행동을 함	*					*		
다른 사람을 무는 행동을 함	*	*						*
소집단에서 다른 유아의 것을 집어 감	*							
걸을 때 안정적이지 않음	*		*		*			
계단 내려가기가 어려움				*	*		*	
집단에 머물러 있기 어려움			*	*			*	
어슬렁거림	*			*			*	
대답이나 기술을 알고 있지만 나타내지 않음				*		*		
대집단활동 참여를 거부함			*	*				
부모와 떨어지기 어려워함	*							
차에서 앉아 있지 않음	*			*				*

안전벨트를 착용하지 않음	*			*			*	
차에서 소리 지름	*							
교실에서 소리 지름	*							
다른 유아를 괴롭힘						*		
또래와 접근거리를 유지하지 않음	*							
또래들에게 거절당함						*		*
의자에서 떨어짐	*				*			
원으로 앉아 있기 어려움	*				*			
원으로 앉아 있을 때 다른 사람을 방해함				*				*
과제를 시작하고 끝내는 것이 어려움	*		*	*				
손 씻기를 어려워함		*						
아직 의사소통에서 구어를 사용하지 않음		*						
교실 밖으로 뛰어나감	*							
손으로 집어 먹음					*			
전이 신호에 반응하지 않음	*							
학급 일과를 따르지 않음	*					*		
쉽게 포기함			*	*		*	*	
장난감을 부적절하게 사용함							*	
낮은 수준의 과제 수행 진도를 나타냄			*	*				
다른 유아보다 현저하게 낮은 기술을 사용함			*					*
줄 서기에 어려움이 있음	*							
정리를 하지 않음	*		*	*				
쉽게 과각성됨	*		*					
쉽게/자주 토하고 구역질함			*					
소집단에 가지 않음				*				
부적절한 물건을 입에 넣음	*					*		

출처: Sandall & Schwartz (2002).

'개별 교수전략'을 적용할 수 있다. 유아가 부적절한 행동을 하는 것은 적절한 행동을 배우지 못했기 때문일 수 있으므로, 교사는 유아에게 부적절한 행동을 대신할 수 있는 적절한 행동을 가르쳐야 할 것이다.

3) 학습기회의 삽입

학습기회의 삽입(embedded learning opportunities)이란 일상적인 학급활동이나 일과 속에 미리 계획된 학습기회들을 끼워 넣는 것을 의미한다(Sandall & Schwartz, 2002). 이는 유아의 학습을 증진시키기 위해, 교사가 장애유아의 개별화 교육목표를 위한 최적의 기회들을 식별하여 학급활동이나 일과 속에 체계적인 교수적 상호작용을 짧게 짧게 집어넣는 것이다. 이를 위해, 교사는 그러한 교수적 상호작용에서 무엇을 하고, 무슨 말을 하고, 무슨 자료를 사용할지 미리 계획할 필요가 있다. 즉, 교육과정의 수정과는 달리, 체계적인 계획과 실행을 필요로 한다. 그런데 학습기회를 삽입하는 것은 진행 중인 유아교육과정의 활동을 방해하지도 않고, 장애유아와 일반유아를 분리하지도 않으며, 학습기회가 일과 전체에 걸쳐 이루어지기 때문에 일반화 가능성이 높다는 장점이 있다. 학습기회의 삽입은 '삽입학습 기회'라는 용어로 사용되기도 하는데, 여기에서는 장애유아에 대한 학습의 기회를 활동 속에 자연스럽게 끼워 넣는다는 의미로 '학습기회의 삽입'이라는 용어로 사용한다. 또한 이와 매우 유사한 개념을 지닌 것으로는 '활동중심 중재'도 있다(Bricker, Pretti-Frontczak, & McComas, 2004).

학습기회의 삽입은 진행 중인 학급활동이나 일과에 가능한 한 자연스럽게 미리 계획된 교수적 상호작용을 끼워 넣고, 그 교수적 상호작용의 효과를 평가하고, 필요가 있을 때 수정하는 순서로 이루어진다. 학습기회의 삽입에서 적용되는 장애유아의 개별화 교육목표는 학급 전체를 위한 활동의 목표와 다르거나 훨씬 더 구체적일 수 있다. 이 점이 교육과정 수정과는 다르다. 교육과정 수정은 진행 중인 활동에 장애유아가 참여할 수 있도록 활동이나 자료를 바꾸어 주는 것이기 때문에 장애유아만을 위한 교육목표를 고려할 필요가 없다. 그러나 학습기회의 삽입에서는 장애유아의 개별화 교육목표를 이루기 위한 학습의 기회를 일상적인 활동이나 일과 속에 끼워 넣는 것이므로, 진행 중인 활동의 목표와 장애유아의 개별화 교육목표는 다를 수 있다. 즉, 학습기회의 삽입은 장애유아의 '학습'에 좀 더 초점이 맞추어진 것이라고 할 수 있다.

예를 들어, 교사의 구두 지시 따르기에 어려움이 있는 장애유아에게 일과에서 전이의 기회가 주어질 때마다 학습기회의 삽입을 적용하여 지시 따르기를 가르칠 수 있다. 이때 장애유아의 개별화 교육목표가 '유아에게 그림/사진(예: 개수대 사진, 그네와 미끄럼틀 사진 등)을 보여 주고 활동을 시작하도록 구두로 지시(예: "손 씻으러 가세요." "놀이터로 가세요.")할 때, 한 번 만에 지시대로 따르는 것'이라고 하자. 이러한 개별화 교육목표를 이루기 위해, 교사는 학급에서 전이의 기회가 있을 때마다 유아에게 지시의 내용을 담은 그림/사진을 먼저 보여 주고, 그림/사진에 있는 내용을 말로 지시한 다음, 유아가 지시를 따르면 칭찬과 함께 무엇을 잘했는지 알려 주고, 지시를 따르지 않으면 다시 사진/그림을 보여 주고 말로 지시한 다음 신체적 촉구(예: 유아의 손을 잡고 개수대/놀이터로 감)를 할 수 있을 것이다.

또 다른 예로, 장애유아의 개별화 교육목표가 '5개의 사물이 주어질 때 일대일 대응을 통해 다섯까지 셀 수 있는 것'이라면, 교사는 자유선택활동 시간이나 간식시간, 식사시간, 책 읽기 시간 등에서 다섯 가지 이상의 사물(예: 블록, 시리얼, 책에 나오는 동물이나 사람 그림 등)을 유아에게 제시해 주고, 신체적 또는 언어적 촉구를 통해 손가락으로 하나씩 짚으면서 다섯까지 세 보도록 "○○가 몇 개인지 세어 볼래?"라고 요구하고, 그에 대한 적절한 반응(피드백, 시범, 촉구 등)을 할 수 있다.

학습기회의 삽입은 용어에서 알 수 있듯이, 특별한 교수전략이라기보다는 진행 중인 유아교육과정을 방해하지 않으면서 장애유아의 개별화 교육목표를 성취하기 위해서 다양한 특수교육적 교수전략을 언제 어떻게 전달할 수 있을지에 관한 것이라고 할 수 있다. 학습기회의 삽입과 다음에서 소개하는 개별 교수전략에서 사용할 교수전략은 별반 다르지 않지만 강도에서는 약간 차이가 있다.

4) 개별 교수전략

개별 교수전략(child-focused instructional strategies)이란 특정 유아에게 초점을 맞추어 특정한 기술이나 개념, 행동 등을 가르치기 위해 유아의 개별화 교육목표에 맞는 학습 기회를 찾아서 미리 계획된 일관되고 체계적인 교수를 직접 제공하는 것을 뜻한다(Sandall & Schwartz, 2002). 이는 맞춤 전략이라고 할 수 있다. 이때 특정한 기술, 개념, 행동은 일반 교육과정이나 수정된 교육과정이나 학습기회의 삽입으로 배울 수 없는 것들을 의미한다. 따라서 개별 교수전략은 더욱 체계적이고 집중적으로 이루어진다. 즉, 개별 교수전략에서는 거의 대부분 학습기회 삽입과 동일한 전략을 사용하지만 그 강도가 더 강하다.

개별 교수전략으로 사용할 수 있는 모든 전략을 여기에 소개하는 것은 이 책의 범위를 넘어가는 것이므로, 여기에서는 가장 자주 사용할 수 있는 교수(instruction), 촉구(prompting), 정적강화(positive reinforcement)를 간단히 소개한다. 첫째, 교수하는 목적은 유아에게 무엇을 하라고 말하는 것이다. 그러므로 교사는 유아가 하기를 바라는 것을 유아에게 잘 전달할 필요가 있다. 좋은 교수란 짧고, 명확하고, 관찰 가능한 행동에 초점을 맞춘, 긍정적인 내용(유아에게 무엇을 하지 말라고 하는 것이 아니라 무엇을 하라고 하는 것)을 담는다. 예를 들어, 유아가 코끼리를 가리킬 수 있는지 알고자 할 때에 여러 동물 사진을 보여 주면서 "여기 봐. 정말 멋진 동물 그림들이 있지? 여기에서 코끼리를 찾을 수 있을까?"와 같이 말하는 교수는 유아에게 '예' 또는 '아니요'라는 답을 요구하는 것이지, 코끼리를 가리키라고 지시하는 것이 아니다. 그보다는 "코끼리를 가리켜 봐."라고 하는 것이 좋은 교수이다. 또 다른 예로, "여기 친구들이 공놀이하는 것 보이지? 너도 공놀이 좋아하지? 넌 지금 뭐하고 싶니?"라고 하는 것보다는 "이리 와서 공놀이하렴."이라고 하는 것이 좋은 교수이다.

둘째, 촉구란 유아가 알맞게 반응할 가능성을 증가시키기 위해 유아가 반응하기 전에 교사가 뭔가 하는 것을 뜻한다. 즉, 유아가 바람직한 반응을 하도록 도와주는 부가적인 자극을 주는 것이다(양명희, 2016). 촉구에는 적절한 행동을 하도록 말로 힌트를 주는 구어적 촉구(예: "멍멍 하고 짖는 동물이 뭐지?" "물 잠그자.")도 있고, 신체적 접촉을 통해 바람직한 행동을 하도록 하는 신체적 촉구(예: 숟가락을 잡고 있는 유아의 손을 잡고 숟가락 뜨기를 도와줌)도 있으며, 사진이나 그림을 사용하여 바람직한 행동을 하게 하는 시각적 촉구(예: 손 씻기 순서를 그림으로 제시함)도 있고, 몸짓이나 동작으로 적절한 행동을 하도록 하는 몸짓 촉구(예: 조용히 하라는 뜻으로 입술에 검지를 갖다 대는 동작)도 있다. 촉구는 계획적으로 점차 줄여 나가야 한다.

셋째, 정적강화란 유아의 바람직한 행동 뒤에 유쾌하고 긍정적인 자극을 주어 그 행동의 발생 가능성을 증가시키는 것이다. 촉구를 강화와 결합하면 강화의 효과가 더욱 커진다. 정적강화를 위해 주어질 수 있는 긍정적 자극인 강화제는 유아마다 다를 수 있다.

이상으로 일반유아교육과 유아특수교육의 교수전략 원리들을 살펴보고, 그러한 교수원리들을 통합교육현장에서 어떻게 실행할 수 있을지 설명했다. 장애유아 통합교육을 위해 The building block model과 같은 통합교육 프로그램이 실행된다면, 교사는 일반유아교육과 유아특수교육 교수전략들을 자연스럽게 통합하여 적용할 수 있을 것이다. 이를 실행하기 위해서는 이론적인 이해도 중요하지만 실천을 통한 부단한 연습이 필요하다는 사실을 기억하면서 중도에 포기하지 않고 계속해서 도전해 나가야 할 것이다. 제9장에서 소개한 내용의 구체적 실천 방안들에 대해서는 Sandall과 Schwartz(2002)의 『Building blocks for teaching preschoolers with special needs』나 이소현(2011)의 『개별화 교육과정』을 참고할 수 있다.

제10장

장애유아 통합교육을 위한 일과와 활동 속 교육방법

유아교육기관의 하루는 매일 반복되는 일과와 특별한 주제에 따른 활동으로 이루어진다. 모든 일과와 활동은 유아의 성장과 발달을 위한 목적을 가지고 실행되므로 장애유아도 유아교육기관의 일과와 활동에 참여하여 발달의 촉진이 이루어지도록 하여야 할 것이다. 여기에서는 일과와 활동의 특성에 따라 장애유아가 갖는 어려움은 무엇이며, 활동에 참여하도록 하기 위해 교사가 주의할 사항은 무엇인지 살펴본다. 이를 위해 조윤경과 홍은주(2005)의 『장애유아 통합 프로그램』, 한국보육진흥원(2010)의 『장애아보육 교사실무』와 『장애아보육 운영실제』 그리고 Klein, Cook과 Richardson-Gibbs(2007)의 『영유아 교육현장 장애유아 통합교육 전략(Strategies for including children with special needs in early childhood)』을 참고했다.

1. 전이: 등원, 활동의 전이, 귀가

장애유아에게 전이는 자신이 잘 참여하고 있는 것을 마쳐야 하고, 새로운 것에 다시 집중해야 하며, 이동과정에서 사람들이 왔다 갔다 하면서 만드는 소란을 견뎌야 하는 어려움을 줄 수 있다. 그러므로 유아교육기관의 일과 중에 발생하는 활동의 전이뿐 아니라 집에서 교육기관으로 그리고 다시 교육기관에서 집으로 이동하는 등원과 귀가라는 전이도 주의 깊게 계획되어야 한다. 모든 전이는 장애유아에게 중요한 학습의 기회가 될 수 있으므로 무의미하게 지나가지 않도록 해야 한다. 여기에서는 등원과 활동 전이, 귀가로 각각 나누어 살펴본다.

1) 등원

• 일정한 등원 순서 만들기

장애유아에게는 등원과정의 모든 것이 소란하고 복잡하게 느껴질 수 있다. 이런 문제를 줄여 주기 위해 등원할 때의 과정을 매일 간단하고 일정한 순서로 만들어 일관성 있게 유지할 필요가 있다. 예를 들어, 이런 순서로 진행할 수 있다: 교사와 유아가 인사 나누기 → 신발 벗기 → 신발장 위치 찾기 → 신발 정리하기 → 외투 벗기 → 외투 정리하기 → 가방 정리하고 사물함에 물건 넣기 → 자유놀이 영역으로 가기.

• 유아의 눈높이에서 인사하기

교사는 등원하는 유아를 환영하며, 자신의 눈높이를 유아의 눈높이에 맞추기 위해 몸을 낮추고 유아의 눈을 보면서 인사하는 것이 좋다. 그렇게 할 때 교사는 유아의 표정도 살필 수 있고 유아의 말도 더 잘 알아들을 수 있으며, 유아도 교사의 말을 더 잘 알아들을 수 있고 환영받는 느낌을 받을 수 있다. 인사하는 방법은 유아의 수행 수준을 고려해야 하지만 연령에 적절해야 한다. 교사가 장애유아를 연령보다 더 어린 수준으로 대하면 또래 유아도 장애유아를 똑같은 방식으로 대할 수 있으므로 주의해야 한다.

• 적응행동을 익히고 이름을 식별하기

등원과정은 장애유아가 적응행동을 익히고, 자기 물건을 놓는 장소나 자기 이름을 익힐 수 있는 기회이다. 즉, 등원할 때마다 겉옷 벗어 걸기, 신발 벗어 신발장에 정리하기, 가방을 제자리에 놓기 등의 적응행동을 매일 반복해서 연습하고 익힐 기회가 주어진다. 그런데 교사가 바빠서 또는 동행한 부모가 시간에 쫓겨서 유아가 해야 할 적응행동들을 대신해 준다면 장애유아는 자연스러운 환경에서 연습할 기회를 놓치는 셈이다. 또한 장애유아는 자기 물건을 놓을 위치를 찾을 때 자기 이름과 다른 유아들의 이름을 구별하기 어려울 수 있다. 이를 돕기 위해 사진이나 스티커를 이용하거나 장애유아의 이름을 더 선명하고 크게 써 주는 것과 같이 식별하기 쉽도록 해 줄 수 있다. 이때 유아의 발달수준에 따라서는 다른 친구의 이름 철자와 장애유아의 이름 철자를 비교하며 글자를 인식하는 기회로 삼을 수도 있다.

- 부모와 작별 인사하기

부모와 함께 등원하는 경우에 유아가 부모와 떨어지는 것을 어려워하는 경우가 있다. 그럴 때는 유아가 좋아하는 물건이나 인형을 집에서 가지고 오게 허락하거나, 부모가 교육기관에 잠시 머물러 있다가 가는 방법을 적용할 수도 있다. 부모가 머물렀다 가는 경우에 부모는 떠날 때 유아와 인사를 분명하게 해야 한다. 부모가 유아 몰래 떠나게 되면 유아의 두려움과 불안을 증폭시킬 수 있기 때문이다. 부모는 반드시 다시 데리러 올 것임을 직접 분명하게 말해 주고 유아가 보는 가운데 떠나야 한다. 이런 반복된 작별 인사를 통해 결국 유아는 신뢰감과 안정감을 갖게 된다. 부모와 헤어진 후 다음 활동으로의 전이가 어렵다면 시각적으로 분명하고 알기 쉽게 만들어진 학급 일과표나 장애유아 개별 일과표를 제시하여 전이를 도울 수 있다.

- 부모를 통한 정보 수집하기

부모와 함께 등원하든 유아교육기관의 차로 등원하든 교사에게는 잠깐이라도 부모를 만날 기회가 주어진다. 이때 교사가 부모를 통해 유아의 수면시간, 섭취한 음식의 양이나 종류, 건강상태 등에 대해 얻게 되는 정보는 유아가 일과 중에 보이는 행동을 이해할 수 있게 도와준다. 또한 이런 이야기를 나누며 부모와 교사 사이에는 신뢰감이 쌓이게 된다.

2) 활동의 전이

• 전이를 알리는 신호 제공하기

장애유아는 즐기고 있던 활동을 갑자기 종료하기 싫을 수도 있고, 다음에 무슨 일이 발생할지 예측할 수 없어서 두려움과 불안을 느낄 수도 있다. 그러므로 중요한 전이 때마다 각기 다른 신호를 계속 사용하여, 그 신호를 들으면 유아가 다음 활동이 무엇인지 예측할 수 있도록 도와줄 필요가 있다. 신호와 함께 시각적 자료를 제시하면 도움이 된다. 활동 간 전이를 위해서 다음 활동을 나타내는 사진을 보여 주면서 무엇을 할 것인지 확인하는 시간을 갖거나 시각적 타이머를 사용하여 다음 활동이 시작할 때까지 남은 시간을 알려 줄 수 있다. 마찬가지로 장소의 전이(예: 실외놀이)를 위해서도 이동해 갈 다음 장소를 담은 사진을 보여 주는 것은 다음에 일어날 일을 예측하는 데 도움이 된다. 또한 전이 신호를 계획할 때는 유아가 지니고 있는 장애의 특성을 고려해야 한다. 예를 들어, 시각에 문제가 있는 경우는 청각적 단서(예: 벨 소리, 말로 알려 주기 등)를 제공하고, 청각에 문제가 있는 경우는 시각적 단서(예: 전등 켰다 껐다 하기)를 제공하고, 중복장애가 있는 경우는 촉각적 단서(예: 다음 활동을 상징하는 물건 만져 보기)를 제공할 필요가 있다.

• 무슨 일이 일어나고 있는지, 무엇을 해야 하는지 알려 주기

장애유아는 전이과정에서 다른 유아들의 움직임이 무엇을 의미하는지, 일어나고 있는 일을 이해하지 못하거나 자신은 어떻게 해야 하는지 알 수 없을 때 불안하여 부정적 행동을 할 수도 있다. 예를 들어, 점심이나 간식을 먹고 나서 다른 유아들이 쓰레기를 버리거나 식판을 지우는 행동들이 소란하고 복잡하게 느껴지는 장애유아가 있을 수 있다. 이럴 때 교사가 전체 유아를 대상으로 "이제 쓰레기 버리고 식판을 제자리에 갖다 놓는 시간이야."와 같이 알려 준다면, 장애유아는 지금 무슨 일이 일어

나고 있는지 이해하기 쉬워져서 안정감을 느낄 수 있을 것이다. 이와 같이 단순히 신호만 제공하는 것에 더해서, 직접 무슨 일이 일어나고 있는지 무엇을 해야 하는지 구체적으로 알려 줄 필요가 있을 수도 있다.

- 전이를 위한 특별 전략 세우기

너무 잦은 전이, 무계획적인 전이, 긴 시간에 걸쳐 일어나는 전이, 예고 없이 이루어지는 전이 등으로 생길 수 있는 문제행동을 예방하기 위한 방법으로 Sandall과 Ostrosky(2010)는 다음 세 가지 방법을 제안했다. 첫째, 전이 횟수를 줄인다. 전이에서 유아가 아무것도 할 것이 없는 채로 기다려야 하는 상황이 발생하는 것을 줄이기 위해, 한 유아가 하나의 활동을 끝내면 새로운 활동으로 옮겨 갈 수 있게 허락하여서 다른 유아들이 다 끝낼 때까지 기다릴 필요가 없게 해 줄 수 있다. 둘째, 전이가 일어나기 전에 예고한다. 그리하여 유아가 자기가 하는 활동을 갑자기 치워야 하는 당혹감을 덜 느끼도록 도와줄 수 있다. 예고하는 방법은 다양하게 할 수 있다. 예를 들어, 종 울리기, 형광등 깜박거리기, 정리 노래 부르기, 타이머 사용하기, 모래시계 뒤집어 제시하기 등이 있을 수 있다. 셋째, 전이가 즐거운 활동이 되도록 계획한다. 예를 들면, 경쾌한 음악을 틀어 주고 음악이 끝나기 전에 활동을 정리하도록 하거나, 음악에 맞춰 30~40초 동안 춤을 추게 하거나, 다음 활동을 위한 준비가 끝난 유아에게는 손도장을 찍어 주거나, 다음 활동으로 가면서 손수레를 끌거나 동물 흉내 내기를 하도록 할 수 있다. 또 다른 예로는 교실에 다른 성인이 있다면 전이준비가 끝난 유아를 위해서 책을 읽어 주거나 함께 노래 부르기를 할 수 있다. 아니면 그 성인이 다음 활동에서 아이들을 맞이하면서 먼저 활동을 시작하게 하여 활동의 일부를 겹치도록 할 수도 있다.

3) 귀가

- 귀가를 하나의 활동으로 계획하기

교사가 시간에 쫓겨 유아의 귀가를 서두르게 되면 무질서하게 될 수 있고 중요한 학습기회를 놓칠 수 있다. 장애유아는 귀가의 분주한 상황을 매우 힘들어할 수 있다. 유아가 귀가활동을 통해 유아교육기관의 일과가 마쳐지고 마무리하는 시간임을 인식할 수 있도록 규칙적인 귀가 순서가 지켜져야 한다. 이를 위해 교사는 귀가시간이 생략되지 않도록 시간관리에 유념할 필요가 있다.

- 일정한 귀가 순서 만들기

등원과 마찬가지로 집으로 돌아가는 귀가도 일정한 순서대로 일관성 있게 이루어지도록 지도해야 한다. 예를 들어, 귀가는 다음과 같은 순서로 이루어질 수 있다: 다 같이 모여서 헤어짐에 대한 노래 부르기 → 하루 일과를 간단히 돌아보기 → 다음 날 하게 될 일들에 대해 이야기 나누기 → 사물함으로 가서 집으로 가져갈 물건들을 가방에 넣기 → 가방 메고 신발 신기 → 차를 타기 위해 줄 서기.

- 시간 개념 익히기

귀가는 시간 개념을 배우고 익히기 좋은 기회이다. 집에 갈 시간이 다가온다는 것을 알려 주고, 오늘 무엇을 했는지, 내일 무엇을 할 것인지를 이야기하면서 오늘과 내일의 개념이나 '~했어요'와 '~할 거예요'와 같이 시제를 포함한 동사를 사용하여 시간 개념을 배울 기회를 준다. 오늘 경험한 것을 이야기 나누는 시간에는 장애유아가 일과를 회상하는 데 도움이 되는 시각적 일과표나 활동 결과물 등을 보여 줄 수 있다.

2. 자유선택활동

자유선택활동은 여러 흥미영역을 탐색하고 흥미 있는 것을 스스로 선택하며 또래들과 함께 노는 시간이다. 즉, 관심 있는 것을 스스로 선택하는 자기결정력과 또래와 상호작용하는 데 필요한 사회성 기술을 배우고 익히는 중요한 시간이다. 부모나 교사는 이 시간의 중요성을 인식해야 한다. 따라서 이 시간은 교사로부터 직접 배우는 것이 없는 시간이라고 가볍게 여기고 늦게 등원하는 일이 없도록 지도해야 할 것이다.

- 놀이활동 탐색과 놀이방법 지도하기

  자유선택활동은 유아들에게 주도적으로 흥미 있는 것을 선택하도록 하는 기회가 주어지는 시간이지만, 장애유아는 자기에게 친숙한 놀이만 하려고 할 수 있다. 자유선택활동은 일반적으로 구조화되어 있지 않고 예측 가능성이 낮기 때문에 장애유아는 무엇을 어떻게 가지고 놀아야 하는지 어려워할 수 있다. 교사는 장애유아가 흥미영역을 탐색하도록 도와주고, 장난감을 가지고 노는 방법을 지도할 필요가 있다. 이때는 분명하고 짧게 말하는 것이 좋다. 예를 들어, 어떤 활동도 선택하지 못하고 다른 아이들 주위만 뛰어다니는 장애유아가 있다면, "무엇을 하고 싶은지 생각해 보렴. 무엇을 할 것인지는 네가 선택하는 거야."라고 길게 설명하기보다는 "블록놀이 할래, 아니면 기차놀이 할래?"와 같이 간단하고 쉽게 말하는 것이 좋다. 유아가 어떻게 놀아야 할지 모르는 경우에는 함께 놀면서 시범을 보여 주며 지도하는 것이 좋다.

- 장애유아에게 적합한 놀잇감 제공하기

  장애유아에게 제공되는 놀잇감은 유아가 자신 있게 가지고 놀 수 있는 쉬운 것이 좋다. 즉, 친숙하고 편안하게 가지고 놀 수 있는 것들로 시작하여 점차 새로운 것을 시도하게 하는 것이 좋다. 유아의 발달수준과 장애특성에 적합한 놀잇감에 대해서는 유아특수교사나 관련 전문가의 도움을 받을 수 있을 것이다.

- 또래와 상호작용하도록 지원하기

장애유아는 자유선택활동 시간에 다른 유아들이 자기 주위를 한꺼번에 왔다 갔다 하고 주변에서 놀이나 활동이 자주 바뀌는 상황에 압도당하거나 위협을 느낄 수 있다. 그러므로 교사는 장애유아가 또래와 상호작용을 시작하고 유지할 수 있도록 지도할 필요가 있다. 예를 들어, 장애유아가 좋아하는 또래가 있다면 그 친구와 짝이 되어 놀도록 격려하고 점차 다른 또래를 소개해 주며 놀이하는 친구 수를 늘려 가는 방법을 사용할 수도 있고, 장애유아가 하고 있는 활동에 다른 유아를 한 명씩 초대할 수도 있다. 차례대로 하는 놀이나 협동을 요구하는 놀이와 같이 상호작용이 요구되는 놀이를 계획하는 것도 좋은 방법이다. 이때 또래에게 "고마워." "미안해." "같이 놀자." 등과 같은 사회적 언어를 사용할 수 있도록 지도한다.

- 소란함을 견디도록 지원하기

장애유아가 또래들이 자기 옆에 있는 것을 싫어하는 경우에는 조금 떨어진 곳에서 병행놀이를 할 수 있도록 안내해 줄 수 있다. 그러나 유아가 압도당할 정도로 힘들어하는 경우에는 혼자 머무르며 쉴 수 있는 조용한 공간을 소개해 주는 것이 좋다. 또한 지나치게 탁 트인 공간을 어려워하는 장애유아가 있다면 선반 같이 어느 정도 경계가 있는 영역에서 놀도록 해 주거나 자신만을 위한 공간에서 놀게 해 줄 수도 있다. 자신만을 위한 공간 마련을 위해서는 커다란 수건이나 담요 또는 작은 매트 위에 장애유아를 앉게 하고 다른 유아는 그곳에 들어가려면 허락을 받도록 하는 규칙을 정해 줄 수 있다.

• 일대일지도와 비계교수하기

자유선택활동 시간은 교사가 관찰을 통해 장애유아가 흥미를 보이는 것을 중심으로 유아의 현재 수준보다 좀 더 높은 수준을 수행하도록 비계를 설정하여 지도하는 등으로 일대일지도를 할 수 있는 좋은 기회이다. 예를 들어, 블록 쌓기에 관심을 보이는 장애유아를 위해 처음에는 교사가 장애유아의 손을 잡아 블록을 쥐고 다른 블록 위에 블록을 쌓게 하고, 그다음에는 유아의 손에 블록을 쥐어 주기만 하고 "저 블록 위에 올려 보자."라고 언어적 지원만 해 주면서 점차 지원을 줄여 갈 수 있다. 또한 장애유아가 놀고 있는 곳에 다가가서 유아가 놀고 있는 모습을 말로 묘사해 주면서 자연스럽게 언어 지도를 할 수도 있다.

3. 대집단활동

대집단활동은 교사가 주도하는 구조화된 활동시간으로 장애유아에게 학습의 기회를 제공하고, 집단 정체감을 형성하기 좋은 시간이다. 그러므로 대집단활동에 장애유아가 의미 있게 참여하도록 돕는 것이 중요하다.

• 일정한 절차를 제공하기

대집단활동은 다 함께 바닥에 모여 앉아 이야기를 나누거나 테이블 활동(예: 미술, 요리 등)을 하거나 움직임이 있는 음악활동 등을 하면서 집단 정체감을 형성하기 좋은 기회이다. 이 시간도 다른 시간과 마찬가지로 대집단활동에 적용되는 일정한 절차를 계획하여 지속적으로 반복하며 실시한다면, 장애유아는 이 시간에 일어나는 일의 순서를 예측할 수 있어 안정감을 가지고 참여할 수 있을 것이다. 예를 들어, 대집단활동은 다음과 같은 순서로 진행할 수 있다: 인사 나누기 → 출석 부르기 → 달력

보기 → 하루 일과 소개하기 → 그날의 계획된 활동 진행하기 → 다음 활동 소개하기 → 마치는 노래 부르기. 이렇게 미리 계획된 순서대로 순조롭게 활동이 진행될 때 장애유아는 대집단에서 불필요하게 기다리는 일이 없게 될 것이다.

- 자리 배치를 계획하기

대집단활동 참여를 위한 장애유아의 자리 배치는 중요하다. 유아들을 어떤 모형으로 앉힐 것인지, 성인은 어디에 배치할 것인지, 유아들끼리의 간격은 어떻게 할 것인지에 따라 장애유아의 참여에 방해가 되기도 하고 도움이 되기도 하기 때문이다. 반원 모형은 집단의 크기가 크지 않을 때 적절하다. 집단이 어느 정도 클 때는 원형이 좋으나, 장애유형에 따라 자기 옆에 다른 유아가 붙어 앉는 것을 싫어할 수 있다. 그런 경우에는 두 줄 반원이나 무더기로 앉힐 수 있다. 유아끼리의 간격이 문제가 될 때는 이름이 적힌 방석이나 색 테이프를 이용하여 간격을 유지시킬 수 있다([그림 8-2] 참조). 이때 시각장애가 있는 유아가 있다면 큰 글씨나 색대비가 되는 자료를 사용하거나 손으로 만질 수 있는 촉각 단서를 제공해야 한다. 지체장애가 있는 경우에 바닥에 앉는 것이 부적절하면 바닥에 앉는 활동을 할 때는 교사의 무릎에 앉힐 수 있다. 그러나 장애유아가 휠체어나 의자에 앉아야 하는 상황이라면 다른 유아들도 의자에 앉게 하여 유아들끼리 서로 눈높이를 맞출 필요가 있다. 필요에 따라 장애유아를 보조인력이나 교사와 가까이 앉힐 수 있다.

- 배회하거나 참여를 거부하는 유아를 다루기

긴 시간을 집중하기 어려워하는 유아를 위해서는 처음엔 짧은 시간만 참여하게 하고 점차 참여시간을 늘려 갈 수 있다. 또한 어느 정도 시간이 지난 다음에는 장애유아를 화장실에 다녀오게 하는 등으로 움직일 수 있는 기회를 제공할 수도 있다. 다른 유아들을 원으로 앉게 하고 장애유아를 원 바깥에 앉게 하여 돌아다닐 자유를 허락할 수도 있다. 아니면 전체 유아를 완전히 원형으로 간격을 좁혀 앉게 할 수 있다. 성인의 무릎에 앉히거나, 장애유아를 안정시킬 장난감이나 물건을 가지고 있도록 허락할 수도 있다.

- 테이블 활동

테이블에서 하는 활동은 유아가 소근육운동 기술을 배울 수 있는 좋은 기회이지만, 유아가 바르게 앉을 수 없으면 몸의 균형을 유지하느라고 소근육 움직임에 집중하기 어렵고, 불편한 자세 때문에 참여도가 떨어지며, 머리를 마음대로 움직이지 못해서 주어진 재료를 바르게 보기 어려울 수 있다. 그러므로 테이블 활동에서는 팔 움직임에 도움이 되는 바른 자세잡기가 중요하다. 유아가 의자에 앉을 때는 발바닥이 바닥에 닿도록 하고, 무릎을 중심으로 허벅지와 종아리가 90도, 엉덩이를 중심으로 허리와 허벅지가 90도를 유지하도록 해야 한다.

- 몸을 움직이는 활동

몸을 움직이는 활동에는 음악활동, 게임, 신체표현 활동 등이 있다. 음악활동은 지나치게 활동적인 유아에게는 에너지를 발산할 기회를 주고, 비활동적인 유아에게는 움직일 동기를 주는 활동이므로, 장애특성에 따라 이점을 잘 활용할 수 있어야 한다. 또한 음악활동은 유아들의 흥미를 지속시키기에 좋고, 움직임에 어려움이 있는 유아에게도 능력에 상관없이 적극적으로 참여하며 성공감과 소속감을 갖고 움직이게 해 주는 활동이다. 다 같이 하는 게임을 할 때는 장애유아의 순서는 맨 처음과 맨 마지막은 피하는 것이 좋다. 장애유아가 다른 유아들을 충분히 본 다음에 참여하도록 하여 불안감을 줄이는 것이 좋고, 편을 나누어 승부를 가르는 경우에 장애유아가 맨 마지막이 되어 승부를 내게 하는 것은 피하는 것이 좋다. 신체표현에 어려움이 있는 유아는 교사가 함께 손을 잡고 참여할 수 있다. 장애의 정도가 심해서 몸을 움직이기 어려운 유아에게는 스위치를 작동하여 음악을 끄고 켜는 역할을 주어 활동에 참여하게 해 줄 수도 있다.

4. 간식 및 식사 시간

음식을 먹는 시간은 장애유아에게 매우 중요한 시간이다. 간식과 식사 시간은 혼자 스스로 먹기, 도구를 사용하여 먹기, 다양한 음식을 섭취하여 영양의 균형 잡기, 적절한 속도로 식사하기, 적절한 식사행동을 하며 또래와 함께 먹기 등을 배울 수 있는 기회가 주어지는 시간이다.

- 일정한 순서로 진행하기

  역시 다른 활동시간과 마찬가지로 음식을 먹는 시간도 정해진 규칙과 순서대로 진행될 때 장애유아는 무엇이 이루어질지 예측할 수 있게 된다. 다음과 같은 일관된 순서로 진행할 수 있다: 간식이나 식사 시간 알리기 → 손 씻기 → 줄 서기 → 식당으로 이동하기 → 식판 받아 식탁으로 이동하여 자기 자리를 찾아 앉기 → 다 함께 노래를 부르거나 감사 인사하기 → 먹기 → 식탁 정리하기 → 이 닦기 → 다른 활동으로 옮겨 가기.

- 스스로 먹는 식사기술 지도하기

  여러 가지 이유로 장애유아에게 음식을 먹여 주는 경우가 있는데, 독립적 생활을 위해서는 유아 스스로 먹는 기술을 습득해야 한다. 장애유형에 따라서는 식감을 조절하거나 음식의 크기를 작게 만들어 주어야 하는 경우가 있다. 또한 운동능력에 따라 특별하게 만들어진 식사도구를 사용해야 하는 경우가 있다. [그림 10-1]은 손운동 기능의 어려움을 가진 장애유아가 사용하기 쉽도록 만들어진 손잡이가 구부러진 숟가락의 예이다.

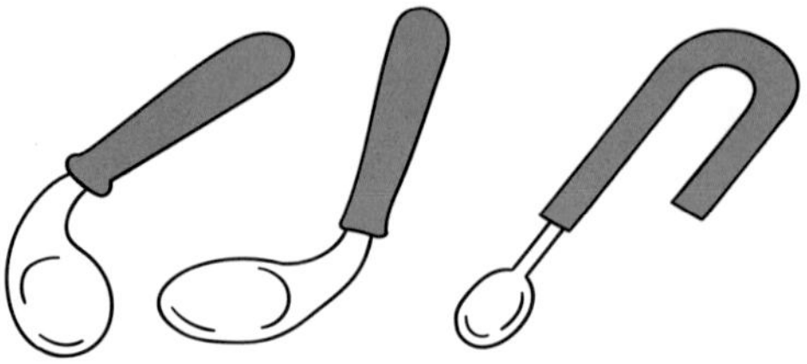

그림 10-1 손잡이가 구부러진 숟가락의 예

〈표 10-1〉은 구강운동 문제를 지닌 장애영유아를 위한 식사보조 방법이다.

표 10-1 구강운동 문제를 지닌 장애영유아를 위한 식사보조 방법

구강운동 문제	식사보조 방법
턱을 다물지 않음	광대뼈 아래를 아래 방향으로 만져 주면서 턱 근육을 재빨리 당겨 준다.
입술을 다물지 않음	윗입술은 위쪽으로, 아랫입술은 아래쪽으로, 입의 가장자리를 바깥쪽으로 재빨리 당겨 준다.
민감성 구토반사	턱을 벌린 채 잡고 작은 막대기나 혀 누르는 도구로 혀를 견고하게 두드려 주고, 천천히 혀끝에서 혀의 중앙으로 막대를 걸어서 옮긴다. 혀의 중앙이 불룩하게 구부려지거나 구토가 일어나면 멈춘다.
턱 조절력의 부족	유아의 턱을 손으로 받쳐 잡고 턱을 닫거나 벌리는 정도를 조절하도록 돕는다.
입술을 다물기 어려움	검지손가락을 유아의 위아래 입술에 올려놓고 시소 모양으로 움직여 입술을 다물도록 돕는다. 이때 턱을 닫아야 하면 새끼손가락으로 턱을 지지한다.
혀 내밀기	턱 조절과 입 다물기를 보조한다.
과민성 깨물기 반사	고무 재질로 싼 작은 숟가락을 사용한다. 숟가락을 혀의 앞부분에 놓고 아래 방향으로 강하게 누른다. 45도 각도에서 숟가락을 제거하고, 치아로 숟가락에 담긴 음식을 긁지 못하게 하고, 입술로 음식을 치우도록 한다.
정상적 씹기의 결여	입을 다물도록 한 다음 턱의 아래쪽을 가볍게 두드려 준다.

출처: 김경숙 외(2009).

• 먹기에 적절한 자세 잡아 주기

바른 자세는 소화를 촉진할 뿐 아니라 식사 속도에도 긍정적 영향을 미친다. 유아가 먹기 위해서는 발과 몸이 지탱되어야 하고 머리는 수직 자세가 되어야 한다. 직립자세가 되어야 기도가 열린 채 유지될 수 있다. 성인이 식사도구 사용을 지도할 때 성인은 유아가 사용하는 팔 쪽에서 팔의 어깨를 중심으로 약간 뒤쪽에 앉아 유아의 팔 움직임을 촉진하는 것이 바람직하다.

• 먹여 주기

먹여 주어야 하는 경우에 장애유아의 구역질을 억제시키거나 씹고 삼키기를 촉진하는 전략이 필요할 수 있다. 예를 들어, 뇌성마비가 있는 경우 혀가 앞으로 나와 있거나 입술에 자극을 받으면 꽉 깨무는 깨물기 반사가 있는데, 깨물기 반사가 있는 유아는 딱딱한 숟가락보다 실리콘 같은 재질로 만들어진 숟가락을 사용해야 한다. 유아가 깨물기 반사로 숟가락을 물고 있을 때 숟가락을 억지로 빼내려 하면 무는 힘을 더 강하게 자극하므로, 유아가 이완할 때까지 기다려야 한다. 비정상적인 구토 반사가 있는 유아의 경우는 작업치료사의 도움을 받아야 한다. 또한 먹여 주어야 하는 유아에게 컵을 이용하여 마시게 할 때는 성인이 컵 속의 음료의 양을 볼 수 있고, 유아가 머리를 똑바로 뒤로 제치기 어려운 경우에도 마실 수 있도록 하기 위해 [그림 10-2]와 같이 사선으로 잘라진 컵을 사용할 수 있다. 이러한 컵을 구하기 어려우면 종이컵으로 손쉽게 만들 수도 있다.

그림 10-2 **사선으로** 잘라 낸 컵

- 다양한 자조기술과 사회적 기술 지도하기

간식시간이나 식사시간은 음식을 먹기 위해 식탁에 앉기, 병이나 종이 팩에 들어 있는 음료 따르기, 빨대 사용하기, 얼굴이나 손 또는 옷에 묻은 것 닦기, 엎지른 것 닦아 내기, 식사 후 빈 그릇 치우기, 쓰레기 치우기, 자리 정리하기 등을 반복하여 지도할 수 있는 좋은 기회이다. 또한 이 시간은 사회성 기술을 익힐 수 있는 기회가 주어진다. 음식을 받기 위해 줄에서 이탈하지 않고 서서 기다리기, 먹기 전에 감사 노래나 감사 인사하기, 음식을 더 달라는 요구를 표현하기(예: 말로 하기, 손가락으로 음식 가리키기), 음식 이름을 소개하기와 같은 사회성 기술을 지도할 수 있다. 가능하면 교육기관에서 유아에게 주어지는 음식은 가정에서 제공되는 형태로 주어지는 것이 가정연계 지도를 위해서 바람직하다.

- 영양을 고려하기

유아가 지닌 장애의 특성 때문에 음식 섭취가 어려운 경우에는 영양을 위한 특별한 고려를 해야 한다. 예를 들어, 뇌성마비가 있는 유아는 혀를 내밀거나, 혀를 힘 있게 다물지 못하거나, 아니면 특정 자극에 의해 이가 힘 있게 내려가서 깨무는 현상을 보이기 때문에 음식 섭취를 제대로 하기 어려울 수 있다. 이를 위해서는 쉽게 먹을 수 있는 으깬 음식이나 잘게 쪼갠 음식이 제공될 필요가 있다. 물을 삼키는 것이 어려운 경우는 걸쭉한 음료를 제공하여 삼키기 쉽도록 도와줄 수 있다. 신체활동이 부족한 장애유아는 몸을 세울 수 있는 기립기 등을 이용하여 유아가 수직 자세를 유지하는 시간을 허락해 주어 변비를 예방할 수 있다. 저긴장성 근육을 지닌 유아는 적절한 수준으로 구강 자극을 받거나 근육의 긴장을 유지하는 데 어려움이 있다. 그래서 입속에 음식이나 음료가 있는 위치를 잘 모를 수 있고, 입안에 음식이 가득 찬 것을 몰라서 침을 흘리거나 질식의 위험이 있을 수 있다. 자폐성 장애가 있는 유아는 음식 공포증으로 음식을 거부하거나 음식 강박증으로 한두 가지 음식만 고집하는 경우도 있다. 또한 사람이 먹지 않는 페인트칠 부스러기나 머리카락, 흙, 종이, 먼지 등을 먹는 이식증/이미증(pica)을 보이는 유아도 있다. 항경련제를 복용하는 뇌전증(epilepsy)이 있는 유아는 그 부작용으로 비타민과 무기질의 결핍 또는 식욕 저하를 나타내기도 한다. 이 모든 경우에 영양 결핍이 올 수 있으므로 각별한 주의와 지도가 필요하다.

5. 바깥놀이활동

유아들에게는 닫힌 공간인 실내에서 나와 건물 바깥의 실외 공기를 마시며 다른 환경을 경험하는 변화가 필요하다. 실외에서는 교실에서와는 달리 대근육을 사용할 기회가 많고 실내에서 하기 어려운 놀이기구들을 가지고 또래와 함께 놀면서 사회성 기술을 발달시킬 수 있다. 그런데 실외로 나갈 여건이 마련되지 않는다면, 바깥놀이 대신 교실과 교실을 바꿔 본다든지, 건물 내부를 탐색하는 것과 같이 교실환경을 벗어나 보는 경험을 할 수 있는 다양한 계획을 세울 수도 있다.

- 대근육 사용 기회

  실내에서는 달리고, 뛰어오르고, 올라가는 등의 대근육을 사용할 수 있는 기회가 많지 않다. 그렇기 때문에 공을 던지고 받고, 그네를 밀고 타고, 미끄럼을 타고, 자전거를 타는 것과 같은 바깥놀이를 배울 수 있는 기회를 주기 위해 실외활동이 필요하다.
- 사회적 기술 지도하기

  실외에서 이루어지는 자전거 또는 미끄럼을 교대로 타거나, 모래놀이를 하며 장난감을 나누어 가지고 놀거나 협력하며 노는 놀이 등은 유아들 간에 발생할 수 있는 갈등을 협상하고 해결하는 법과 같은 사회적 기술을 배우고 익힐 수 있는 기회이다.

- 바깥놀이로 적절한 놀이 선택하기

놀이기구를 이용하거나 모래놀이를 하는 것 외에 바깥놀이로 고려해 볼 수 있는 것으로는 가까운 곳으로 산책 나가기, 실외에 있는 놀이기구를 스펀지를 이용하여 물로 씻기, 벽에 큰 붓을 이용하여 물로 그림 그리기, 인형 목욕시키기, TV나 냉장고 등을 포장했던 상자로 만든 집 외벽에 물감으로 그림 그리기, 시멘트 바닥에 색깔 분필로 그림 그리기, 마당의 정원 가꾸기 등이 있다. 바깥놀이를 할 때는 햇빛에 약한 유아가 없는지 확인해야 하고, 반드시 날씨가 고려되어야 한다. 또한 덥거나 춥다는 의사 표현이 어려운 장애유아가 있을 수 있으므로 세심한 관찰을 해야 하며, 더운 날에는 그늘이 있는 장소가 마련되어야 한다. 건물 밖으로 이동할 때는 짝의 손을 잡고 이동하도록 지도해야 한다. 그리고 넓은 공간에서도 모든 유아가 들을 수 있는 신호음이 준비되어야 한다. 시각장애가 있는 유아는 방향성과 이동성에 어려움이 있으므로 주변 환경의 변화를 구체적으로 묘사해 줄 필요가 있다.

이상으로 유아교육기관의 일과와 활동에서 장애가 있는 유아는 어떤 어려움을 갖는지 알아보았고, 교사가 그러한 어려움을 지닌 장애유아가 일과활동에 참여하도록 어떻게 도울 수 있는지를 살펴보았다. 다음 장에서는 통합교육을 실시하는 유아교육기관에서 발생할 수 있는 행동문제를 지원하는 방법을 살펴볼 것이다.

제11장

장애유아 통합교육을 위한 행동지원: 행동지원 체계

유아교육을 포함하여 초 · 중 · 고 교육현장에서도 교사들의 가장 큰 애로 사항 중의 하나는 문제행동을 지도하는 것이다. 장애유아 통합교육현장도 예외가 아니다. 특히 장애가 있는 유아는 장애의 특성 때문에 보이는 행동문제가 더해진다. 그러므로 유아의 문제행동을 교사에 대한 개인적 감정으로 받아들이지 않고 유아의 어려움으로 이해할 필요가 있다. 근육이나 신경 발달의 문제가 있는 유아가 걷기에 어려움을 보일 수 있듯이 유아는 장애의 특성으로 인해 행동에 어려움을 나타낼 수 있음을 이해하고 도우려는 태도를 지녀야 할 것이다. 여기에서는 교사가 유아의 행동문제를 어떻게 바라보아야 하는지, 행동문제를 다루기 위한 체계는 어떻게 적용되어야 하는지 살펴본다. 이 장의 내용은 필자의 『행동지원』(2016, 학지사)과 『유아교사를 위한 학교폭력 예방과 학생의 이해』(2018, 학지사)에서 인용한 부분들이 있음을 밝힌다.

1. 유아의 행동문제를 바라보는 관점

장애유아 통합교육현장에서 유아들이 보이는 문제행동을 다루려면, 먼저 유아교육기관에서 유아를 상대하는 모든 성인(교사와 직원을 모두 포함)은 '유아의 행동은 그 유아가 속해 있는 환경과 기능적 관계가 있다'는 사실이 무슨 의미인지 명확히 이해할 필요가 있다(Stormont, Lewis, Beckner, & Johnson, 2012). 즉, 쉽게 바뀌지 않고 지속되는 유아의 문제행동은 유아가 반복적으로 만나는 사람들과 상호작용하면서 학습된 결과임을 이해해야 한다는 것이다. 먼저 생각해 볼 수 있는 문제행동과 기능적 관계가 있는 환경으로는 유아가 평소에 적절한 행동을 할 때는 관심도 받지 못하고 칭찬도 받지 못하는데, 부적절한 행동을 할 때는 어른들의 관심이 주어지는 환경이다. 즉, 유아의 부적절한 행동이 강화되는 환경이다. 다시 말하자면, 칭찬이 결핍된 환경이 유아의 부적절한 행동과 관계가 있다는 것이다. 예를 들어, 유아가 조용히 교사의 말을 듣고 있을 때는 칭찬이나 긍정적인 관심을 주지 않다가 옆 친구와 떠들면 주의를 주거나 야단을 치는 경우가 있다. 교사의 입장에서는 꾸중이라는 부정적인 자극을 주었다고 생각하지만 유아의 입장에서는 부정적이라 할지라도 교사의 관심을 얻는 데 성공한 셈이다. 어른들의 관심에 목말라 있는 유아라면 부정적인 관심일망정 아무런 관심을 받지 못하는 것보다는 낫기 때문에 바람직한 방법으로 교사의 관심을 얻는 방법을 배우지 못한 유아는 이후에도 같은 방법으로 교사의 관심을 얻으려 할 것이다. 이렇게 칭찬이 결핍된 환경은 유아로 하여금 부적절한 행동을 하게 하고 긍정적 행동을 하지 않게 한다. 그런데 유아의 적절한 행동을 칭찬할 때, 교사는 그 행동에 대한 판단을 담은 칭찬(예: "착하네." "잘했다." 등)보다는 유아가 행한 행동을 구체적으로 묘사(예: "계단에서 뛰지 않고 안전하게 내려왔구나.")해 주는 것이 좋다. 진심과 열정을 담은 적절한 목소리와 억양으로 유아의 눈을 보면서 칭찬하는 것이 효과적이다. 이때 유아의 연령에 적합하게 친밀감을 전하는 신체적 접촉(예: 안아 주기, 머리 쓰다듬기, 어깨 다독이기 등)을 해 주면 칭찬의 효과를 더 높일 수 있을 것이다. 교사는 유아의 적절한 행동을 간과하지 말고 칭찬과 격려를 아끼지 말아야 한다.

두 번째로 문제행동과 기능적 관계가 있는 환경으로는 유아의 문제행동이 효과가 있는 환경이다. 즉, 유아가 부적절한 행동을 하는 경우 어른이 부지중에 유아가 원하는 것을 들어주는 환경이다. 그렇게 되면 그 부적절한 행동은 강화된다. 예를 들어, 교사의 지시에 대해 유아가 소리 지르며 거부할 때 유아를 다른 장소로 보내는 타임아웃을 적용한다면, 유아는 결과적으로 자기가 싫어하는 활동에 참여하지 않게 되었으므로 다음에도 자기가 하기 싫은 활동이 주어지면 소리를 지르는 행동으로 활동을 거부하려 할 것이다. 결국 교사는 유아의 소리 지르는 행동을 강화한 것이다. 즉, 유아는 어떻게 하면 교사의 지시를 피할 수 있는지 학습하게 된 셈이다. 유아의 문제행동이 의사소통을 시도하려는 것이라면, 문제행동을 통해 전하려고 했던 뜻을 전할 수 있으면서도 사회적으로 수용 가능한 대체행동을 지도해야 한다. 예를 들어, 교사가 지시한 것을 수행하기 어려워서 유아가 문제행동을 한다면 유아에게는 '어려워요.' '도와주세요.' 등의 뜻을 전할 수 있는 방법(예: 그런 내용의 글이나 그림이 담긴 카드를 들어 올리기)을 먼저 가르쳐 주어야 한다. 유아의 문제행동 대부분은 의사를 전하려는 시도임을 기억하고 의사소통에 접근할 수 있도록 도와주어야 할 것이다.

보통 일반유아들은 어른들의 긍정적인 자극에 의해 적절한 행동을 유지하지만, 대개 문제행동을 지속적으로 보이는 유아는 긍정적인 자극을 받을 기회가 많지 않을 뿐더러 긍정적인 자극을 받으려는 것보다는 혐오적인 결과를 피하려는 것에 동기부여가 되어 있는 경우가 더 많다(양명희, 2016). 그렇기 때문에 그들에게 체벌이나 징계와 같은 혐오적인 자극을 제시하는 방법은 적절하지 않다. 그보다는 부적절한 행동은 받아들여지지 않고 바람직한 대체행동을 하게 될 가능성이 높은 환경을 만들어 주어야 한다.

그러한 환경을 만들기 위해서 교사는 유아의 부정적 행동을 볼 때 교정하려는 마음보다 '어떻게 하면 내가 아이와 좀 더 효과적으로 연결되면서 그 아이를 도와줄 수 있을까?'를 생각해 보고, 유아의 필요가 충족되고 있는지 먼저 살펴보아야 할 것이다. 문제행동을 하는 유아를 볼 때 교사는 자신이 그런 유형의 행동을 하고 있다면 자신에게 필요한 것은 무엇일까를 생각해 볼 필요가 있다. 그런 유형의 행동을 가라앉게 하는 데는 강하고 친절하고 지혜로운 자의 이해와 위로가 벌, 지시, 강화물이나 한계 설정보다 더 필요하지 않겠는가? 문제행동을 하는 유아도 그렇다!

문제행동을 지도하기 전에 교사는 스스로에게 다음과 같은 질문을 해 볼 필요가 있다(Causton & Tracy-Bronson, 2018):

- 이 아이에게는 무엇이 필요할까?
- 이 아이에게는 유아교육기관에서 행복과 즐거움을 느끼는 것이 좀 더 필요할까?
- 이 아이에게는 자기에게 일어난 일을 스스로 통제하는 것이 좀 더 필요할까?
- 이 아이는 소속감을 좀 더 느낄 필요가 있을까?
- 이 아이에게는 좀 더 많은 관계와 상호작용이 필요할까?
- 이 아이에게는 좀 더 많은 선택권이 필요할까?
- 이 아이에게는 좀 더 원활하게 의사소통하는 방법이 필요할까?

유아에게도 사람이라면 누구나 필요로 하는 보편적 욕구(자율성, 관계, 상호의존성, 안전감, 신뢰감, 자아존중감, 소속감, 자기조절, 성취, 의사소통, 즐거움과 기쁨)가 있다(Lovett, 1996). 보편적 욕구가 충족되지 않는 상황은 문제행동으로 이어지기 쉽다. 보편적 욕구가 충족되는 환경일수록 그러한 욕구를 충족시키기 위해 잘못된 행동을 할 필요도 줄어들 것이다. 이는 모든 유아에게도 동일하게 적용된다. 그러므로 교사는 장애유아의 문제행동을 위한 지도를 계획하기 전에 유아의 보편적 욕구가 충족되고 있는지 확인하는 것을 우선으로 해야 한다. 이는 제7장에서 설명한 대로 성공적 통합교육을 위해서는 질 높은 유아교육 프로그램의 시행이 가장 우선되어야 한다는 것과 일맥상통하는 내용이라고 할 수 있다.

2. 연속적 행동지원 체계

사실, 예비유아교사들은 대학에 다니는 동안 강의실에서 유아의 행동문제를 다루는 여러 가지 방법을 배운다. 하지만 그들이 유아교육현장으로 나

가면 대학에서 배운 것들을 곧바로 적용하기보다는 과거 자신의 경험을 통해 이미 본인에게 익숙해진 방법을 사용하는 경우가 더 많다. 그 방법이 효과가 없을 뿐만 아니라 유아의 문제행동의 강도와 빈도를 더 높이게 되고 유아와 교사 간의 관계를 악화시키는 결과를 가져온다 하더라도 자신에게 익숙한 방법을 쉽게 버리지 못하는 경우도 드물지 않다. 이렇게 교사는 자신이 과거에 배웠던 방식대로 가르치고, 훈육 받았던 익숙한 방식대로 징계나 처벌에 초점을 두는 전략을 교육현장에서 계속 사용하는 경우가 있다(Rogers & Freiberg, 1994). 설령 어느 한 교사의 노력으로 문제행동을 자주 보이는 유아에게 바람직한 행동을 가르쳤다 하더라도, 그 교사가 가르친 바람직한 행동을 교육기관 전체에서 지원해 주지 못한다면 유아는 새로 배운 행동을 실행하지 못하고 부적절한 옛날 방식으로 되돌아가기 쉽다. 즉, 자신에게 익숙한 문제행동 패턴으로 되돌아가 버리는 것이다. 이처럼 유아교육현장에서 지속되고 있는 유아의 행동문제를 해결하려면 교사가 대학에서 배운 방법들을 체계적으로 쉽게 적용할 수 있고, 유아가 새로 배운 바람직한 행동을 유아교육기관 전체에서 적절히 지원받을 수 있도록 현재의 교육현장 시스템을 변화시킬 필요가 있다. 제7장에서 통합교육의 구성원리는 전체를 위한 좋은 프로그램이 효과적으로 운영되고 있을 때 특별한 필요가 있는 소수의 사람을 위한 중재가 더욱 효과 있을 것임을 전제로 한다고 설명했다. 유아들이 보이는 행동문제에 대한 접근도 마찬가지의 원리가 적용되어야 한다. 즉, 제7장에서 설명한 긍정적 행동지원의 연속적 행동지원 체계([그림 7-3] 참조)의 적용이 필요하다.

1) 연속적 행동지원 체계의 개념

연속적 행동지원 체계라는 개념은 Walker와 동료들(1996)이 반사회적 문제행동 패턴을 예방하기 위해 내놓은 개념이다. 이는 문제행동에 대한 중재를 행동의 빈도나 심각성 정도에 따라 단계적으로 구분하여 해당 유아에게 적합한 중재를 찾아 실행해 주는 위계적 중재 접근이다(Sugai & Horner, 2009). 이는 정도가 심한 문제행동일지라도 전체를 대상으로 하는 지원체계부터 소집단이나 개인을 위한 지원체계가 서로 잘 연계되어 있다면, 각 단계에서 그 문제행동의 빈도는 점점 감소하고 강도도 약해질 수 있다는 생각을 체계화시킨 것이다. 이런 지원체계를 가진 예방 프로그램이 시행된다면 행동문제가 커지기 전에 미연에 방지할 수 있을 것이다.

이를 유아교육기관에 적용하자면, 유아교육기관의 전체 유아를 위한 전체집단 지원체계, 문제행동을 자주 보이는 전체의 1/5 정도에 해당하는 유아들을 위한 소집단 중심의 지원체계, 지속적으로 심각한 문제행동을 보이는 소수의 유아를 위한 전문적이고 개별적인 1:1 지원체계를 구성하는 것이다. 이런 연속적 지원체계에서는 유아의 문제행동의 빈도나 강도가 증가할수록 행동지원의 강도도 증가하게 되어 있다. 이러한 3단계 지원체계는 전체를 대상으로 하는 보편적 중재, 소집단을 대상으로 하는 목표중심 중재, 개별 유아를

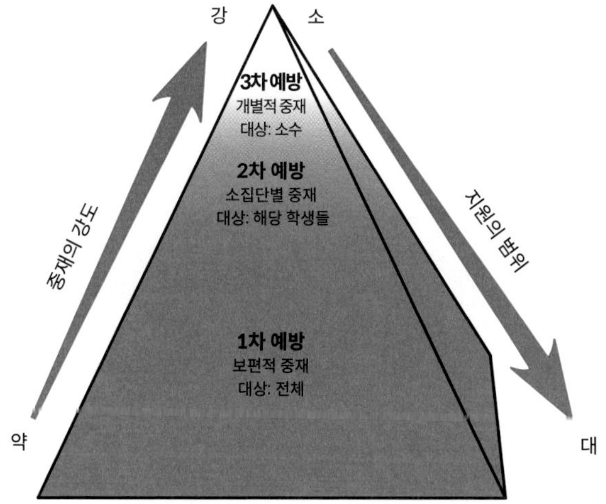

그림 11-1 연속적 행동지원 체계

출처: 양명희(2016), p. 56.

중심으로 하는 집중적 중재라고 명명하는 경우도 있고, 1차 · 2차 · 3차 예방체계라고 명명하기도 하는데, 여기에서는 1차 · 2차 · 3차 예방체계라는 용어를 사용한다(Scott & Caron, 2005; Sugai & Horner, 2009; Sugai, Horner, et al., 2000; Sugai, Sprague, Horner, & Walker, 2000). 이를 그림으로 나타내면 앞의 [그림 11-1]과 같다(이는 [그림 7-3]과 동일한 것이다).

3단계 지원체계를 간략히 설명하자면, 1차 예방(primary prevention) 단계는 교육기관 전체 환경에서 모든 유아를 대상으로 보편적인 중재를 실행하는 것이며, 그 목표는 모든 환경에서 교직원과 유아들을 위한 질 높은 학습 환경을 제공하여 문제행동의 새로운 발생을 예방하는 데 있다. 그리고 보편적 중재에도 불구하고 여전히 문제행동을 보이는 유아들에게는 2차 예방(secondary prevention) 단계를 적용하는데, 여기서는 주로 위험행동을 할 가능성이 높은 유아들을 대상으로 소집단을 구성하여 구체적인 목표행동을 정하고 중재를 실행하는 것이다. 2차 예방 단계의 목표는 기존에 보이던 문제행동의 출현율을 감소시키고자 하는 데 있다. 마지막으로, 2차 예방 단계에도 반응을 보이지 않는 유아들에게는 3차 예방(tertiary prevention) 단계를 적용하는데, 여기에서는 지속적이고 심각한 문제행동을 나타내는 소수의 유아를 대상으로 개별화된 지원을 집중적으로 실행한다. 그 목표는 이미 보이고

표 11-1 연속적 행동지원 체계의 내용 비교

구분	목표	중재			
		대상 범위	강도	성격	적용방법
1차 예방	새로운 문제행동의 발생 예방	교육기관 전체 유아	하	보편적	범집단적
2차 예방	기존 문제행동의 수 감소	고위험 유아와 위험 가능 유아	중	목표 내용 중심적	소집단적
3차 예방	기존 문제행동의 강도와 복잡성 경감	고위험 유아	강	집중적	개별적

출처: 양명희(2016).

있는 문제행동의 강도와 복잡성을 경감시키려는 데 있다. 3단계로 이루어지는 연속적 행동지원 체계의 각 예방적 접근을 서로 비교할 수 있도록 정리하면 앞의 〈표 11-1〉과 같다.

여기에서 소개하는 긍정적 행동지원의 연속적 행동지원 체계는 각각의 체계가 보편적 시스템 안에서 서로 직접적으로 연결되어 있어야 한다(Stormont, Lewis, Beckner, & Johnson, 2012). 각 단계가 직접적으로 서로 연결되어 있어야 한다는 것은 전 교직원이 전체 유아를 대상으로 하는 보편적 중재에서 실행하는 기대행동을 2차나 3차의 예방 단계에서도 해당 유아들에게 계속 요구할 뿐 아니라, 2차나 3차의 프로그램은 반드시 1차에서 전체를 대상으로 했던 기대행동의 내용과 연계하여 계획되고 실행되어야 한다는 뜻이다. 다시 말하자면, 유아가 나타내는 문제행동은 유아가 속해 있는 환경에서 의미가 없어지고, 바람직한 행동은 긍정적인 관심을 받는 분위기가 교육기관 전체에서 이루어질 수 있도록 계획해야 한다는 것이다. 예를 들면, 1차 예방 단계에서 전체 유아를 대상으로 '배려'를 위한 여러 가지 구체적인 행동을 가르친 유아교육기관이 있다고 해 보자. 그런데 자유놀이시간에 반복해서 다른 친구가 가지고 노는 장난감을 친구 허락 없이 빼앗아 가거나 장난감을 혼자만 가지고 놀려는 행동 때문에 싸움을 일으키는 유아들이 있다면, 문제가 생길 때마다 그 자리에서 해결하고 넘어가기만 하는 것이 아니라 그런 비슷한 문제행동을 보이는 유아들을 모아서 소집단을 만들어 그 소집단에 장난감을 나누어 가지고 노는 방법을 체계적이고 집중적으로 직접 가르치는 것이 2차 예방 단계이다. 이때 유아에게 장난감을 나누어 가지고 노는 행동은 다른 사람을 '배려'하는 구체적인 방법임을 지속적으로 알려 주어야 한다. 그런데 2차 예방 단계의 실시에도 불구하고 여전히 문제행동을 보이는 유아에게는 개별적이고 집중적인 중재방법으로 문제행동에 대해 접근하면서 3차 예방 단계를 시행한다. 이때에도 1차 예방에서 강조하는 내용들을 포함하는 중재가 시행되어야 한다. 이렇게 1차 · 2차 · 3차의 예방 단계는 서로 연관되도록 계획되어야 한다. 이런 체계가 갖춰진다면, 유아는 자신이 배우는 행동과 유아교육기관의 가치를 연결시킬 수 있고, 그런 행동이 왜 요구되는지 좀 더 잘 이해할 수 있게 된다. 또한 유아는 교육기관의 기대행동을 반복해서 연습할 수 있는 기회를 자주 갖게 되고, 더 나아가 자신의 적절한 행동이 자연스럽게 보상받는 기회가 더 자주 주어지게 된다.

2) 1차 예방 단계

1차 예방 단계의 근본적인 목적은 교직원 전체가 유아들의 적절한 행동을 지지하면서 긍정적인 교육기관 분위기를 형성하자는 것이다. 그렇게 하려면, 유아교육기관의 모든 환경에서 모든 시간에 전체 교직원에 의해 모든 유아에게 적절한 행동이 가르쳐지고 강화를 주는 보편적 중재가 실행되어야 한다(양명희, 2012). 이때 유아교육기관의 모든 환경이란 교육기관의 교실, 복도, 식당, 화장실 등의 실내 공간뿐 아니라 바깥놀이를 하는 놀이터나 등·하원 때 타고 다니는 차의 공간 또는 견학이나 산책을 나가는 공간 등을 모두 포함한다. 또한 모든 시간대란 유아의 등원부터 하원까지의 모든 시간을 의미한다. 즉, 자유놀이시간, 대집단활동 시간, 간식시간, 점심시간, 바깥놀이시간 등을 모두 포함한다. 전체 교직원이란 교사뿐 아니라 유아교육기관과 관련하여 일하는 모든 성인을 의미한다. 여기에는 교사, 원장, 기사, 조리사, 특별활동 담당교사, 도우미 등을 포함하며, 등·하원 활동에 참여하는 유아의 양육자도 포함된다.

(1) 기대행동 지도하기

연속적 행동지원 체계의 가장 단단한 기초가 되는 1차 예방의 핵심은 '기대행동'을 직접 가르치는 것에 있다. 기대행동이란 문제행동과 상반되는 행동으로 유아교육기관에서 유아에게 기대하는 바람직한 행동을 의미한다. 교사는 유아들이 바람직한 행동을 언제 어떻게 해야 하는지 알고 있다고 가정하고 기대하지만 말고, 그 기대행동을 아이들에게 직접 가르쳐야 한다(Lewis & Doorlag, 2011). 1차 예방 단계에서 가르치는 기대행동 지도에 대해서는 제12장에서 자세히 설명한다.

(2) 폭력/괴롭힘 예방 프로그램 적용하기

유아교육기관 차원의 긍정적 행동지원의 1차 예방 단계에서는 기대행동을 직접 가르치는 것 외에도 교육기관에서 괴롭힘과 같은 문제행동이 발생했을 때 방관하는 유아들이 없도록 하기 위해 개발된 Olweus와 Limber(2007)의 〈'멈춰!' 프로그램〉 같은 폭력예방 프로그램이 적용되면 좋을 것이다. 이 프로그램은 폭력과 같은 문제 상황이 발생했을 때 ① 그 가까이에 있던 유아들이 "멈춰!"라고 외치고, ② 주변의 모든 유아가 다 함께 팔을 뻗으며 "멈춰!"라고 외침으로써 폭력 사태의 진전을 막고, ③ 그중에 한두 명이 즉시 교사에게 달려가서 폭력 발생 사실을 알리고, ④ 교사는 즉시 현장으로 가서 폭력 사태를 종결시키도록 구성되어 있다. 이 프로그램에는 다음 세 가지의 역할이 있다.

- 멈춤이: 폭력 발생 시 그 주변에 있는 모든 유아로, '멈춰!'라고 외치는 자들
- 알림이: 폭력 발생 시 또는 그 징후가 보일 때 즉시 교사(지킴이)에게 달려가 알리는 자
- 지킴이: 폭력으로부터 유아들을 보호해 주는 교사

알림이 역할은 정기적으로 바꾸어 지정하고 모든 유아가 알 수 있도록 안내한다. 이 프로그램을 적용받는 유아들은 〈표 11-2〉의 4대 규칙을 복창하면서 배우고 익히게 되어 있다.

표 11-2 '멈춰!' 프로그램의 4대 규칙

- 우리는 다른 친구들을 괴롭히지 않을 것이다.
- 우리는 괴롭힘 당하는 친구를 도울 것이다.
- 우리는 혼자 있는 친구들과 함께할 것이다.
- 우리는 만약 누군가 괴롭힘 당하는 것을 알게 되면, 유치원(어린이집)이나 집의 어른들에게 이야기할 것이다.

또한 유아들 사이에서 폭력이 발생하면, '멈춰!'를 외쳐 폭력을 종결시키고 난 후, 가해 유아와 피해 유아는 상대방의 감정을 느껴 볼 수 있도록 서로 역할을 바꾸어 상황극을 실시하고 다른 유아들은 그 상황극을 보면서 교사와 함께 토의하는 시간을 갖는다. '멈춰!' 프로그램을 간략하게 도식화하면 [그림 11-2]와 같다.

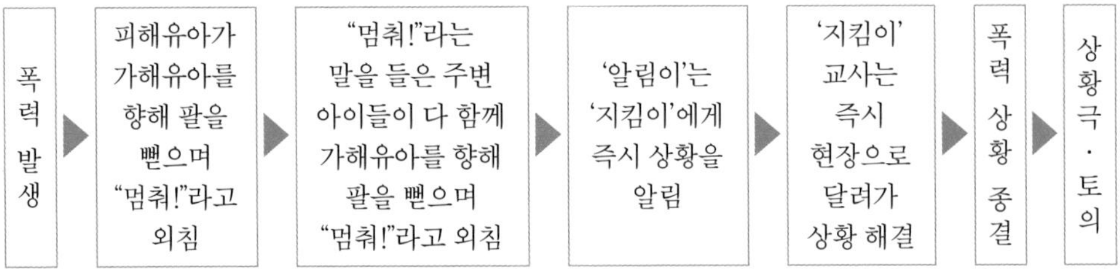

그림 11-2 '멈춰!' 프로그램 이해도

'멈춰!' 프로그램은 약자에 대한 괴롭힘을 방지하여 모두가 안심하고 다닐 수 있는 교육기관을 만들기 위한 효과적인 프로그램이다. 이는 소방훈련을 하듯이 평소에 연습을 통해 익혀야 실제 상황에서 자연스럽게 실행될 수 있을 것이다. 그리고 유아들은 이런 프로그램이 실제로 효과적으로 실행되는 것을 경험하게 되면, 자신을 포함한 다수가 만들어 내는 힘을 믿을 수 있게 되고, 자신에게 동일한 문제가 발생해도 도움을 받을 수 있을 것이라고 안심하게 될 것이다.

3) 2차 예방 단계

2차 예방의 목적은 1차 예방 단계에도 불구하고 여전히 나타나는 문제행동의 횟수를 줄이고 그 강도를 약화시키는 것에 있다(OSEP, October 2015). 1차 예방에도 불구하고 여전히 문제행동을 나타내는 아이들이란 앞으로도 계속 문제행동을 나타낼 가능성이 있거나 심각한 문제행동으로 발전시킬 가능성이 높은 유아들이다. 그런데 앞에서 언급한 바와 같이 긍정적 관심이 결핍된 환경은 유아로 하여금 부적절한 행동을 하게 한다. 이는 문제행동을 많이 나타내는 유아일수록 긍정적 관심이 필요하다는 뜻이다. 따라서 2차 예방에서는 대상 유아들에게 더 많은 시간의 지원, 즉 관심과 감독을 제공한다는 것이 핵심이다. 이때 전체 유아 중에서 문제행동을 지속적으로 보이고, 심각한 문제행동을 보일 가능성이 있는 유아는 많지 않기 때문에 소집단의 형태로 지원이 주어지게 된다. 2차 예방의 중재 내용은 반드시 1차 예방에서 실시한 중재 내용과 관련 있어야 한다. 2차 예방 단계의 소집단 중재는 크게 대상 유아에게 교사의 관심과 점검을 더 많이 더 자주 제공하는 것과 소집단을 구성하여 필요한 기술을 직접 가르치는 것으로 나뉜다.

(1) 교사의 관심과 점검을 더 많이 제공하기

이는 교사가 대상 유아들을 매일 정기적으로 만나서 긍정적 관심을 주고 문제행동을 점검하는 것을 통해 유아들이 유아교육기관의 기대행동을 더 잘 지킬 수 있도록 도와주려는 것이다. 즉, 1차 예방에서 가르친 기대행동을 준수하도록 좀 더 적극적으로 지원하는 것이다. 교사의 관심과 점검을 더 많이 더 자주 제공하도록 개발되어 있는 여러 중재(예: Carter & Horner, 2009, Todd, Campbell, Carter, & Dickey, 2009 등)의 공통적 특성은 다음과 같다.

- 유아가 등원하면 일과가 시작되기 전에 전담자를 만나 체크인을 한다. 체

크인을 담당하는 전담자는 등원하는 유아와 긍정적으로 유쾌하게 상호작용하여 하루 일과를 기분 좋게 시작할 수 있도록 해 준다. 전담자는 유아교육기관 사정에 따라 원감이나 원장 등이 대신할 수 있다. 체크인은 주로 등원하여 다른 아이들이 자유놀이를 하는 시간을 이용할 수 있다.

- 전담자는 유아에게 매일 자신의 기대행동이 적혀 있는 일일진보 보고서를 주고, 유아에게 각 활동시간의 기대행동에 대한 오늘의 목표점수를 알려 주고 일일진보 보고서에 기록한다.
- 유아는 교실로 가서 교사에게 자기의 일일진보 보고서를 제출하고, 시간마다 해당 교사로부터 점수를 받든지 아니면 일과를 마쳤을 때 점수를 받도록 한다.
- 유아는 하루 일과가 끝날 때 등원하면서 만났던 전담자와 함께 체크아웃을 한다. 이때 총점을 확인하고 목표점수에 도달했는지 확인한다. 목표점수에 도달했으면 그 자리에서 유아에게 강화물을 주도록 한다.
- 유아는 자기의 일일진보 보고서를 집에 가져가 부모 확인을 받고, 다음 날 전담자에게 제출하도록 한다. 이런 과정은 유아교육기관에서 주어지는 행동지원에 대해 부모가 관심을 갖고 가정에서도 연계하여 지도할 수 있도록 하기 위한 것이다.

이와 같이 하면 유아는 성인에게 더 많은 관심과 지원을 받으면서 자기의 목표행동을 인식할 수 있게 되고, 매일 자기 행동의 결과에 대해 피드백을 받게 된다. 유아가 매일 받아볼 수 있는 일일진보 보고서의 예는 [그림 11-3]과 같다. [그림 11-3]을 보면, 매일의 목표점수는 전담자가 일일진보 보고서의 해당 칸에 별 모양으로 그려 주게 되어 있고, 유아가 교사에게 제출하면 교사는 그때마다 또는 하원할 때 목표로 그려진 별 모양 위에 유아의 행동수준만큼의 별 모양 스티커를 붙여 주거나 색칠하도록 되어 있음을 알 수 있다.

날짜: ______월 ______일 이름: ____________		
하루 일과	오늘 나는	목표점수(☆)와 나의 점수(★)
등원	교실로 갈 때 걸어가요.	★★★★☆
자유선택활동	장난감을 친구와 같이 가지고 놀아요.	★★★★☆
정리정돈	가지고 논 장난감은 제자리에 놓아요.	★★★
간식	순서를 기다려요.	★★★
대집단활동	제자리에 앉아요.	★★★☆
점심	식사가 끝날 때까지 제자리에 앉아 있어요.	★★★
바깥놀이	친절한 말을 해요.	★★★☆☆
부모님 확인		**총점**: 별 23/28개

그림 11-3 일일진보 보고서의 예

(2) 소집단으로 사회적 기술 가르치기

이는 비슷한 문제행동이 있는 유아들을 소집단으로 묶어 해당 기술을 직접 지도하는 것이다. 이때 그 중재의 내용은 반드시 1차 예방에서 지도한 보편적 중재의 내용과 직접 연결되어 있어야 한다. 그렇게 하는 이유는 유아가 소집단에서 배우는 기술이 교육기관의 기대행동과 어떻게 연결되는지 이해할 수 있도록 돕기 위한 것이다. 예를 들어, 유아는 소집단에서 화를 참고 적절한 방법으로 표현하는 것을 배웠는데, 그런 기술이 바로 유아교육기관의 기대행동인 다른 사람을 '존중'하는 구체적인 방법 중의 하나임을 알 수 있게 연결시켜 주어야 한다. 이를 통해 유아는 존중하기 행동이 왜 요구되는지 좀 더 잘 이해할 수 있게 된다.

2차 예방 단계에서 가르치는 사회적 기술은 1차 예방 단계에서 배운 기대행동에 대한 사회적 행동의 심화과정이라고 할 수 있다. 2차 예방 단계에서 가르칠 수 있는 중재로는 화가 난 상황에서 화를 조절할 수 있도록 하는 분노조절 훈련, 깊은 호흡을 하거나 근육의 긴장을 이완시켜서 흥분을 가라앉히도록 하는 긴장 완화 훈련, 문제 상황이나 문제 유발 요인을 파악하고 문제에 대한 해결 방안을 찾고 평가한 후 대안적 방법으로 반응하도록 하는 사회적 문제해결 훈련, 스스로 목표를 설정하고 자신의 행동을 점검하고 스스로 강화하고 평가하도록 하는 자기관리 기법 등이 있다. 이에 대한 구체적 내용은 양명희(2016)의『행동지원』을 참고할 수 있다.

4) 3차 예방 단계

3차 예방 단계는 만성적인 문제행동을 보이는 극소수의 유아들을 대상으로 구체적이고 개별화된 지원을 집중적으로 실행하는 것이며, 이 단계에서의 목표는 1차와 2차 예방 단계에서의 노력에도 불구하고 여전히 존재하는 문제행동의 강도나 복잡성을 감소시키려는 데 있다(OSEP, October 2015; Sugai & Horner, 2002). 3차 예방도 2차 예방과 마찬가지로 그 내용은 반드시 1차 예방의 보편적 중재 내용과 연계되어야 한다. 이렇게 하는 것은 유아가 자신이 속한 모든 환경에서 성인들로부터 지속적이고 효과적인 지원을 받을 가능성을 높이기 위해서이다.

3차 예방의 실행을 위해서는 [그림 11-4]와 같은 행동지원 절차를 따라 개별 중재를 실행한다(양명희, 2016). 개별 중재를 위한 행동지원 절차는 제일 먼저 문제행동을 중재할 필요가 있는지 결정하고, 다음으로 문제행동에 대한 정보를 수집하여 문제행동의 기능이 무엇인지 평가하여 그에 따른 가설을 만들고, 그 가설을 중심으로 문제행동에 대한 지원계획을 세워 중재를 실행하고, 마지막으로 행동지원계획의 효과와 효율성을 평가하고 그 평가결과에 근거하여 새로운 행동지원계획을 만드는 순서로 이루어진다.

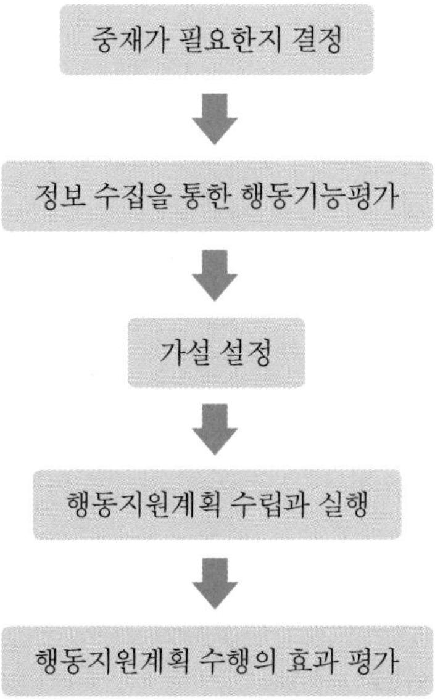

그림 11-4 행동의 기능을 중심으로 하는 행동지원 절차

행동지원 절차를 구체적으로 설명하는 것은 이 책의 범위를 넘어서는 것이므로, 여기에서는 문제행동을 지원하려 할 때 문제행동의 기능과 문제행동의 발생 전후 상황에 대한 이해가 얼마나 중요한지만 간략히 설명한다.

(1) 문제행동의 기능

유아가 보이는 모든 문제행동은 기능이 있다. 즉, 문제행동은 아무 목적 없이 행하는 부적응적 행동이 아니라, 유아가 목적을 성취할 수 있는 더 좋은 방법을 알지 못하여 나타나는 기능적인 행동이라는 것이다. 문제행동의 기능은 크게 무언가를 얻고자 하는 것과 피하고 싶은 것이라는 두 종류로 분류된다. 즉, 획득과 회피이다. 문제행동의 기능을 제대로 파악하지 못한다면 문제행동에 대한 교사의 중재는 효과가 없을 것이다. 그런데 한 가지 형태의 행동이 여러 가지 기능을 갖는 경우도 있고, 여러 가지 형태의 행동이 동일한 기능을 갖기도 한다. 예를 들어, 우는 행동의 기능은 관심 얻기, 특정 활동 피하기, 통증을 표현하기일 수 있다. 그런데 관심 얻기라는 기능을 지닌 행동에는 소리 내어 울기, 자신을 때리기, 물건을 집어 던지기, 교사의 머리카락을 잡아당기기도 있다. 그러므로 교사는 문제행동을 중지시키려는 중재를 실행하기 전에 먼저 문제행동의 기능을 평가해야 한다.

문제행동의 기능이 파악되면, 문제행동을 대체할 수 있는 새로운 행동을 가르쳐야 한다. 즉, 유아가 문제행동을 통해 획득했던 효과와 동일한 효과를 얻을 수 있는 적절한 방법을 가르쳐야 할 것이다. 예를 들어, 유아가 행동을 통해 하고 싶었던 것(획득, 회피)을 말이나 몸짓이나 그림 기호 등을 이용하여 전하도록 가르칠 수 있다. 이런 대체기술의 지도는 유아가 문제행동을 하지 않을 때 이루어져야 한다. 그리고 대체기술이 유의미하게 사용될 수 있는 일과 속에 학습기회를 삽입해야 한다.

(2) 문제행동의 발생 전후 상황

문제행동 발생의 전후 상황을 시간의 흐름에 따라 나타내 보면 [그림 11-5]와 같다. 문제행동을 중심으로 가장 먼저 발생한 것은 배경사건이고, 문제행동 직전에 발생한 것은 선행사건이며, 문제행동 직후에 발생한 것은 후속결과이다.

배경사건이란 선행사건보다 시간적으로 더 먼저 발생하고 문제행동이 발생한 장소보다 떨어진 곳에서 일어난 사건이나 상태, 자극이지만 선행사건에

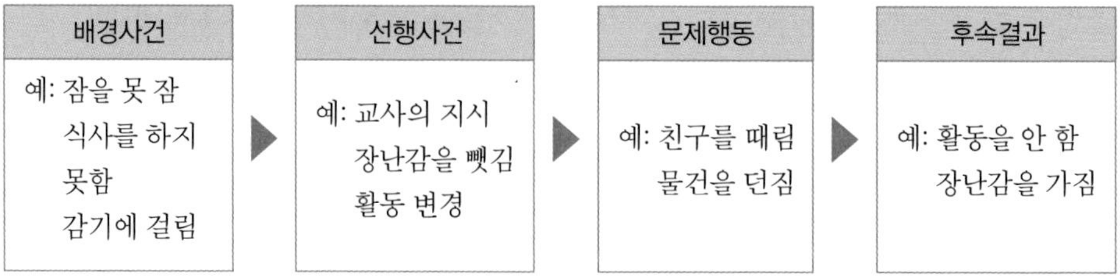

그림 11-5 문제행동 발생의 전후 상황에 따른 중재의 종류

대한 반응 가치를 높여서 문제행동이 발생할 가능성을 높여 주는 것이다. 배경사건의 예로는 어젯밤에 잠을 충분히 자지 못함, 아침 식사를 하지 못하고 등원함, 감기에 걸려 몸이 불편함 등이 있다. 선행사건이란 문제행동이 발생하기 직전에 나타나는 환경적 사건으로 행동 발생에 직접적인 영향을 미치는 자극을 의미한다. 예를 들어, 교사가 지시함, 좋아하는 장난감을 빼앗김 등이다. 그리고 후속결과란 행동이 발생한 직후에 유아에게 주어지는 환경적 사건이다. 예를 들어, 대집단활동에서 나오게 됨, 원하는 장난감을 갖게 됨 등이다. 하나의 예를 들어 연결시켜 보면, 어젯밤에 집에 손님이 오셔서 노느라고 잠을 충분히 못 자고 등원했는데(배경사건), 선생님이 유아가 가장 싫어하고 어려워하는 활동을 하라고 지시할 때(선행사건), 유아는 물건을 던지고 소리를 지르는 행동을 하고(문제행동), 그러면 교사는 유아를 타임아웃 장소로 보내게 되는(후속결과) 경우이다. 이 예에서 배경사건은 선행사건에 대한 반응 가치를 높이며, 선행사건이 문제행동의 촉발 요인이 되고, 후속결과는 문제행동의 재발생 가능성에 영향을 주고 있음을 알 수 있을 것이다. 이와 같은 패턴이 반복된다면 유아의 문제행동은 사라지지 않을 것이다.

처음부터 문제행동의 발생을 예방할 수 있도록 환경을 재구성하는 방법으로는 선행사건이나 배경사건 수정/조절하기, 문제행동을 대체할 기술을 가르치기, 바람직한 새로운 행동을 가르치기가 있다. 이런 중재는 문제행동이 발생할 가능성을 낮추어 주거나 문제행동을 할 필요를 제거해 주는 것들이다. 이런 중재는 문제행동 발생을 예방하는 방법이므로 문제행동이 발생하지 않는 상황에서 적용해야 한다.

문제행동이 발생한 상황에서는 후속결과를 조정하여 문제행동에 반응해 주는 방법을 적용할 수 있다. 사람의 행동은 행동의 후속결과에 따라 미래에 그 행동을 다시 하게 될 가능성이 달라진다. 행동의 후속결과란 행동 뒤에 따라오는 자극을 의미한다. 이 자극은 긍정적일 수도 있고(정적자극) 부정적일 수도 있으며(혐오자극), 제시될 수도 있고 제거될 수도 있다. 이렇게 체계적인 자극

조정에 따라 행동의 미래 발생 가능성은 증가하기도 하고 감소하기도 한다. 행동의 미래 발생 가능성을 증가시키는 중재에는 정적강화와 부적강화가 있고, 행동의 미래 발생 가능성을 감소시키는 중재에는 정적 벌과 부적 벌이 있다.

앞에서 설명한 [그림 11-4]와 같은 절차대로 행동지원을 계획하고 시행하려면 교사는 행동의 기능분석, 행동관찰 방법, 중재의 선택과 시행 등에 대한 전문 지식을 지원받아야 한다. 이에 대한 구체적인 내용은 양명희(2016)의 『행동지원』을 참고할 수 있다. 또한 개별적 행동지원을 적용한 다양한 사례는 Riffel(2018)의 『개별 학생을 위한 긍정적 행동지원: 심각한 문제행동을 보이는 학생을 위한 개별 중재(Positive behavior at the tertiary level)』나 전선주와 그 동료들(2011)의 『아하! 통합학급 문제행동: 현장 교사가 쓴 통합교육을 위한 문제행동 지침서』를 참고할 수 있다.

3차 예방 단계에서 개별 중재를 받는 유아는 자신이 이전에 하던 문제행동으로는 원하는 것이 이루어지지 않지만, 개별 중재를 통해 습득된 기술로는 원하는 것이 이루어진다는 것을 경험할 수 있어야 한다. 그런데 3차 예방에서 실행되는 개별 중재의 효과는 전체 유아를 대상으로 하는 보편적 중재와 소집단으로 실시되는 집중적 중재의 효과에 달려 있다고 해도 과언이 아니다. 유아교육기관에서 긍정적 행동지원의 연속적 행동지원 체계(1차, 2차, 3차 예방 단계)가 효율적이고 성공적으로 적용되면 직접적으로는 유아들의 문제행동을 예방하거나 감소시킬 수 있으며, 간접적으로는 유아교육기관의 전반적인 분위기가 긍정적으로 바뀌게 될 것이다. 아울러 유아들의 문제행동으로 인한 교사들의 소진 정도가 감소하기 때문에 교사는 가르치고자 하는 교수활동에 더 적극적으로 임할 수 있다는 부수적 효과도 얻게 될 것이다.

이상으로 유아의 행동문제를 어떻게 바라봐야 하는지, 유아의 행동문제를 다루기 위한 유아교육기관의 연속적 행동지원 체계는 어떻게 구성하는지 살펴보았다. 장애유아가 통합되어 있는 것과 상관없이 앞에서 설명한 연속적 행동지원 체계가 갖추어져 잘 실행된다면, 이러한 유아교육기관은 문제행동이 줄어들고 그곳에 소속된 유아뿐 아니라 교사를 비롯하여 모든 성인을 위한 긍정적 분위기가 만들어질 것이다. 제12장에서는 이러한 연속적 행동지원 체계의 가장 기초가 되는 1차 예방 단계의 보편적 중재인 기대행동을 지도하는 방법에 대해 자세히 살펴보겠다.

제12장

장애유아 통합교육을 위한 행동지원: 기대행동 지도

장애유아 통합교육을 위한 연속적 행동지원 체계가 성공적으로 실행되려면 가장 먼저 1단계 예방에 해당하는 기대행동 지도하기가 이루어져야 한다. 기대행동 지도하기는 튼튼한 건물을 짓기 위한 기초 작업에 해당한다고 할 수 있다. 지진에도 견디어 낼 수 있는 기초 공사는 결코 가볍게 취급될 수 없을 것이다. 땅 위로 드러나는 부분들은 근사하고 아름답고 비싼 자재를 사용하여 멋있는 건물을 지었지만 기초 공사가 부실하여 작은 지진에도 쉽게 흔들리고 균열이 간다면 그 안에서의 생활은 안전을 보장하기 어려울 것이다. 마찬가지로 모든 유아를 위한 행동지원이 실행되려면, 무엇보다도 연속적 행동지원 체계의 1차 예방 단계에 해당하는 모든 유아를 대상으로 하는 '기대행동 지도'가 신중하게 계획되고 체계적으로 실행되어야 할 것이다. 여기에서는 기대행동을 지도해야 하는 필요성과 함께 기대행동을 지도하는 방법에 대해 구체적으로 살펴본다. 여기의 내용은 필자의 『행동지원』(2016, 학지사)과 『유아교사를 위한 학교폭력 예방과 학생의 이해』(2018, 학지사)에서 인용한 부분들이 있음을 밝힌다.

1. 기대행동 지도의 필요성

유아가 문제행동을 일으킨 후에 조치를 취하는 것보다는 문제행동이 발생하지 않도록 환경을 지원하고 유아에게 효과적인 기술을 가르치는 것이 더 바람직하다. 예를 들어, 장난감을 서로 먼저 가지고 놀겠다고 싸우는 유아에게 벌을 주는 후속 조치보다는 장난감을 충분히 준비하거나 유아들에게 언제, 어디에서, 어떻게 장난감을 가지고 노는 것인지를 가르쳐 주는 것이 미래에 그 유아가 친구와 장난감을 가지고 노는 데 더 도움이 된다. 그뿐만 아니라 교사의 지시를 따르지 않거나 친구들과 다투는 것과 같은 작은 문제행동을 즉시 다루지 않으면 큰 문제로 확대되기도 하고, 반복되는 작은 문제행동이 더 크게 발전하는 경우도 많다. 따라서 예측되는 문제행동의 패턴을 보이는 유아들의 반복되는 작은 문제행동을 사전에 예방하기 위해 모든 유아를 대상으로 기대되는 바람직한 행동을 지도할 필요가 있다.

이를 위해 유아교육기관에 있는 모든 유아에게 보편적 중재(general intervention)를 실시할 수 있다. 보편적이란 뜻은 문제행동을 보이는 특정 유아에게만이 아니라 유아교육기관 내에 있는 모든 유아에게 적용한다는 의미이다. 모든 유아에게 적용하는 보편적 중재의 목표는 대부분의 유아가 일정한 수준 이상의 적절한 행동을 하도록 하는 것이다(Sugai, Horner, et al., 2000; Walker, Ramsey, & Gresham, 2004). 이러한 보편적 중재가 유아교육기관의 모든 성인에 의해 모든 시간, 모든 장소, 모든 상황에서 모든 유아에게 적용된다면 유아의 작은 문제행동을 막을 수 있을 뿐 아니라 큰 문제로 발전될 수 있는 행동도 예방할 수 있을 것이다. 보편적 중재는 문제행동의 위험이 낮은 유아뿐 아니라 문제행동의 위험이 높은 유아를 포함하여 모든 유아에게 큰 도움이 된다. 유아교육기관에서 문제행동을 예방한다면, 문제행동에 대한 중재를 위해 소비되는 교사의 시간과 노력이 절약될 뿐 아니라 유아들이 유아교육기관 생활을 더 성공적으로 하도록 도울 수 있다.

보편적 중재의 핵심은 유아교육기관 전체에서 유아에게 기대되는 행동을 가르치고 적용하자는 것이다. 그런데 우리나라 정부가 관계부처 합동으로 발표한 '학교폭력근절 종합대책'을 살펴보면 규칙을 준수하는 학교문화가 정립되지 못한 것이 해결해야 할 과제로 지적되고 있다(김혜원, 2013). 즉, 학교생활규칙 등 학생들의 생활을 규율하는 규칙이 문서상으로만 존재하고, 교육차원에서 적극적으로 활용하지 못하는 것이 문제라는 것이다. 실제로 "교실에서 사회생활에 필요한 질서와 규칙을 배우고 실천한다."라는 설문지 내용에 대해 '그렇다'고 대답한 우리나라 초등학생은 18.4%뿐이다. 이는 학교에서 함께 살아가는 공동생활을 위한 질서와 규칙을 교육받는 것이 미약하다는 뜻이다. 모두가 다 같이 즐거운 교육기관 생활을 하기 위해서는 교육기관 전체 환경에 적용되는 기대행동이나 규칙과 그 결과에 대한 일관성 있는 지도가 반드시 필요하다(Sprague & Walker, 2005).

교사들은 유아교육기관에서 기대하는 행동을 유아들이 이해하고 있으며, 그 기대행동에 알맞게 행동하는 방법을 알고 있다고 간주하는 경우가 많다. 그러나 사실 유아들은 기대행동이 무엇인지 잘 몰라서 시행착오를 통해 배우게 되는 경우가 많다. 명시된 기대행동이 없을 때 유아들은 무엇이 올바른 행동인지 확신하지 못하고, 기대행동을 어기거나 문제행동을 하게 된다. 그러면 교사는 기대행동을 준수하지 않은 대가로 처벌을 한다. 유아교육기관에서 이런 일이 발생하는 것은 다른 교육기관(초 · 중 · 고등학교)에 비교했을 때 상대적으로 출현율이 낮을 수는 있겠지만, 유아교육기관이라고 예외일 수는 없다. 예를 들어, 유아가 또래와 장난감을 나누어 가지고 노는 것의 중요성을 알고 있을 것이라고 막연히 가정하는 경우가 있는데, 처음으로 유아교육기관에 오는 유아 중에는 장난감을 친구와 공유해 본 경험이 거의 없는 유아도 있을 수 있다. 누구나 처해진 상황에서 어떻게 행동해야 할지 안다면 적절한 행동을 하기가 더 쉬운 것은 자명한 사실이다.

2. 기대행동 지도의 방법

1) 기대행동 선정하기

기대행동이란 교육환경에서 기대되거나 요구되는 행동을 의미한다. 교육기관의 교육환경 전체에 적용될 수 있는 기대행동은 보통 3~6개 정도가 적절하고, 대부분 유아교육기관이 중요하게 생각하는 문화와 가치를 담도록 하는 것이 바람직하다. 기대행동은 교육기관의 문화와 가치를 반영하는 것이어야 하므로, 교직원 전체가 가장 중요하게 생각하는 가치를 표현할 수 있어야 한다. 따라서 기대행동을 결정할 때는 어느 한 개인이 독단적으로 선정할 수 없고 교직원들의 합의를 구하는 과정이 필요하다. 이러한 기대행동은 전체 교직원 회의를 통해 결정할 수 있다. 유아교육기관에서 가장 많이 채택될 수 있는 기대행동으로는 존중하기, 책임지기, 친절하기, 지시 따르기, 배려하기, 협동하기 등이 있다. 유아교육기관 전체에 해당하는 기대행동은 유아교육기관의 모든 환경에 적용될 수 있어야 하기 때문에 구체적인 행동을 표현하는 문구(예: 친구에게 웃으면서 인사하기)보다는 함축적으로 표현하는 문구(예: 친절하기)를 선택하는 것이 좋다.

2) 기대행동에 대한 구체적인 사회적 행동 결정하기

유아교육기관 전체에 해당하는 기대행동을 선택하고 난 뒤에는, 기대행동이 유아교육기관 각각의 교육환경(예: 교실, 놀이터, 급식실, 도서관, 강당, 복도, 화장실 등)에서 구체적인 행동으로 어떻게 표현되어야 하는지 결정해야 한다. 이는 각 교육환경에서 하나의 기대행동에 대한 구체적인 사회적 행동이 무엇인지 결정하는 것이다. 유아들에게 교육기관의 각 장소에서 어떻게 행동해야 하는지 명시화되어 있다면 유아들의 적절한 행동도 증가할 것이고, 결과적으로 유아들의 많은 부적절한 행동을 예방할 수 있을 것이다. 교사들이 기대행동에 대한 구체적인 사회적 행동을 개발하는 데 많은 시간이 걸린다 할지라도 이는 할 만한 가치가 있다. 왜냐하면 그런 것이 없이 생활할 때 나타나게 될 유아들의 수많은 부적절한 행동 때문에 교사가 빼앗기는 시간이 기대행동에 대한 구체적인 사회적 행동을 개발하는 데 드는 시간보다 훨씬 많을 것이기 때문이다.

기대행동에 대한 구체적인 사회적 행동을 결정하기 위한 쉬운 방법은 각

환경에서 기대행동에 어긋나는 행동이 무엇인지를 먼저 생각해 보고, 그 행동에 대해 가르칠 수 있는 대체행동이 어떤 것인지 생각해 보는 것이다. 예를 들어, 유아교육기관의 기대행동이 '존중하기'일 때 존중하기에 어긋나는 행동은 수업 중인 교실에서 교사가 말을 하고 있거나 친구가 발표하고 있는데 끼어들며 말하는 행동일 수 있다. 그에 대한 대체행동은 말하기 전에 손을 들어 허락받기가 될 수 있다. 이러한 방법으로 유아교육기관의 각 교육환경에 해당하는 기대행동의 구체적인 사회적 행동을 결정할 수 있다.

기대행동에 대한 구체적인 사회적 행동이 무엇인지 결정할 때는 다음과 같은 기본 원칙을 따르는 것이 좋다.

- 기대행동에 대한 구체적인 사회적 행동은 누구나 기억하기 쉽도록 짧고 단순하고 이해하기 쉬운 용어로 만들어져야 한다. 예를 들어, 유아교육기관의 복도에 적용할 수 있는 구체적인 사회적 행동으로 '조용히 걷기'와 '타인에게 피해를 주지 않는 속도로 통로의 우측으로 보행하기' 중에서 어느 것이 더 적절하겠는가? 당연히 '조용히 걷기'가 더 바람직하다.
- 기대행동에 대한 구체적인 사회적 행동의 수는 적절해야 한다. 수가 너무 많으면 기억하기 어려울 뿐 아니라 무시되기도 쉽다. 기대행동에 대한 구체적인 사회적 행동의 수는 아이들의 발달과 성숙도에 따라 달라질 수 있지만, 유아교육기관의 각 교육환경에서는 세 가지를 넘지 않는 것이 바람직하다.
- 기대행동에 따른 구체적인 사회적 행동은 긍정적 언어로 정의되어야 한다. 즉, '~ 하지 않기'라는 표현 대신에 '~ 하기'라는 표현을 사용하라는 것이다. 예를 들어, '복도에서 뛰지 않기' 대신에 '복도에서 걸어 다니기'라는 표현이 바람직하다. '복도에서 뛰지 않기'라는 행동을 정하게 되면 유아들은 '깡충 뛰기'나 '한 발 뛰기' 등 다른 유형의 행동은 기대에 어긋나는 것인지에 대한 의문을 가질 수 있다. 그러나 기대되는 행동을 긍정

적으로 정의해 주면, 그 정의에 맞지 않는 행동은 모두 기대에 어긋나는 행동임을 알 수 있다. 앞의 예에서 복도에서 걸어 다니는 행동이 아닌 다른 모든 행동은 기대에 어긋나는 행동인 것이다. 또한 긍정적 언어로 정의하면 유아들에게 하지 말아야 할 행동을 알려 주기보다는 해야 할 행동이 무엇인지 가르쳐 줄 수 있다. 즉, 기대행동에 대한 구체적인 사회적 행동을 긍정적 용어로 정의하면 유아의 부적절한 행동을 억제하도록 하기보다는 바람직한 행동을 하게 하는 목적을 반영해 줄 수 있다.

- 기대행동에 따른 구체적인 사회적 행동은 유아들의 연령과 발달단계에 맞게 적절해야 한다. 유아가 규칙을 이해하지 못해서 위반하게 되는 경우가 생기지 않도록 유아들에게 이해될 만큼 분명하고 이해하기 쉽게 정의되어야 한다. 분명하게 제시된 기대행동은 적용되는 범위에 따라 그 구체성의 정도가 수정될 수 있어야 한다.
- 기대행동에 따른 구체적인 사회적 행동은 합리적이어야 한다. 이를 위해서는 유아들을 참여시킬 수도 있다. 이런 과정을 통해 유아들은 교사가 만든 내용을 일방적으로 따르기보다 구체적인 사회적 행동을 결정하는 데 참여하면서 자신의 행동에 대해 책임지는 것을 배우게 된다. 그렇게 유아들이 참여한 경우, 주인의식을 갖게 되어 정해진 행동을 바르게 지킬 가능성이 높아지게 된다. 유아들은 기대행동에 따른 구체적인 사회적 행동을 자신들의 행동을 통제하려는 어른들의 규제로 생각할 때보다는 자신들과 다른 사람들을 위한 관심으로 생각할 때 더 잘 따를 것이다. 그러므로 교사는 기대행동에 따른 구체적인 사회적 행동을 유아들이 서로를 위해 공정하게 만들도록 격려해 주어야 한다. 물론 이 과정에서 교사의 적절한 개입이 필요하다.

3) 기대행동 매트릭스 개발하기

유아교육기관의 각 교육환경의 기대행동에 대한 구체적인 사회적 행동이 결정되면 유아교육기관의 기대행동과 그에 따른 세부적 행동을 한눈에 볼 수 있게 해 주는 매트릭스를 만드는 것이 바람직하다. 매트릭스는 열과 행에 각각의 다양한 환경과 그 환경에서 기대되는 구체적인 사회적 행동을 적은 표

표 12-1 유아교육기관의 기대행동에 대한 매트릭스 작성 예

장소 \ 기대	안전	친절	책임감
학급	• 발을 바닥에 놓기 • 걷기 • 조용한 목소리 사용	• 다른 사람과 공유하기 • 경청하기 • 학교를 보살피기	• 남을 돕는 좋은 사람 되기 • 지시 따르기 • 청소하기 • 좋은 선택하기
화장실	• 비누와 물로 손 씻기 • 한 사람만 받침대를 사용하기	• 조용한 목소리 사용하기 • 손과 발을 자신 쪽으로 하기	• 화장실에서 물 내리기 • 물 잠그기 • 청소하기
운동장	• 엉덩이를 붙이고 미끄럼 타기 • 돌과 나뭇조각을 바닥에 두기(만지지 않기)	• 다른 사람이 놀도록 하기(방해하지 않기) • 다른 사람과 공유하기 • 친절한 단어를 사용하기	• 기구를 정확하게 사용하기 • 일렬로 줄 서기 • 청소하기
식사시간	• 의자를 책상 안으로 밀기 • 손을 자신 쪽으로 하기	• 예의 갖추기 • 미안하다고 말하기	• 음식을 접시에 두기 • 청소하기
복도	• 걷기 • 성인과 함께하기	• 조용한 목소리 사용하기 • 손과 발을 자신 쪽으로 하기	• 경청하기 • 일렬로 줄 서기
통학차량	• 안전벨트를 계속 착용하기 • 등을 의자에 대기	• 조용한 목소리 사용하기 • 손과 발을 자신 쪽으로 하기	• 기사/감독자의 말을 경청하기 • 자신의 물건을 챙기기 • 버스 규칙을 따르기

출처: Stormont, Lewis, Beckner, & Johnson (2012).

이다. 유아교육기관을 위해서 선정한 기대행동에 대한 구체적 사회적 행동을 매트릭스로 작성한 예를 앞의 〈표 12-1〉에 제시했다.

〈표 12-1〉을 보면 유아교육기관의 기대행동은 안전하게 행동하기, 친절하게 행동하기, 책임감 있게 행동하기임을 알 수 있고, 기대행동에 따른 사회적 행동이 각 교육환경에서 구체적으로 어떻게 나타나야 하는지 알 수 있다. 유아교육기관의 기대행동에 대한 매트릭스는 각 교육기관의 형편에 맞게 작성할 수 있다.

4) 기대행동에 대한 구체적인 사회적 행동을 게시하기

유아들에게 기대되는 구체적인 사회적 행동을 결정했으면 그 내용은 교육환경의 필요한 곳마다 게시하여 모든 유아가 일과 중에 그 내용을 쉽게 볼 수 있게 해야 한다(Bambara & Kern, 2008). 즉, 유아들에게 기대되는 구체적인 사회적 행동을 상기시켜 주기 위한 시각적 표시물(표어, 포스터 등)을 게시해야 하는 것이다.

예를 들어, 유아교육기관의 정문 입구에는 [그림 12-1]에서 보는 것처럼 유아교육기관 전체에 적용되는 기대행동을 게시할 수 있다. 기대행동은 안전, 친절, 책임감임을 알 수 있다. 또 다른 예로, 유아교육기관의 모든 계단

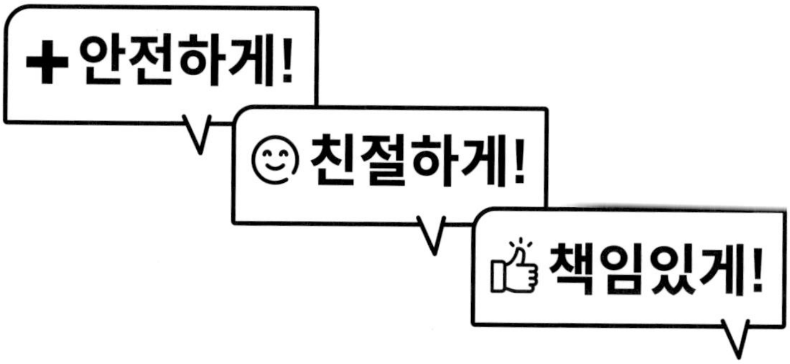

그림 12-1 유아교육기관 전체에 적용되는 기대행동의 게시 예

그림 12-2 계단에 적용되는 기대행동의 게시 예

옆에는 [그림 12-2]와 같이 계단 사용에 대한 구체적인 사회적 행동을 게시할 수 있다. 유아교육기관의 기대행동인 '안전'과 관련된 계단 사용에 대한 구체적인 사회적 행동은 '난간을 잡고 천천히 한발씩 계단 오르내리기'임을 알 수 있다. 이처럼 유아교육기관의 여러 장소(식당, 교실, 물 마시는 곳, 강당, 화장실 등)에는 그 장소에 해당하는 기대행동의 구체적인 사회적 행동들을 게시하여 모든 유아가 볼 수 있게 해야 한다.

기대행동에 대한 구체적인 사회적 행동을 게시하는 목적은 교육환경에 들어오면 누구든지 5분 이내에 그 장소에서 기대되는 행동이 무엇인지 알 수 있게 하는 것에 있다. 그러므로 기대되는 구체적인 사회적 행동을 글로 게시할 수도 있지만, 그 내용이 생각나도록 하는 시각적 표시물을 게시할 수도 있다. 예를 들어, 복도에서는 우측통행을 해야 하는 것을 기억하도록 하기 위해서 복도 중앙에 페인트로 줄을 긋고 양쪽에 발바닥 모양의 스티커를 붙여 놓을 수도 있고([그림 12-3] 참조), 복도가 서로 교차하는 지점에서 주변을 살피도록 교차 지점에 '멈춤' 표시를 만들어 놓을 수도 있으며, 기대행동과 관

그림 12-3 기대행동을 알리는 표시판

련된 아이콘이나 사진([그림 12-4] 참조; 예: 손을 들고 선생님의 반응을 기다리는 유아의 사진이나 그림을 교실 칠판 위쪽에 붙임)을 게시하거나, 필요한 장소에 기대행동에 관한 질문(예: 복도 벽면에 붙여 놓은 "복도에서 걷고 있나요?"라는 질문)을 포스터로 게시할 수도 있다([그림 12-5] 참조). 이런 게시물은 창조적이고 다양한 형태로 만들어져야 하는데, 이러한 게시물을 개발하는 데 유아들을 참여시킬 수도 있다. 시각적 게시물 외에도 기대행동에 대한 구체적인 사회적 행동을 기억하도록 돕는 청각적 신호나 수신호 등의 단서를 사용하여 발생 가능한 혼란을 예방할 수도 있다. 활동의 변경을 알리는 타이머 소리나 주목을 요구하는 손뼉 치기 등이 그러한 예이다.

그림 12-4 교실에서 기대행동 그림의 게시 예

그림 12-5 복도에서 기대행동 포스터의 게시 예

5) 기대행동에 대한 구체적인 사회적 행동을 가르치기

기대행동에 대한 구체적인 사회적 행동을 결정하고 유아들이 볼 수 있는 곳에 게시해 놓았다고 해서 아이들이 그대로 수행하리라고 생각해서는 안 된다. 정해진 내용을 모든 유아에게 직접 정확하게 가르쳐야 한다. 유아들이 자신에게 기대되는 행동이 무엇인지 구체적으로 알고 있다는 확신이 있을 때에야 교사는 유아에게 바른 행동을 기대할 수 있다. 다시 말하자면, 유아가 자기에게 무슨 행동이 기대되는지 모른다면 교사는 그런 행동을 유아에게서 기대할 수 없다는 뜻이다. 그러므로 교사는 유아에게 기대하는 행동이 무엇인지 가르쳐야 한다. 이런 가르침을 통해 유아는 자신에게 요구되고 기대되는 행동이 무엇인지 알 수 있어야 하고, 그것들을 준수했을 때 어떤 보상이 주어지는지, 어겼을 때는 어떤 결과가 뒤따르는지 알 수 있어야 한다. 이때 유아에게 주어지는 후속결과에 대해 교사가 일방적으로 결정하기보다는 유아들과 논의할 수 있는 기회가 주어지는 것도 바람직하다. 그러나 유아는 특성상 도덕적 추론이 어렵기 때문에, 유아의 발달수준을 고려할 필요가 있다.

기대행동에 대한 구체적인 사회적 행동은 학기 초에 집중적으로 가르쳐야 하는데, 이때는 기대되는 구체적인 사회적 행동의 정의를 먼저 충분히 설명해 주고, 부적절한 행동과 적절한 행동의 예를 직접 시범 보여 주고, 유아들에게 역할놀이 등을 통해 적절한 행동을 연습할 기회와 함께 그에 대한 피드백이 주어져야 한다. 이때 실제 예를 보여 주는 것과 연습의 기회는 교육환경의 여러 다양한 장소에서 직접 이루어져야 한다. 예를 들어, '존중하기'라는 기대행동은 교실에서 대집단활동 시간에 '말하기 전에 손 들기'라는 구체적인 사회적 행동으로 표현되어야 함을 말해 주고, '말하기 전에 손 들기'란 '하고 싶은 말이 있으면 귀 옆으로 팔을 올려 머리보다 높게 손을 들고 기다리는 것'이라고 정의하여 설명해 주고, 말하기 전에 손을 드는 바람직한 예를 교실에서 보여 준 후에 바람직하지 못한 예를 보여 주어 비교함으로써 개념을 가르치는 것이다. 교사가 예를 보여 준 후에는 유아들에게 직접 연습할 기회를 주고, 연습 후에는 적절하고 구체적인 피드백으로 수정해 주거나 정확히 했을 때는 칭찬을 하면 된다.

직접적인 교수 외에도 이야기 나누기 같은 대집단활동 시간에 기대행동에 대한 구체적인 사회적 행동에 대해 유아들과 이야기 나눌 수도 있다. 예를 들어, "선생님이 오늘 자유선택활동 시간에 친구와 장난감을 사이좋게 나누어 쓰는 친구를 봤는데, 친구들 중에서도 장난감을 사이좋게 나누어 쓰는 친구를 본 사람이 있나요?"와 같은 질문을 통해 기대행동에 대한 구체적인 사회적 행동을 가르칠 수도 있다. 또한 교사가 사회적 행동을 가르칠 때는 어떤 상황에서 그 행동을 해야 하는지 구체적으로 가르쳐 줄 필요가 있다. 그렇게 해야 일반화를 촉진할 수 있기 때문이다. 사회적 행동이 가르쳐졌다면, 유아들이 그 내용을 따르지 않을 때 단지 정해진 내용을 잘 지키고 있는지 묻는 것만으로도 올바른 행동을 하게 할 수도 있다.

기대행동에 대한 사회적 행동을 직접 가르치는 활동 계획안의 예를 [그림 12-6]에 제시했다. [그림 12-6]을 보면, 기대행동으로 결정된 것은 '교실에

기술과 주요 규칙

- 교실에서 안전하게 지내는 방법에 대해 이야기 나누기
- 안전하다는 것의 정의에 대해 묻기, 유아의 반응을 관찰 가능한 행동(예: 걷기)으로 유도하기
- 교실에서 안전할 수 있는 몇 가지 방법의 예
  - 발을 바닥에 놓기
  - 조용한 소리를 사용하기
  - 걷기
  - 재료를 안전하게 사용하기

시연

- 안전한 행동과 안전하지 못한 행동의 시범 보이기
- 각 사례 후에 교사가 안전한 행동을 보였는지 유아에게 질문하기
- 안전하지 못한 행동의 경우에는 대신에 어떠한 행동을 해야 했는지 질문하기

시연의 예

- 의자에 달려가서 앉기
- 가위와 연필을 적절히 움직이기
- 등으로 의자를 젖혀서 의자의 앞 다리를 바닥에서 띄우기
- 소방/재난 훈련을 할 때, 소음/흥분 없이 출입문으로 이동하기

역할놀이

- 유아와 연습기회를 갖기
- 각각의 역할놀이 후에 모든 유아와 함께 검토하기

검토와 평가

- 유아들에게 안전하게 행동하는 예를 들도록 하기
- 하원하기 전에 유아들이 어떻게 안전한 행동을 했는지 물어보기

그림 12-6 기대행동에 대한 사회적 행동 지도활동 계획안의 예

출처: Stormont, Lewis, Beckner, & Johnson (2012)를 재구성.

서 안전하게 행동하기'임을 알 수 있다.

기대행동에 대한 구체적인 사회적 행동을 직접 가르칠 때는 〈표 12-2〉에 제시한 순서를 따르는 것이 바람직하다(Stormont, Lewis, Beckner, & Johnson, 2012).

표 12-2 기대행동에 대한 구체적인 사회적 행동을 가르치는 순서

①이미 배운 사회적 행동을 검토하기
②새로 배울 사회적 행동을 검토하기
③새로 배울 사회적 행동을 언제, 어디서, 왜 사용하는지 토의하기
④새로 배울 사회적 행동의 정의를 명확히 가르치기
⑤교사가 새로 배울 사회적 행동을 시범 보이기
⑥유아가 새로 배운 사회적 행동을 따라 해 보기
⑦유아가 교사의 도움을 받으며 새로 배운 사회적 행동을 연습해 보기
⑧교사가 그 정확성에 대해 피드백 주기
⑨유아가 새로 배운 사회적 행동을 혼자서 연습해 보기
⑩교사가 그 정확성에 대해 피드백 주기

학기 초에 가르친 내용은 정기적으로 복습되어야 한다. 집중적 가르침 후에는 한 달 동안 주당 2회 정도 질문과 퀴즈, 역할놀이 등을 통해 재검토하는 것이 좋다. 그 이후에도 필요할 때마다 재검토해야 한다. 예를 들어, 신입원아가 들어오게 되면 모두 함께 검토하는 시간을 가질 수 있다. 또 하루 일과를 시작하기 전에 기대행동에 대한 구체적인 사회적 행동을 복창하는 것도 좋은 복습방법이다. 새 학기가 시작되면 새로운 내용이 추가되지 않았다 할지라도 지난 학기의 내용을 다시 가르치고 정기적으로 복습해야 한다.

6) 기대행동에 대한 구체적인 사회적 행동을 교육환경에서 적용하기

기대행동에 대한 구체적인 사회적 행동을 가르쳤으면, 유아들이 잘 지키고 있는지 지속적으로 관찰해야 하고, 이러한 점검이 이루어지고 있음을 유아들도 알아야 한다. 즉, 지켰을 때 칭찬과 보상 같은 결과가 주어지고 지키지 않았을 때 일관성 있는 지도가 이루어지는 체계적 후속결과가 적용되는 공정성이 지켜져야 한다. 이때 유아에게 주어지는 후속결과는 합리적이고 공평한 것이어야 한다. 또한 후속결과의 적용은 일관성이 있어야 한다. 일관성은 유아를 둘러싼 환경을 예측 가능한 것으로 만들어 준다. 교사가 일관성 있게 반응할 때, 비로소 유아들은 자신의 행동에 대한 예측 가능한 결과를 배우게 된다. 정해진 구체적 행동 내용이 있는데도 교사가 어떤 때는 무시하고 어떤 때는 엄격히 지킨다면 유아들이 그것을 잘 지킬 것을 기대하기란 어려울 것이다. 교육환경 전체에 적용할 기대행동에 대한 구체적인 사회적 행동이 정해진 경우에는 원내의 모든 성인이 유아들의 행동에 대해 일관된 반응을 할 수 있도록 사전에 교육이 이루어져야 한다. 정해진 내용은 적용되는 환경의 모든 곳에서 언제나 일관성 있게 시행되도록 격려되어야 한다.

만약 한 유아가 복도에서 뛰는 것과 같이 기대행동을 어기는 모습을 보인다면, 그 유아에게 말로 기대행동을 다시 가르쳐 주고, 적절한 대체행동(복도에서 걷기)을 연습하게 하고, 그 대체행동에 대해 말로써 교정적 피드백을 주는 것이다. 이와 같이 기대행동을 어기는 유아가 발견될 때마다 기대행동의 재교육 → 대체행동의 연습 → 교정적 피드백이라는 순서가 일관되게 시행되어야 한다. 그리고 기대행동을 가르쳤다면 교육기관의 분위기는 기대행동을 장려하는 것으로 바뀌어야 한다. 예를 들어, 친절하게 말하기를 가르쳤다면 교사뿐 아니라 급식실에서 유아들을 만나는 성인이나 유치원 차를 운전하면서 유아들을 만나는 성인도 모두 유아에게 친절한 말을 사용하여야 할 것이다. 수업시간에 하고 싶은 말이 있을 때는 손을 들도록 가르쳤는데 교사가 손을 들지 않고 말하는 유아의 이야기를 먼저 들어주고 반응해 준다면 유아들이 손을 들 가능성은 낮아질 것이다.

기대행동에 대한 구체적인 사회적 행동을 강화하는 이유는 유아의 적절한 행동이 부적절한 행동보다 더 많은 관심을 받을 수 있게 하기 위한 것이다. 특히 기대행동에 대한 구체적인 사회적 행동을 집중적으로 배우는 학기 초에는 잘 지키는 행동에 대한 높은 수준의 강화가 필요하다. 그뿐만 아니라 교사는 정해진 구체적인 사회적 행동에 대해 모범을 보여야 한다. 예를 들어, '약속 시간을 잘 지키기'라는 내용이 있다면 교사는 수업시간 및 유아들과 정한 약속시간 등을 잘 지켜야 하며, 그래야 유아들도 그 내용을 존중할 것이다.

앞서 살펴본 바와 같이 유아들에게 기대하는 행동을 선정하고, 그에 대한 구체적인 사회적 행동을 결정하여, 유아교육기관의 각 장소에 대한 기대행동을 매트릭스로 만들고, 그 내용을 교육환경에 게시하고, 유아들에게 그 행동을 직접 가르치고, 교육환경에서 행하도록 적용하는 것은 유아들의 문제행동

표 12-3 학급 차원의 기대행동 실행에 관한 교사 평가 척도의 예

다음 척도를 활용하여 기대행동 관리 정도를 평가하시오. 1=전혀 그렇지 않음, 5=매우 그러함	1	2	3	4	5
기대행동 관리					
1. 기대행동을 게시한다.					
2. 기대행동을 적절한 시간에 언급한다.					
3. 기대행동을 하면 구체적으로 언어적 칭찬을 한다.					
4. 긍정적 진술 대 부정적 진술의 비율을 4:1로 유지한다.					
5. 기대행동을 촉진하기 위한 연속체를 사용한다.					
6. 교수 중에 활발한 감독 전략들을 사용한다.					
7. 기대행동을 재진술하고 대체행동을 말함으로써 행동을 교정한다.					
8. 문제행동을 줄이기 위해 후속결과의 연속체를 사용한다.					

출처: Stormont, Lewis, Beckner, & Johnson (2012)를 재구성.

예방에 매우 효과적이다. 또한 장애유아 통합교육환경에서 모든 유아를 대상으로 기대행동이 가르쳐지고 적용된다면 장애유아도 기대행동의 실행을 배울 수 있게 될 뿐 아니라 문제행동을 할 필요도 줄어들게 될 것이다.

교사와 부모는 각각 〈표 12-3〉과 〈표 12-4〉 같은 척도검사를 사용하여 기대행동 지도하기에 대한 평가를 할 수 있다.

표 12-4 기대행동 실행에 관한 부모 평가 조사서의 예

※ 부모님의 생각에 해당하는 부분에 V표 해 주세요.	그렇다	보통	아니다
1. 내 아이는 가정에서 유치원의 기대행동에 대해 이야기한다.			
2. 내 아이가 다니는 유치원의 유아 대부분이 기대행동을 지킨다고 생각한다.			
3. 유치원은 기대행동에 대한 정보를 가정으로 보내 준다.			
4. 내 아이는 유치원에서 기대행동을 배웠다고 생각한다.			
5. 내 아이는 유치원 내에서 안전하다고 느끼는 것 같다.			
6. 담임 교사는 내 아이가 기대행동을 지키는지 안다고 생각한다.			
7. 유치원에서 내년에도 기대행동을 가르치기를 바란다.			

출처: Stormont, Lewis, Beckner, & Johnson (2012)를 재구성.

또한 Stormont와 그 동료들(2012)이 제시한 〈표 12-5〉와 같은 행동 체크리스트를 사용하면 어떤 유아에게 2차 또는 3차 예방 단계와 같은 더 적극적인 행동지원이 필요한지 선별할 수 있을 것이다.

이상으로 유아에게 기대행동을 지도하는 방법을 살펴보았다. 유아교육기관의 모든 유아를 위한 기대행동이 잘 가르쳐지고 실행되는 가운데 연속적인 행동지원 체계가 적용된다면 유아들의 문제행동 출현율과 강도는 현저히 낮아질 것이고, 긍정적이고 바람직한 행동이 발생하고 유지될 가능성은 높아질 것이다.

표 12-5 유아 행동 체크리스트

유아 행동 체크리스트

유아 이름: ______________ 교사: ______________

작성일자: ______________ 유아 연령: ______________

※ 유아 행동의 현재 발달수준을 바탕으로 다음 내용을 평가하시오.

유아의 일반적 행동	연령에 적합함	우려됨	매우 우려됨
1. 기대행동을 잘 지킨다.			
2. 유치원 일과를 잘 따른다.			
3. 요구하면 정리에 참여한다.			
4. 집단활동에 집중한다.			
5. 다른 사람들과 사회적으로 상호작용한다.			
6. 다른 사람을 때리거나 차지 않는다.			
7. 친구가 있다.			
8. 감정의 폭을 적절한 수준으로 나타낸다.			
9. 불안감을 적절하게 다룬다.			
10. 유치원에서 행복해하고 만족해한다.			
11. 갈등 상황에서 감정을 잘 조절한다.			
12. 활동성이 연령에 적합하다.			
13. 가족과 잘 떨어진다.			
14. 바뀐 환경이나 스케줄에 잘 적응한다.			
15. 필요할 때 도움이나 위로를 요청한다.			

출처: Stormont, Lewis, Beckner, & Johnson (2012)를 재구성.

제13장

장애유아 통합교육을 위한 대화방법

장애유아 통합교육현장을 위한 교사의 특별한 대화방법이 따로 있는 것은 아니다. 그러나 분명한 것은 교사가 유아와 어떻게 대화하느냐에 따라 유아의 격한 감정이 심각한 문제행동으로 이어지지 않도록 예방할 수도 있고, 유아가 자신의 감정을 스스로 조절하는 방법을 배울 수도 있다. 이는 모든 유아에게 동일하게 적용된다. 하지만 앞에서 살펴보았듯이 통합교육현장에서는 장애의 특성 때문에 나타낼 수 있는 문제행동들이 있고 그로 인한 또래 간의 갈등이 더 잦을 수 있다. 그러므로 교사는 유아의 감정을 어루만지는 대화를 할 수 있어야 한다. 교사는 대화를 통해 유아들이 서로를 이해하고 잘 연결되도록 도와주어서, 일반유아와 장애유아 사이에 긍정적인 상호작용이 일어나게 할 수 있다. 그리고 장애유아는 다양한 이유로 언어발달이 지체된 경우가 많은데, 교사는 일상생활 속의 대화를 통해 자연스럽게 장애유아의 언어발달을 촉진시킬 수도 있다. 여기에서는 교사들이 유아들과 대화할 때 제거해야 할 걸림돌은 무엇인지, 유아들의 감정에 공감해 주려면 어떻게 대화해야 하는지, 유아들이 서로 연결되도록 대화로 도울 수 있는 방법은 무엇인지 그리고 일과 속에서 장애유아들의 언어발달을 촉진시키는 대화방법은 무엇인지 살펴본다.

1. 유아들과 대화에서의 걸림돌

교사가 유아의 마음을 공감해 주면서 긍정적으로 상호작용하며 소통하는 대화를 하는 것은 꼭 배워야 할 매우 중요한 기술이다. 그러나 그것보다 더 우선해야 하는 것은 의사소통의 걸림돌을 사용하지 않는 것이다. 유아와 대화할 때 교사가 의사소통의 걸림돌을 사용하게 되면 유아는 자신이 존중받

표 13-1 의사소통의 걸림돌

의사소통의 걸림돌	의도	유아가 존중받지 못한다고 느끼는 이유
명령하기	상황을 통제하고 유아에게 빠른 해결책을 주고 싶음	'너는 너 자신의 문제를 어떻게 다룰 것인가를 결정할 권리가 없다.'라는 뜻으로 들림
충고하기	논쟁과 의견을 통해서 유아에게 영향력을 행사하고 싶음	'너는 스스로 해결책을 떠올릴 만큼 좋은 판단력을 가지고 있지 않다.'라는 뜻으로 들림
회유하기	유아의 고통을 없애 주고 싶음. 즉, 유아의 기분을 더 좋게 해 주고 싶음	'너는 네가 느끼는 감정에 대해 권리가 없다. 너는 고통을 다룰 능력이 없다.'라는 뜻으로 들림
심문하기	문제의 발단을 알아보고 유아가 무엇을 잘못했는지를 찾아내고 싶음	'틀림없이 네가 뭔가를 잘못했을 거야.'라는 뜻으로 들림
관심 돌리기	화제를 바꿈으로써 유아를 그 문제로부터 보호하고 싶음	'네가 정확한 해결책을 찾을 때까지 겪어야 할 고통을 견더 낼 수 있을 것 같지 않다.'라는 뜻으로 들림
심리분석하기	유아의 행동을 분석하고 동기를 분석함으로써 다시는 그런 문제가 생기지 않도록 도와주고 싶음	'나는 너에 대해 너보다 더 많이 알고 있다. 그래서 나는 너보다 더 우월하다.'라는 뜻으로 들림
빈정대기	유아가 자신을 바보같이 느끼게 함으로써 유아의 태도와 행동이 몹시 잘못되었다는 것을 가르쳐 주고 싶음	'너는 정말 어리석구나.'라는 뜻으로 들림
도덕적 판단하기	유아에게 문제를 올바르게 다루는 방법을 가르쳐 주고 싶음	'감히 너 자신의 가치관을 따르다니, 무례하구나. 그러면 안 된다.'라는 뜻으로 들림
해결사 노릇하기	어떠한 문제가 있어도 해결할 수 있는 자원인 부모가 곁에 있다는 사실을 유아에게 보여 주고 싶음	'내가 다 알고 있으니까 너는 아무것도 알 필요가 없다.'라는 뜻으로 들림

출처: 양명희, 김희정, 임유경(2018).

지 못한다고 느끼기 때문에 대화가 단절될 수 있다. 예를 들어, 유아가 "나 주사 안 맞을 거야."라고 말하는데 교사가 "병에 안 걸리려면 주사는 맞아야 하는 거야."라고 하면서 주사를 맞아야 한다는 당위성을 강조하는 말을 하거나, "다른 아이들은 다 잘 맞는데 너는 왜 그러니?"라고 말하면서 다른 아이들과 비교하며 판단하는 말을 하는 것은 의사소통의 걸림돌이다. 그렇게 되면 유아는 더 이상 교사의 말을 들을 마음이 생기지 않기 때문이다. 그런 상황에서는 교사가 "○○아, 주사 맞는 것이 정말 무서운가 보구나! 많이 아플까 봐 걱정되는 거야?"라고 하면서 유아의 상황과 감정을 인정하고 수용해 주는 것이 우선되어야 한다. 그렇게 이해받을 때 유아는 교사의 말을 들을 마음의 준비를 할 수 있게 된다. 앞의 〈표 13-1〉은 의사소통 걸림돌의 종류, 그것을 사용하는 자의 의도 그리고 그 말을 듣는 자의 마음(해석)을 설명한다. 설령 좋은 의도를 가지고 있었다 하더라도 걸림돌을 사용하게 되면 듣는 자에게는 그 의도가 그대로 반듯하게 전해지지 않을 뿐 아니라 오히려 더 안 좋은 뜻으로 들릴 수 있다. 교사들은 자신이 유아들과 대화할 때 주로 사용하는 의사소통 걸림돌이 무엇인지 확인해 보고 제거하도록 노력해야 할 것이다.

2. 유아들과 공감하며 대화하는 방법

1) 감정의 수용

유아들과 대화할 때는 유아로 하여금 '이해하고 수용되었다'고 느끼게 해 주는 것이 가장 중요하다. 유아를 비판하거나 판단하지 말고, 문제 상황에 대한 유아의 감정을 있는 그대로 수용해야 한다. 교사가 진지하게 감정에 공감해 주면 유아는 교사가 자기 감정을 소중하게 여긴다는 것을 알게 된다. 그리고 유아가 자신이 이해받았다고 느끼게 되면 부정적 감정이 해소되면서, 교사가 하는 다른 말도 들을 여유가 생긴다. 그런데 교사가 유아의 감정보다 말하는 내용이나 행동에 초점을 두어 말하게 되면, 유아는 자신이 수용되었다고 느끼지 않고 평가 받는다고 여기면서 자신이 그렇게 느껴서는 안 되는 것으로 이해하게 되고, 그래서 교사에게 마음을 열기가 어렵게 된다. 유아에게 그런 마음이 들게 하는 모든 말은 〈표 13-1〉에 있는 것과 같은 의사소통의 걸림돌이다. 예를 들어, 미끄럼을 타지 않으려고 하는 유아에게 "재미있는 건데, 왜 미끄럼을 타지 않겠다고 하는 거야?"라고 하면서 유아의 감정(두려움)보다 내용(미끄럼을 타지 않겠다)에 초점을 맞춰 대화하면 소통하는 대화로 이어지기 어렵다. 또 다른 예로, 자기 의사를 분명히 말하지 못하고 울고 있는 유아에게 "말로 해야지 아가처럼 울면 안 돼요. 우는 것을 보니 동생들이 있는 ○○반으로 가야겠네."라고 하면서 감정(실망)의 수용보다 행동(울기)의 평가에 초점을 맞추면 유아는 더 이상 자기 마음을 말하기 어려울 수 있다. 그보다는 "미끄럼을 타는 것이 무서운가 보구나."라고 하거나 "갑자기 소나기가 내려서 바깥놀이를 하지 못해 실망했구나."라고 하면서 그 감정을 알아준다면 교사가 자기를 충분히 이해해 준다고 느낄 것이다. 누구나 자신이 격한 감정을 경험하고 있을 때, 다른 누군가가 그 감정을 잘 알아주고 이해해 주면 자기편을 얻었다고 느끼게 된다. 그러므로 유아가 격한 감정을 경험하고 있을 때야말로 유아와 친밀해질 수 있는 좋은 기회인 것이다. 유아가 무엇을 느끼는지 그 마음을 제대로 수용해 주지 않으면 유아는 정서적으로 버림받았다고 느끼게 되며, 그런 정서적 결핍은 결국 유아가 자신의 감정을 조절하는 법을 배우기 어렵게 만든다.

교사는 마음으로부터 유아의 감정을 수용해야 한다. Kostelnik, Onaga, Rohde와 Whiren(2009)은 교사가 유아의 감정을 수용하기 위해서는 〈표 13-2〉의 내용을 숙지해야 한다고 했다.

표 13-2 유아의 감정 수용을 위한 원리

- 유아의 감정은 진실하고 정당하다.
- 모든 감정은 유아의 삶에서 유용한 기능을 한다.
- 옳거나 틀린 감정은 없다. 모든 감정은 기본 정서에서 나오며, 자연스럽게 발생한다.
- 유아가 어떤 특정 감정만을 느끼도록 도와줄 수 없으며, 바꾸라고 해서 쉽게 감정을 변화시킬 수도 없다.

유아가 나타내는 행동에는 옳고 그름이 있지만 유아가 느끼는 감정에는 옳고 그름이 없다는 것을 인식하고 있어야 유아가 느끼는 어떤 감정도 수용할 수 있을 것이다. 교사는 유아가 언어능력의 부족으로 자신의 부정적인 감정을 행동으로 나타내고 있음을 이해하고, 유아가 그 행동을 통해 전하고 싶은 말이 무엇인지에 초점을 맞춘다면 유아의 부적절한 정서에도 흥분하지 않고 적절하게 말로 반응할 수 있는 마음의 준비를 갖출 수 있을 것이다. 또한 유아의 감정을 인정하는 것은 행동을 승인하는 것이 아님을 기억해야 한다. 예를 들어, 유아가 화가 나서 친구를 때렸을 때, "화가 났구나!"라고 말해 주는 것은 화난 감정을 알아주고 인정하는 것이지 화가 나면 친구를 때려도 된다고 승인하는 것이 아님을 분명히 이해해야 한다.

2) 감정의 공감적 반영

유아의 감정을 수용하는 태도를 지녔다면, 유아의 감정을 반영해 주고 궁극적으로는 유아가 자기감정을 말로 표현할 수 있도록 도와주어야 한다. 유아가 부정적 감정을 보일 때, 유아의 행동과 감정을 탐색하면서 감정에 공감해 주는 대화로 이끌어 갈 수 있다. "어떻게 하다가 그렇게 되었는데?" "그래서 어떻게 되었니?" "좀 더 자세히 말한다면 ~했던 거야?" "~할 때, 넌 어떻게 했는데?" 등으로 유아의 행동을 탐색해 보고, "친구가 ~할 때 넌 기분이 어땠니?" "선생님이라면 ~할 것 같은데 넌 어때?" "그래서 네 마음이 ~했던 거야?" 등으로 유아의 감정을 탐색하고 난 후, "그랬구나. 창피했겠네." "정말 억울했겠다." "그러면 나라도 화가 나겠다." "정말 섭섭했겠네. 그런 걸 섭섭하다고 하는 거야." 등으로 유아의 감정에 적절한 이름을 붙여 주면서 공감할 수 있다. 유아는 자기감정이 언어로 표현되는 순간, 마음이 좀 놓이고 감정에 휩쓸리기보다는 어떻게 해야 하는지에 대해 생각할 여지가 생기는 법이다.

이렇게 만질 수도 없고 잡을 수도 없는 감정을 구체적인 말로 표현해 주는 것을 거울이 사물을 비추어 주듯이 감정을 비추어 주는 것이라는 의미로 '반영하기(mirroring)'라고 한다. 감정을 반영해 주는 것이 유아에게 미치는 긍정적 효과에 대해 Kostelnik, Onaga, Rohde와 Whiren(2009)은 〈표 13-3〉과 같이 제시했다.

표 13-3 감정 반영하기가 유아에게 미치는 효과

- 자신의 감정을 더 잘 이해하게 해 준다.
- 과거에 경험한 감정에 대한 학습을 더 쉽게 끌어내 준다.
- 하나의 감정을 다른 감정과 구별하는 것을 도와준다.
- 어휘를 증가시켜 준다.
- 감정을 반영해 주는 성인이 유아를 배려하고 존중하고 있음을 보여 준다.
- 감정이 일상생활의 한 부분임을 보여 준다.

그런데 교사가 유아의 감정을 잘 반영하려면 유아의 행동뿐 아니라 표정, 몸짓, 어조 등을 세심하게 관찰할 필요가 있다. 그리고 유아에 대해 판단하는 단어를 사용하지 않아야 하는데, 그 주된 이유는 판단하는 비판적 단어를 쓰는 사람에게서 마음으로부터 멀어지게 만들기 때문이다. 유아는 발달특성상 자기중심적 사고나 행동을 하는 것이므로 도덕적 판단은 유아에게 도움이 되지 않음을 기억해야 한다. 또한 교사가 유아의 감정에 대해 다 아는 것처럼 확정적으로 말하면 자기 생각에는 아닌 것 같아도 교사의 확고한 태도 때문

에 말을 하지 못할 수 있으므로 유아의 감정을 탐색하는 것이 중요하다. 감정을 반영할 때는 유아의 언어 수준을 감안하여 유아가 이해할 수 있도록 짧은 문장을 사용하되 유아가 느끼는 감정 경험과 일치하거나 맞아떨어지는 감정 단어를 사용하도록 노력해야 한다. 유아에게 상황에 따라 다양한 감정 단어를 사용하여 반영해 주면 유아는 미묘한 감정의 차이도 알게 되고 감정 어휘도 늘게 될 것이다.

3) 감정의 언어적 표현

불편하게 느껴졌지만 명확하지 않았던 자신의 감정에 이름을 붙여 주고 반영해 주는 대화를 통해 유아는 나중에 그런 감정을 다시 경험하게 될 때 자신의 감정을 말로 표현하기가 쉬워질 것이다. 유아가 자신의 감정을 말로 표현할 수 있게 되면, 자신의 부정적인 감정을 타인에게 알리기 위해 신체적으로 공격성을 드러내며 발로 차거나, 손으로 때리거나, 밀지 않아도 될 것이다. 그러면 잘못된 의사소통으로 인한 갈등은 줄어들고 자기에게 필요한 도움을 얻는 것이 더 쉬워짐을 알게 될 것이다.

또한 유아가 자기감정을 말로 표현할 수 있도록 도와주려면 유아에게 다른 사람들에 대해 그들이 무엇을, 왜 느끼는지에 대한 적절한 정보를 주는 것이 필요하다(Landy, 2002). 이는 교사가 다른 유아들을 보면서 상황 단서와 연결하여 그 유아들의 감정을 말로 표현해 주면 된다. 예를 들어, "수아가 두 손을 번쩍 들어 만세를 하면서 활짝 웃는구나. 무척 기뻐 보이네."라고 말해 줄 수 있다. 또한 유아가 경험한 일에 대해 어떻게 느끼는지 물어볼 수도 있고(예: "어젯밤에 비가 세차게 내릴 때 네 기분이 어땠어?"), 유아에게 언제 자기감정을 말해야 하는지 알려 줄 수도 있다. 사람들이 자기감정을 말하지 않으면 모를 수 있다는 사실을 알려 주고 말을 해 보도록 격려할 필요도 있다. 이때 유아가 할 말의 각본을 유아에게 제시해 줄 수 있다(예: "친구한테 '네가 장난감을 그

냥 가져가면 화가 나.'라고 말해 보렴."). 그러나 말할 준비가 되어 있지 않은 유아에게 자신의 감정에 대해 말하라고 강요하는 것은 스트레스를 줄 수 있으므로 강요는 하지 않아야 한다. 이렇게 교사가 유아의 감정을 수용하는 태도로 반영해 주고 유아가 말로 감정을 표현하도록 도와주는 공감하는 대화방법에 대한 더 구체적인 내용을 알고 싶으면 Popkin(1993)이 제안한 '적극적 경청'이나 Gottman(1997)이 제안한 '감정 코칭'을 살펴볼 수 있다.

4) 위기 상황 후의 연결대화

문제행동이 발생한 후에 교사는 상황의 종료만 확인할 것이 아니라 문제행동을 했던 유아와 연결되려는 의사소통을 할 필요가 있다. 유아가 심하게 폭발적인 행동을 했다면, 유아 스스로도 당황하고, 지치거나, 여전히 부정적인 감정에 사로잡혀 있을 수 있다. 그럴 때는 유아가 그런 경험을 마무리하고 앞으로 나아가도록 도와주어야 한다. 유아에게 위기적 상황이 끝났음을 알려주고, 유아의 감정을 확인해 주고, 앞으로 나아갈 수 있도록 〈표 13-4〉의 내용과 같이 대화할 필요가 있다(Causton & Tracy-Bronson, 2018). 이때 교사는 애정이 담긴 목소리로 침착하게 이야기해야 한다. 이 내용은 앞에서 설명한 공감하며 대화하는 방법과 매우 유사한데, 상황이 종료된 후에도 흥분된 마음을 쉽게 가라앉히지 못하는 유아에게 적용하면 유용할 것이다.

표 13-4 위기 상황 후의 연결대화

상황	대화 내용
위기가 종료되었음을 알림	• "이제 끝난 것 같구나!" • "그 문제는 끝난 것 같아." • "자, 이제 끝났단다." • 유아에게 문제 상황에 대해 그림을 그려 보게 하고 그 상황이 끝났다는 것을 나타내도록 그림 위에 ×표나 사선을 그어 지우게 한다.

유아의 감정을 확인함	• "그런 기분이 들어도 괜찮아. 네가 힘들었다는 것을 이해해." • "정말 답답하고, 화나고, 당황했었구나." • 유아를 그린 다음, 유아의 머리 위로 생각풍선( )을 그려 준다. 유아에게 어떤 생각이었는지, 기분은 어땠는지 교사가 알 수 있도록 도와 달라고 부탁한다.
활동으로 돌아가게 함	• "지금 필요한 게 뭐니?" • "네가 다시 활동할 수 있도록 선생님이 어떻게 도와주면 좋을까?" • "활동으로 돌아갈 수 있게 준비할 시간이 필요하니?" • "지금 바로 활동으로 돌아가고 싶니?" • "지금 당장 필요한 것을 나에게 그림으로 그려 주렴."

3. 유아들끼리 서로 연결시켜 주는 대화방법

교사는 대화를 통해 장애유아와 일반유아를 연결시켜 주는 다리와 같은 역할을 할 수 있다(Causton & Tracy-Bronson, 2015). 이는 평소에 유아들과 대화를 할 때 대화 속에 장애유아를 포함시키고 장애유아와 일반유아의 유사성을 찾아서 언급해 주는 것으로 가능할 수 있다. 예를 들어, 유아들이 바깥놀이 시간에 산책길에서 보았던 강아지에 대해 서로 이야기한다면, "○○도 강아지를 기르지? 강아지 이름이 뭐야?"라고 말하는 것으로 강아지에 대한 관심이 있다는 유사성을 말해 줄 수 있다. 설령 무발화 장애유아가 있는 경우에도, 학급 전체 유아에게 "○○이는 틀림없이 이 동화를 좋아할 거야. 별에 대한 이야기거든."과 같이 말해 주면서 장애유아도 다른 유아들처럼 관심사가 있음을 언급해 줌으로써 그 유아의 존재를 인정해 주고 유사성을 말해 줄 수 있다.

또한 교사는 일반유아들이 장애유아에 대한 질문을 자유롭게 하도록 기회를 주고 정직하게 답변하는 것으로 일반유아들이 장애유아를 더 잘 이해하게 해 줄 수 있다. 예를 들어, 일반유아가 지체장애가 있는 유아에 대해 "○○은 언제 걸을 수 있게 돼요?"라고 물을 때, "○○은 앞으로도 너처럼 자유롭게 걷고 뛸 수는 없어요. 하지만 이 휠체어를 이용해서 자기가 가고 싶은 곳에 갈 수 있어요."라고 답할 수 있다. 이러한 자유로운 질문과 답변을 통해 일반유아는 자신들이 장애유아를 언제, 어떻게 도울 수 있는지 더 잘 알게 될 것이다. 질문에 따라서는 일반유아가 장애유아에게 직접 물어보도록 기회를 줄 수도 있다. 그런데 교사가 장애유아에 대한 질문을 하지 못하도록 하거나, 질문에 대한 답을 회피하거나 얼버무리게 되면 유아들은 그런 질문은 하면 안 되는 것으로 여기게 되고 장애유아 자체를 멀리할 수 있다. 이때 주의해야 할 것은 장애유아의 사적인 정보는 보호되어야 하므로, 어떤 내용까지 공유해도 괜찮은지 장애유아의 부모나 장애유아에게 확인할 필요가 있다. 또한 장애유아가 다른 또래 친구가 자신을 어떻게 대해 주면 좋을지에 대해서 전체 유아에게 직접 말하는 기회를 줄 수도 있다.

장애유아에게는 교사의 개입 없이 다른 유아들과 대화하고 놀 수 있는 기회가 허락되어야 한다. 장애유아와 일반유아들 간의 상호작용이 시작되면 교사는 장애유아를 대신해서 말을 하는 것과 같이 직접 개입하지 않고 한 발 물러나서 그들을 방해하지 않도록 해야 한다. 교사나 보조인력 같은 성인이 장애유아와 너무 가까이 있게 되면 그 성인은 다른 유아들과 장애유아 사이의 보이지 않는 벽과 같은 존재가 될 수 있음을 기억하고, 성인이 물리적으로 어느 위치에 있어야 할지를 고려해야 한다. 장애유아를 밀착 지원하게 되면 다른 유아들과 상호작용할 기회를 빼앗을 수 있다.

장애유아가 부적절한 행동을 했을 때 일반유아가 장애유아에게 '나-전달법'으로 말할 수 있도록 지도하는 것도 장애유아와 일반유아의 연결에 도움이 될 것이다(Jones, Dohrn, & Dunn, 2004). '나-전달법'은 장애유아의 부적절한 행동이 문제가 되어 마음이 불편한 일반유아가 자기 생각이나 감정을 효과적으로 장애유아에게 전하는 데 사용할 수 있다. 또래가 '나-전달법'으로 말하는 것을 통해 장애유아는 자기도 불편한 감정을 부적절한 행동이 아니라 말로 전달할 수 있음을 간접적으로 경험하게 될 것이다. 교사도 부적절한 행동을 하는 유아에게 '나-전달법'을 사용하여 교사의 마음과 요구를 전할 수 있다. 나-전달법은 상대의 행동이 나에게 문제가 되는 경우, 나의 생각이나 감정을 효과적으로 상대에게 전달하기 위하여 사용하는 방법이다. 나-전달법의 네 가지 구성요소는 다음과 같다.

- 문제로 보는 행동이나 상황을 그대로 말하기: "나는 ~을 봤어."(행동 서술)
- 행동에 대한 생각/해석을 진술하기: "~라는 생각이 들었어."(해석/생각 서술)
- 그 상황에 대해 느끼는 바를 말하기: "~라고 느꼈어."(감정 서술)
- 원하는 바를 구체적으로 말하기: "~을 원해."(요구 서술)

〈표 13-5〉는 나-전달법의 예시이다.

표 13-5 나-전달법의 예시

구성요소	예시	설명
행동 서술	"나는 네가 친구 장난감을 뺏고 때리는 것을 봤어."	상대의 행동에 대해서 보고 들은 것을 표현함
해석/생각 서술	"남이 가지고 놀던 것을 허락 없이 뺏는 것은 나쁘다고 생각해. 그리고 맞은 친구가 정말 아프고 억울할 것 같았어."	나를 불편하게 하는 것은 상대의 행동이 아니라 그 행동에 대한 나의 해석/생각 때문임
감정 서술	"그래서 내가 화가 나."	나의 느낌에 대한 책임은 나에게 있음을 인식해야 함
요구 서술	"나는 네가 가지고 놀고 싶은 장난감이 있을 때 말로 했으면 좋겠어."	내가 요구하고자 하는 것을 구체적으로 이야기함으로써 상대가 행동하도록 함

4. 장애유아의 언어발달을 촉진하는 대화방법

성인이 유아와 어떻게 의사소통 하는지는 유아의 언어발달에 매우 중요한 역할을 한다. 여기에는 의사소통의 어려움이 있는 유아뿐 아니라 모든 유아의 언어발달 향상을 위해서 일반교사들이 쉽게 사용할 수 있는 전략들을 소개한다(Culatta & Culatta, 1993; DeThorne & Watkins, 2011; Kaiser & Delaney, 2011; Klein, Cook, & Richardson-Gibbs, 2007). 이러한 대화방법들은 전문적이고 체계적인 언어치료를 대체하는 것은 아니지만, 유아의 발달수준이나 장애 유형과 관계없이 모든 유아에게도 효과적인 전략이다.

1) 유아의 주도 따르기

유아의 주도 따르기는 의사소통을 하고자 하는 유아의 시도에 반응해 주고 유아가 흥미를 보이는 것에 대해 교사가 정교한 말로 반응하는 것이다. 예를 들어, 유아가 바깥놀이 시간에 꽃에 앉은 나비를 바라보고 교사를 바라본다면 교사가 "나비를 봤구나. 나비가 꽃에 앉아 있네!"라고 하면서 유아가 관심을 보이며 의도하는 바를 정교하게 말해 줄 수 있다. 중요한 것은 유아의 주도를 따른다는 것이다.

그런데 유아가 의사소통을 시도하지 않고 혼자 놀고 있는 상황에서도 성인이 유아와 대화를 시작하면서 유아의 주도를 따라갈 수 있는 방법에 대해 Kaiser와 Delaney(2011)는 다섯 단계로 나누어 다음과 같이 구체적으로 설명했다. 첫째, 유아의 눈높이에 맞게 가까이 다가가 앉아서 시각적 · 신체적으로 유아와 접촉한다. 즉, 유아가 놀고 있는 공간으로 들어가 유아가 하고 있는 활동에 관심이 있음을 비구어적으로 알리면서 관계를 형성하는 것이다. 유아 곁에서 같은 눈높이로 앉아서 눈을 맞추고, 미소를 지으며, 유아의 머리를 쓰다듬어 주기도 하고, 활동에 필요한 자료(예: 블록, 모래놀이용 삽 등)를 건네주기도 한다.

둘째, 유아가 하고 있는 활동을 바라보면서 유아가 전하려는 의사를 알아차린다. 교사는 유아가 하고 있는 활동을 잠깐 동안 바라본다. 유아와 대화를 시작하기 전에 잠깐 동안 유아가 활동하는 것을 바라보는 시간은 매우 중요하다. 왜냐하면 그 짧은 시간 동안 유아를 바라보는 비구어적 의사소통이 교사에게 대화의 주제를 제공해 주기도 하고 언제 유아와 대화를 시작할지 알려 주기도 하기 때문이다.

셋째, 유아의 활동계획을 따른다. 유아에게 질문을 하기보다는 유아가 하고 있는 활동을 그대로 말로 묘사하면서 긍정적인 관심을 보여 주는 것이 유아의 활동계획을 따르는 것이다. 유아의 활동에 지나치게 간섭하지 않으면서도 그 활동에 함께 하고 싶다는 태도를 보여 주는 것은 대화와 상호작용의 신호가 된다. 이때 유아가 성인의 접근을 거부하거나 자기가 하고 있는 놀이에 참여하기를 원치 않는다면 뒤로 물러서서 대화하기 좋은 시간을 기다려야 한다.

넷째, 유아의 자료와 성인의 자료를 연관시킨다. 유아가 접근을 허용하면, 대화에 들어가기 위해 유아와 같은 자료를 사용하면서 유아의 행동을 모방한다. 예를 들어, 유아와 비슷하게 블록을 쌓거나 모래를 쏟거나 비슷한 그림을 그리는 것이다. 그다음에 유아에게 자료를 맞바꾸자고 얘기도 하면서 유아의 활동에 참여한다. 교대로 블록을 쌓거나 유아에게 필요한 찰흙을 건네주며 활동에 참여한다.

다섯째, 유아의 놀이를 확장시킨다. 즉, 유아가 하고 있는 놀이의 주제를 정교하게 하는 것이다. 이때 유아의 주도를 따르면서 유아의 흥미를 중심으로 대화를 시작한다. 지시하기보다는 설명하듯이 말하면서 유아에게 새 자료를 주거나 자료를 사용하는 새로운 방법을 보여 주어 상호작용과 대화를 확장시킬 수 있다.

2) 유아의 현재 언어 수준을 확장시켜 주기

언어 수준 확장하기는 유아가 현재 보이는 언어 수준을 확장시켜 주는 모델을 보이는 것이다. 유아가 단어 수준으로 말하면 교사는 짧은 문장으로 말해 주고, 유아가 짧고 단순한 문장으로 말하면 교사는 약간 더 길고 조금 더 복잡한 문장구조로 말하는 시범을 보여 주는 것이다. 예를 들어, 유아가 색칠하기를 하면서 "나무…… 칠."이라고 하면, 교사는 "나무를 색칠했어."라고 완벽한 표현을 해 주면 된다. 유아가 그림책에서 강아지를 보고, "멍, 멍"이라고 하면, 교사는 "그래. 강아지는 멍멍 짖어."라고 확장해 줄 수 있다.

3) 유아에게 새로운 단어 소개하기

새로운 단어 소개하기는 유아가 들어 보지 못한 새로운 단어를 들려주어 어휘와 개념을 익히도록 하는 것이다. 이때 교사는 유아가 하고 있는 행동에 적합한 단어를 골라 묘사하거나, 사건이나 사물의 특징을 묘사하면서 새로운 단어를 강조하거나, 그 단어를 알아채기 쉬운 방법을 적용할 수 있다. 예를 들어, 새로운 단어를 말할 때 좀 더 크고 높은 목소리로 말하거나, 새로운 단어를 말하기 직전에 잠깐 멈추거나, 새 단어를 문장의 맨 끝(예: "…… 그렇게 하는 것이 ○○이야.")에 사용할 수 있다. 그리고 유아가 새로운 단어에 흥미를 갖도록 시각적 단서를 제공하거나 손동작이나 몸짓을 추가할 수도 있다.

4) 유아에게 핵심단어를 반복해서 들려주고 반복할 기회 주기

유아가 하고 있는 활동의 핵심단어들을 반복해서 들려주고, 유아가 그 단어를 반복할 수 있는 기회를 만들어 준다. 장애유아는 또래의 다른 유아들보다 반복이 더 많이 필요함을 기억해야 할 것이다. 새로운 단어의 경우는 반복하는 것이 더 중요한데, 특히 의미 있는 맥락에서 반복해서 듣게 하는 것은 유아의 어휘 습득에 매우 유용한 전략이다. 유아가 가지고 놀고 있는 장난감이나 자료의 명칭(예: 물통, 붓, 스펀지)과 유아의 행동을 뜻하는 동사(예: 긋다, 지우다, 그리다, 쥐어짜다, 말리다)를 사용하여 유아의 활동을 묘사하고, '이것' 또는 '저것'과 같은 대명사를 사용할 수 있는 경우에도 구체적인 명칭을 사용하는 것이 좋다. 그렇게 할 때 유아는 동일한 단어들을 맥락에 맞는 상황에서 여러 차례 들을 수 있는 기회를 갖게 된다.

5) 유아에게 적절한 속도로 말하기

적절한 속도로 말하기란 청각적으로 빠르게 들어오는 정보를 처리하는 데 어려움이 있는 유아가 알아들을 수 있는 속도로 말하는 것이다. 특히 새로운 내용이나 복잡한 내용을 말할 때는 좀 더 천천히 느리게 말해서 유아가 흥미를 가지고 알아들을 수 있도록 해야 한다. 교사는 장애유아가 자신의 말을 알아듣는 데 어려움은 없는지 자신의 말하는 속도를 확인해 볼 필요가 있다.

6) 유아가 반응할 수 있는 충분한 시간 주기

반응할 수 있는 충분한 시간 주기는 유아가 하고 싶은 말을 할 수 있도록 인내하며 기다리는 것이다. 장애유아는 자기가 하고 싶은 말을 표현하는 데 있어서 일반유아보다 더 많은 시간이 필요할 수 있다. 말을 더듬는 유아는 한 문장을 완성하는 데 시간이 오래 걸리기도 하고, 뇌성마비가 있는 유아는 얼굴이 찌푸려지고 근육이 긴장하게 되어 단어를 발성하는 것이 힘들고 시간이 많이 필요하기도 하며, 의사소통판을 이용하는 유아는 자기가 할 말을 의사소통판에서 선택하는 데 시간이 걸리기도 한다. 그런데 교사의 질문이나 설명에 대해 유아가 반응할 수 있는 시간을 충분히 주지 않게 되면 빨리 말하려고 서두르다가 더 느려지는 역효과가 나타나기도 하고, 교사가 문장을 완성해 주게 되면 유아가 좌절감을 경험할 수도 있다. 그러면 유아는 말을 표현하는 것에 있어서 점점 더 수동적이 되어 갈 수 있다. 그러므로 유아가 하고 싶은 말을 표현할 수 있도록 인내하며 기다려 주어야 한다.

7) 유아가 의사소통을 시도해야 하는 상황 만들기

유아가 원하는 것을 얻을 수 있도록 '요구하기'를 표현해야만 하는 상황을 만들어 주고 구어로 요구하도록 지도한다. 즉, 의사소통의 필요성을 만들어 주는 것이다. 예를 들어, 유아가 좋아하는 퍼즐을 유아의 손이 닿지 않는 선반 위에 올려놓는다면, 유아는 퍼즐을 갖고 놀고 싶을 때 손을 뻗는 것과 같은 비구어적 신호로 자기 의도를 나타낼 수 있다. 그럴 때 교사는 "퍼즐이라고 말해."라고 하고, 유아가 '퍼즐'이라고 말하면 "퍼즐 여기 있네."라고 하면서 퍼즐을 유아에게 건네줄 수 있다. 또는 쉽게 열리지 않는 통에 찰흙을 담아 놓고, 유아가 찰흙 통을 교사에게 내밀면서 교사를 바라보면 교사는 "찰흙 주세요."라고 하면서 통을 건네준다. 그네를 밀어 주다가 잠깐 멈추는 것과 같이 활동을 멈추어서 유아가 원하는 것(그네 밀어 주기)을 말로 하도록 요구할 수도 있다.

이 외에도 Culatta와 Culatta(1993)는 유아가 의사소통을 시도할 수 있도록 다음과 같은 네 가지 방법을 적용할 수 있다고 했다.

- 유아의 필요를 예측해서 먼저 도와주지 않기(예: 그림 그리기 활동에서 크레용만 가지고 있고 종이가 없는 유아에게 종이가 필요할 것이라고 예측하여 종이를 주지 않고 유아가 말할 때까지 기다리기)
- 유아에게 새롭거나 평범하지 않은 사건을 일으키기(예: 음료를 담은 컵에 빨대가 아닌 젓가락을 담아 건네주기)

- 유아로 하여금 다른 사람에게 정보를 전달하도록 하기(예: 오늘의 간식이 무엇인지 친구들에게 알려 주는 역할을 주기)
- 유아에게 선택할 기회를 제공하기(예: 산책 나갈 때 누구랑 짝을 하고 싶은지 선택하게 하기)

교사는 유아의 언어모델이다. 교사는 스스로에게 고은(2021)이 제시한 다음과 같은 질문을 하면서 자신의 언어행동을 주시하며 점검할 필요가 있다.

- 유아가 말하기 전에 미루어 짐작하여 말하거나 즉각적으로 도움을 주고 있지는 않은가?
- 유아와 대화할 때 교사 자신의 말만 열심히 하고 있지는 않은가?
- 유아의 언어 수준에 맞지 않게 너무 긴 문장을 사용하고 있지는 않은가?
- 유아가 말할 수 있도록 충분히 기다려 주는가?
- 유아가 질문할 때 질문형식을 지적하지 않고 질문내용을 중심으로 하는 바람직한 답을 하고 있는가?
- 유아의 이해 수준을 고려하여 바람직한 형태로 질문하고 있는가?

이상으로 의사소통의 걸림돌, 공감하며 대화하는 방법, 유아들끼리 서로 연결시켜 주는 대화방법, 언어발달을 촉진하는 대화방법을 살펴보았다. 교사는 자신이 대화하는 방법에 따라 유아의 마음이 닫히기도 하고, 유아가 감정을 조절하는 법을 배우기도 하며, 유아들끼리 연결되기도 하고, 유아의 언어가 발달하기도 한다는 사실을 기억하고 계속해서 더욱 효과적으로 의사소통하도록 배우고 연습하며 훈련해야 할 것이다.

참고문헌

강희연(2007). 장애통합학급 유아의 변화에 대한 참여관찰 연구. 아시아교육연구, 8(2), 1-41.

고은(2021). 의사소통장애아 교육(3판). 서울: 학지사.

교육인적자원부(2017). 특수교육연차보고서. 세종: 교육부.

교육과학기술부(2011). 특수교육통계. 서울: 교육인적자원부.

김경숙, 김미숙, 김성애, 김수진, 박숙영, 백유순, 이성봉, 조광순, 조윤경, 최민숙, 허계형(2009). 유아특수교육개론. 서울: 학지사.

김광웅(1990). 정신지체 유아의 통합교육에 관한 연구. 서울: 단국대학교 특수교육연구소.

김삼섭, 임경원(2009). 통합교육 둘러보기: 함께 사는 사람들. 서울: 시그마프레스.

김수진, 이정화(2013). 누리과정/표준보육과정과 연계한 장애 영유아 통합교육. 서울: 공동체.

김장곤, 권혜민, 김기원, 김창주, 김희탁, 박종항, 신영일, 이종원, 전재근, 정연규(2018). 장애아동의 이해. 서울: 범문에듀케이션.

김혜원(2013). 청소년 학교폭력: 이해, 예방, 개입을 위한 지침서. 서울: 학지사.

노진아, 홍은숙, 이미숙, 박현주, 정길순, 김정민, 강미애, 이나래(2011). 장애영유아 가족지원. 서울: 학지사.

다음백과[웹사이트](2021. 3. 25.). URL: https://100.daum.net/encyclopedia/view/201XXX1901103

다음백과[웹사이트](2021. 4. 26.). URL: https://100.daum.net/encyclopedia/view/b24p1285n152

대한물리치료사협회[웹사이트](2021. 3. 21.). URL: http://www.kpta.co.kr/center/kpta/about

문소영, 이상훈(2016). 자폐아동과 함께하는 사회상황 이야기. 서울: 학지사.

법제처(2012a). 장애인 등에 대한 특수교육법.

법제처(2012b). 초·중등교육법.

신명희, 서은희, 송수지, 김은경, 원영실, 노원경, 김정민, 강소연, 임호용(2017). 발달심리학. 서울: 학지사.

양명희(2016). 행동지원. 서울: 학지사.

양명희, 김희정, 임유경(2018). 유아교사를 위한 학교폭력 예방과 학생의 이해. 서울: 학지사.

유중근(2018). Wow! 임신했어요. 서울: 샘솟는 기쁨.

이대식, 김수연, 이은주, 허승준(2018). 통합교육의 이해와 실제. 서울: 학지사.

이소현(2011). 개별화 교육과정. 서울: 학지사.

이소현(2020). 유아특수교육. 서울: 학지사.

이소현, 박은혜(2011). 특수아동교육. 서울: 학지사.

이소현, 이승연, 이명희, 원종례, 이수정(2007). 유아를 위한 장애 이해 및 통합교육 활동자료. 서울: 교육인적자원부.

이소현, 황복선(2000). 통합교육을 위한 특수교사-일반교사 간 협력 모형: 구조적 측면을 중심으로. 특수교육연구, 제7집, 67-87.

이수정, 이소현(2011). 유치원 일과와 활동에 삽입된 '장애 이해 및 통합교육 활동'이 일반 유아와 장애 유아의 사회적 수용도 및 사회적 참여에 미치는 영향. 유아특수교육, 11(2), 1-32.

이창미, 장혜성, 김수진(2005). 장애아 통합보육론. 서울: 교육과학사.

위키백과[웹사이트](2021. 3. 21.). URL: https://ko.wikipedia.org/wiki/작업치료

전선주, 권용덕, 김민정, 김병력, 김윤성, 김은주, 김정은, 김태선, 박선혜, 박성하, 박소영, 박주리, 유장순, 인진, 이경신, 이만석, 이명숙, 이해영, 이효성, 장은주, 전제옥,한상록, 홍영숙(2014). 아하! 통합교육: 행복한 교실을 위한 통합교육 교재. 서울: 학지사.

전선주, 이진, 박주리, 박소영, 이해영, 이경신, 김영란, 고남숙(2011). 아하! 통합학급 문제행동: 현장 교사가 쓴 통합교육을 위한 문제행동 지침서. 서울: 학지사.

조영숙(2018). 장애유아 통합교육. 서울: 학지사.

조윤경, 홍은주(2005). 장애유아 통합 프로그램 실제. 서울: 창지사.

총신대학교 부속유치원 편(2011). 장애유아 통합교육과정. 서울: 학지사.

최민숙(2002). 장애아동 교육을 위한 가족참여와 지원. 서울: 학지사.

한국보육진흥원(2010a). **장애아보육 교사실무**. 서울: 한국보육진흥원.

한국보육진흥원(2010b). **장애아보육 운영실제**. 서울: 한국보육진흥원.

한국언어재활사협회[웹사이트](2021. 3. 21.). URL: http://www.kslp.org/information/information.php

Allen, K., & Cowdery, G. (2015). *The exceptional child: Inclusion in early childhood education*. Stamford, CT: Cengage Learning.

American Speech-Language-Hearing Association (ASHA). (1990). *Guidelines for practices in early intervention*. Rockville, Md: Author.

Aran, A., Shalev, R. S., Biran, G., & Gross-Tsur, V. (2007). Parenting style impacts on quality of life in children with cerebral palsy. *The Journal of Pediatrics*, *15*(1), 56-60.

Auyeuna, A., Klein, M. E., Ratts, V. S., Odem, R. R., & Williams, D. B. (2001). Fertility treatment in the forty and older woman. *Journal of Assisted Reproduction and Genetics*, *18*, 638-643.

Ayres, J. (1973). *Sensory integration and learning disorders*. Los Angeles, CA: Western Psychological Services.

Baglieri, S. (2020). **장애학과 통합교육** (*Disability studies and the inclusive classroom*). (강종구, 엄수정, 홍애령 공역). 서울: 학지사. (원저는 2017년에 출판).

Bailey, D., & Wolery, M. (2003). **장애 영유아를 위한 교육** (*Teaching infants and preschools with disabilities*). (이소현 역). 서울: 이화여자대학교 출판부. (원저는 1992년에 출판).

Bambara, L. M., & Kern, L. (2008). *Individualized supports for students with problem behaviors: Designing positive behavior plans*. New York: The Guilford Press.

Barton, E. (2015). Teaching generalized pretend play and related behaviors to young children with disabilities. *Exceptional Children*, *81*, 489-506.

Batshaw, M. L., Pellegrino, L., & Roizen, N. J. (2007). *Children with disabilities*. Baltimore, MD: Brookes.

Bigler, R. S., Jones, L. C., & Lobiliner, D. B. (1997). Social categorization and the formation of intergroup attitudes in children. *Child Development*, *68*, 530-543.

Bishop, V. (2004). *Teaching visually impaired children* (3rd ed.). Springfield, IL: Charles C. Thomas.

Blue-Banning, M., Summers, J. A., Franland, H. C., Nelson, L. L., & Beegle, G. (2004). Dimensions of family and professional partnerships: Constructive guidelines for collaboration. *Exceptional Children*, *70*, 167-184.

Bredekamp, S., & Copple, C. (1997). *Developmentally appropriate practice in early childhood programs*. Washington, DC: National Association for the Education of Young Children (NAEYC).

Bricker, D. D., Pretti-Frontczak, K., & McComas, N. (2004). **통합 및 특수환경의 장애영 · 유아를 위한 교육방법: 활동중심 중재법.** (허계형, 이형철 공역). 서울: 교육과학사. (원저는 1998년에 출판).

Brillante, P. (2017). *The essentials: Supporting young children with disabilities in the classroom*. Washington, DC: National Association for the Education of Young Children.

Brown, W. H., Odom, S., & Conroy, M. A. (2001). An intervention hierarchy for promoting young children's peer interactions in natural environments. *Topics in Early Childhood Special Education*, *21*, 162-175.

Burke, P., & Montgomery, S. (2000). Sibling of children with disabilities: A pilot study. *Journal of Learning Disabilities*, *4*(3), 227-236.

Buysee, V., Bailey, D. B., & Wolery, M. (1992). Behavioral and developmental outcomes in young children with disabilities in integrated and segregated settings: A review of comparative studies. *Journal of Special Education*, *26*(4), 434-461.

Carter, D. R., & Horner, R. H. (2009). Adding functional behavioral assessment to First Step to Success: A case study. *Journal of Positive Behavior Interventions, 11*(1), 22-34.

Causton, J., & Tracy-Bronson, C. P. (2018). **통합교육: 일반교사와 특수교사를 위한 안내**

서 (*The educator's handbook for inclusive school practices*). (이효정 역). 서울: 학지사. (원저는 2015년에 출판).

Cook, R. E., Klein, M. D., & Chen, D. (2020). *Adapting early childhood curricula for children with disabilities and special needs* (10th ed.). Boston, MA: Pearson.

Cook, R. E., Tessier, A., & Klein, M. D. (2000). *Adapting early childhood curricula for children in inclusive settings* (5th ed.). Columbus, OH: Merrill/Prentice Hall.

Copple, C., & Bredekamp, S. (2009). *Developmentally appropriate practices* (3rd ed.). Washington, DC: NAEYC.

Culatta, B. A., & Culatta, R. (1993). Students with communication problems. In A. E. Blackhurts & W. H. Berdine (Eds.), *An introduction to special education* (3rd ed., pp. 238-269). New York: Harper Collins.

De Bellis, M. D. (2001). Developmental traumatology: The psychological development of maltreated children and its implications for research, treatment, and policy. *Developmental Psychology*, *13*, 539-564.

Deiner, P. L. (1997). *Infants and toddlers: Development and program planning*. Fort Worth, TX: Harcourt Brace.

DeThorne, L. S., & Watkins, R. V. (2011). 유아학급에서 어휘를 가르치는 다섯 가지 도구. In M. Ostrosky & S. Sandall (Eds.), **유아의 발달을 지원하는 교수전략**(pp. 67-83). (백유순, 김진희 공역). 서울: 학지사. (원저는 2001년에 출판).

Diamond, K. E., & Carpenter, C. (2000). The influence of inclusive preschool programs on children's sensitivity to the needs of others. *Journal of Early Intervention*, *23*, 81-91.

Diego, M. A., Field, T., & Hermandez-Rief, M. (2005). Prepartum, postpartum, and chronic depression effects on neonatal behavior. *Infant Behavior & Development*, *28*, 155-164.

Dunst, C. J. (2000). Everyday children's learning opportunities: Characteristics and consequences. *Children's Learning Opportunities Report*, *2*(1).

Dwyer, K., & Osher, D. (2000). *Safeguarding our children: An action guide*. Washington, DC: U. S. Department of Education.

Dwyer, K., Osher, D., & Warger, C. (1998). *Early warning, timely response: A guide to safe schools*. Washington, DC: U. S. Department of Education.

Evans, G. W. (2001). Environmental stress and health. In A. Baum, T. Revenson, & J. Singer (Eds.), *Handbooks of health* (Vol. 4., pp. 365-385). Hillsdale, NJ: Erbaum.

Favazza, P., LaRoe, J., & Odom, S. (1999). *Special friends*. Boulder, CO: Roots & Wings.

Frost, L., & Bondy, A. (1994). *The picture exchange communication system training manual*. Cherry Hill, NJ: PECS, Inc.

Fuchs, L. S., & Fuchs, D. (2007). A model for implementing responsiveness to intervention. *Teaching Exceptional Children*, *39*, 14-20.

Gargiulo, R., & Kilgo, J. (2011). *Young children with special needs* (3rd ed.). Albany, NY: Delmar Publishers.

Gargiulo, R., & Kilgo, J. (2020). *An introduction to young children with special needs: Birth through age eight*. Los Angeles, CA: SAGE.

Gillam, S., & Gillam, R. (2016). Language impairment in children. In R. Gillam & T. Marquardt (Eds.), *Communication sciences and disorders: From sciences to clinical practice* (3rd ed., pp. 281-318). Burlington, MA: Jones & Bartlett Learning.

Gottman, J. (1997). *Raising an emotionally intelligent child*. New York: Simon & Schuster Paperbacks.

Gray, C. (2016). **자폐증 · 아스퍼거 증후군 아동을 위한 사회성 이야기 158** (*The new social story book*). (이주현 역). 서울: 학지사. (원저는 2010년에 출판).

Gresham, F. M., Sugai, G., & Horner, R. H. (2001). Interpreting outcomes of social skills training for students with high-incidence disabilities. *Exceptional Children, 67*, 331-344.

Hallahan, D., Kauffman, J., & Pullen, P. (2018). *Exceptional learners: Introduction to special education* (14th ed.). Boston, MA: Allyn & Bacon.

Hanbury, M. (2008). **자폐 스펙트럼 장애교육: 현장 지침서** (*Educating pupils with autistic* *spectrum disorders*). (곽승철, 전선옥, 강민채, 박명숙, 이옥인, 임인진, 정은영, 홍재영 공역). 서울: 학지사. (원저는 2005년에 출판).

Herbert, W. N. P., Cefalo, R. C., & Dodds, J. M. (1993). Nutrition in pregnancy. In R. A. Knuppel & J. E. Drukker (Eds.), *High-risk pregnancy: A team approach* (2nd ed.). PA: WB Saunders.

Hooper, S. R., & Umansky, W. (2011). 영유아 특수교육 [*Young children with special needs* (5th ed.)]. (노진아, 김연하, 김정민 공역). 서울: 학지사. (원저는 2009년에 출판).

Horn, E., Snyder, P., & McLean, M. (2014). Assessment of adaptive behavior. In M. McLean, M. Hemmeter, & P. Snyder (Eds.), *Essential elements for assessing infants and preschoolers with special needs* (pp. 316-354). Boston, MA: Pearson.

Horner, R. H., & Sugai, G. (2000). School wide behavior support: An emerging initiative. *Journal of Positive Behavior Interventions*, *2*, 231-232.

Howard, V. F., Williams, B. F., Port, P. D., & Lepper, C. (1997). *Very young children with special needs: A formative approach for the 21st century*. Upper Saddle River, NJ: Merrill.

Huffman, L. C., Mehlinger, S. L., & Kervin, A. S. (2000). *Risk factors for academic and behavioral problems at the beginning of school*. Bethesda, MD: National Institute of Mental Health.

Hulit, L. M., & Howard, M. R. (2001). *Born to talk: An introduction to speech and language development with audio CD* (3rd ed.). Boston, MA: Allyn & Bacon.

Institute of Medicine., & National Academies of Sciences. (1990). *Nutrition during pregnancy*. Washington, DC: National Academies Press.

Jones, V., Dohrn, E., & Dunn, C. (2004). *Creating effective programs for students with emotional and behavior disorders*. Boston, MA: Allyn & Bacon.

Kaiser, A. P., & Delaney, E. M. (2011). 반응적 대화: 자연적 언어 교수 기회의 고안. In M. Ostrosky & S. Sandall (Eds.), 유아의 발달을 지원하는 교수전략(pp. 31-48). 서울: 학지사. (원저는 2001년에 출판).

Kauffman, J. M. (1994). Taming aggression in the young: A call to action. *Educational Week, 13*, 43.

Kauffman, J., Logan, J., Agard, J., & Kukic, M. (1975). Mainstreaming: Toward an explication of the construct. In E. L. Meyen, G. A. Vergason, & R. J. Whelan (Eds.), *Alternatives for teaching exceptional children* (pp. 35-54). Denver, CO: Love.

Kleigman, R. M., Jenson, H. B., Behrman, R. E., & Stanton, B. F. (2007). *Nelson textbook of pediatrics* (18th ed.). Philadelphia, PA: Saunders.

Klein, M. D., Cook, R. E., & Richardson-Gibbs, A. M. (2007). **영유아 교육현장 장애유아 통합교육 전략** (*Strategies for including children with special needs in early childhood*). (유수옥, 문연심, 김호연, 송미선, 김혜경, 심성경, 박주희 공역). 서울: 창지사. (원저는 2001년에 출판).

Kostelnik, M. J., Onaga, E., Rohde, B., & Whiren, A. P. (2007). **장애유아 통합교육 이야기** (*Children with special needs*). (박혜준, 이승연 공역). 서울: 학지사. (원저는 2002년에 출판).

Kostelnik, M. J., Soderman, A. K., Whiren, A. P. (1999). *Developmentally appropriate curriculum*. Upper Saddle River, NJ: Merrill.

Kostelnik, M. J., Soderman, A. K., Whiren, A. P., Rupiper, M. L., & Gregory, K. M. (2017). **영유아의 사회정서발달과 교육(2판)** [*Guiding children's social development and learning* (8th ed.)]. (박경자, 김송이, 신나리, 권연희, 김지현 공역). 서울: 교문사. (원저는 2009년에 출판).

Kübler-Ross, E. (1969). *On death and dying*. New York: Kensington.

Kurtz, L. A. (2014). **통합운동장애, ADHD, 자폐성 장애, 기타 학습장애 아동의 운동기술 이해** (*Understanding motor skills in children with dyspraxia, ADHD, autism, and other learning disabilities*). (황순영, 김영미, 김진희, 김혜리, 박재국, 이미경, 이미숙, 이효신, 한민경, 김은라 공역). 서울: 시그마프레스. (원저는 2008년에 출판).

Landy, S. (2002). *Pathways to competence: Encouraging healthy social and emotional development in young children*. Baltimore, MD: Paul H. Brooks.

LeeKeenan, D., & Nimmo, J. (1993). Connections: Using the project approach with

2-and 3-year-olds in a university laboratory school. In C. Edwards, L. Gandini, & G. Forman (Eds.), *The hundred languages of children: The Reggio Emilia approach to early childhood education* (pp. 251-267). Norwood, NJ: Ablex.

Legendre, A. (2003). Environmental features influencing toddlers bioemotional reactions in day care centers. *Environmental and Behavior*, *35*, 523-549.

Leicester, M. (2009). 통합학급 교사를 위한 장애이해 교육: 장애를 이해하기 위한 특별한 이야기 (*Special stories for disability awareness: Stories and activities for teachers, parents and professionals*). (김희규 역). 서울: 시그마프레스. (원저는 2006년에 출판).

Lewis, R. B., & Doorlag, D. H. (2011). *Teaching special students in general education classrooms* (8th ed.). Englewood, NJ: Merrill.

Long, T., & Brady, R. (2017). *Educating students with severe and multiple disabilities: A collaborative approach* (5th ed., pp. 61-88). Baltimore, MD: Brookes.

Lovett, H. (1996). *Learning to listen: Positive approaches and people with difficult behavior*. Baltimore, MD: Paul H. Brookes Publishing Co.

Lyons-Ruth, K. (1999). The two-person unconscious: Intersubjective dialogue, enactive relational representation, and the emergence of new forms of relational organization. *Psychoanalytic Inquiry*, *19*, 576-617.

Maag, J. W., & Anderson, J. M. (2006). Effects of sound-field amplification to increase compliance of students with emotional and behavior disorders. *Behavioral Disorders*, *31*(4), 378-393.

Magee, M. S., Walden, C. E., Benedetti, T. J., & Knopp, R. H. (1993). Influence of diagnostic criteria on the incidence of gestational diabetes and perinatal morbidity. *Gynecology & Obstetrics*, *42*(3), 327-328.

Mahajan, S. D., Aalinkeel, R., Sigh, S., Shah, P., Gupta, N., & Kochupillai, N. (2006). Endocrine regulation in asymmetric intrauterine fetal growth retardation. *Journal of Maternal & Fetal Neonatal Medicine*, *19*, 615-623.

Mahoney, G., & Mahoney, F. (2010). 발달 레인보우: 영유아 발달 프로파일

(*Developmental rainbow: Early childhood development profile*). (김정미 역). 서울: 학지사. (원저는 1996년에 출판).

Martella, R. C., Nelson, J. R., & Marchand-Martella, N. E. (2003). *Managing disruptive behaviors in the schools*. Boston, MA: Allyn & Bacon.

McWilliam, R. A. (2011). **장애 영유아 가족지원** (*Working with families of young children with special needs*). (박지연, 전혜인, 강혜원 공역). 서울: 학지사. (원저는 2010년에 출판).

OECD. (1995). *Integrating students with special needs into mainstream schools*. Paris: Author.

Odom, S., Parrish, T., & Hikido, C. (2001). The costs of inclusive and noninclusive special education preschool programs. *Journal of Special Education Leadership*, *14*, 33-41.

Odom, S., Vitztum, J., Wolery, R., Lieber, J., Sandall, S., Hanson, M., et al. (2004). Preschool inclusion in the United States: A review of research from an ecological systems perspective. *Journal of Research in Special Educational Needs*, *4*, 17-49.

Olweus, D., & Limber, S. P. (2007). *Olweus bullying prevention program: Schoolwide Guide*. MN: Hazelden.

O'Neill, R. E., Horner, R. H., Albin, R. W., Storey, K., & Sprague, J. R. (1990). *Functional analysis of problem behavior: A practical guide*. Sycamore, IL: Sycamore.

OSEP Technical Assistance Center on Positive Behavioral Interventions and Supports (October 2015). *Positive Behavioral Interventions and Supports (PBIS) Implementation Blueprint: Part 1-Foundations and Supporting Information*. Eugene, OR: University of Oregon. www.pbis.org에서 2016. 3. 17. 인출.

Peterson, N. (1987). *Early intervention for handicapped and at-risk children: An introduction to early childhood-special education*. Denver, CO: Love Publishing Company.

Piper, M. C., Darrah, J. (1994). *Motor assessment of the developing infant*. Philadelphia, PA: W.B. Saunders Company.

Popkin, M. (1983). *Active parenting*. Atlanta, GA: Active Parenting.

Powell, T. H., & Ogle, P. A. (1985). *Brothers & sisters: A special part of exceptional families* (2nd ed.). Baltimore, MD: Paul H. Brookes.

Puckett, M. B., & Black, J. K. (2004). *The young child: Development from prebirth through age eight* (4th ed.). Upper Saddle River, NJ: Prentice Hall.

Raina, P., O'Donnell, M., Rosenbaum, P., Brehaut, J., Walther, S. D., Russell, D., Swinton, M., Zhu, B., & Wood, E. (2005). The health and well-being of caregivers of children with cerebral palsy. *Pediatrics, 115*(6), 626-636.

Riffel, L. A. (2018). **개별 학생을 위한 긍정적 행동지원: 심각한 문제행동을 보이는 학생을 위한 개별 중재** (*Positive behavior support at the tertiary level*). (박지연, 김지수 공역). 서울: 학지사. (원저는 2011년에 출판).

Rimm-Kaufman, S. E., Laparo, K. M., Downer, J. T., & Pianta, R. C. (2005). The contribution of classroom setting and quality of instruction to children's behavior in kindergarten classrooms. *Elementary School Journal, 105*(4), 377-394.

Rogers, C., & Freiberg, J. (1994). *Freedom to learn* (3rd ed.). New York: Merrill.

Sandall, S. R., & Ostrosky, M. (2010). **도전적 행동에 대처하는 실제적 아이디어** (*Practical ideas for addressing challenging behaviors*). (김진희, 김호연 공역). 서울: 학지사. (원저는 1999년에 출판).

Sandall, S. R., & Schwartz, I. S. (2002). *Building blocks for teaching preschoolers with special needs*. Baltimore, MD: Paul H. Brookes Publishing Co.

Sapon-Shevin, M. (2000). Schools fit for all. *Educational Leadership, 58*, 34-39.

Schaffner, C. B., & Buswell, B. E. (1992). *Connecting children: A guide to friendship facilitation for educators and families*. Colorado Springs, CO: PEAK parents Center.

Schuster, C. S. (1992). Antenatal development. In C. S. Schuster & S. S. Ashburn (Eds.), *The process of human development: A holistic life-span approach* (3rd ed.). PA: JB Lippincott.

Scott, T. M., & Caron, D. B. (2005). Conceptualizing functional behavior assessment as prevention practice within positive behavior support systems. *Preventing*

School Failure, 50(1), 13-20.

Shaffer, D. R., & Kipp, K. (2010). *Developmental psychology: Childhood and adolescence* (8th ed.). Belmont, CA: Wadsworth Publishing.

Snell, M. E., Raynes, M., Byrd, J. O., Colley, K. M., Gilley, C., Pitonyak, C., Stallings, M. A., Van Dyke, R., Williams, P. S., & Willis, C. J. (1995). Changing roles in inclusive schools: Staff perspectives at Gilbert Linkous Elementary. *Kappa Delta Pi Record, 31*(3), 104-109.

Spooner, F., Baker, J. N., Harris, A. A., Ahlgrim-Delzell, L., & Browder, D. M. (2007). Effects of training in universal design for learning on lesson plan development. *Remedial and Special Education, 28*, 108-116.

Sprague, J. R., & Walker, H. M. (2005). *Safe and healthy schools: Practical prevention strategies*. New York: Guilford.

Stormont, M., Lewis, T. J., Beckner, R., & Johnson, N. W. (2012). **프로그램 · 학교 차원의 긍정적 행동 지원 시스템을 실행하기** (*Implementing positive behavior support systems in early childhood and elementary settings*). (노진아, 김연하 공역) 서울: 시그마프레스. (원저는 2008년에 출판).

Sugai, G., & Horner, R. H. (2002). Introduction to the special series on positive behavior support in schools. *Journal of Emotional and Behavioral Disorders, 10*(3), 130-135.

Sugai, G., & Horner, R. H. (2009). Defining and describing schoolwide positive behavior support. In W. Sailor, G. Dunlap, G. Sugai, & R. H. Horner (Eds.), *Handbook of positive behavior support* (pp. 307-326). New York: Springer.

Sugai, G., Horner, R. H., Dunlap, G., Hieneman, M., Lewis, T. J., Nelson, C. M., Scott, T., Liaupsin, C., Sailor, W., Turnbull, Q. P., Turnbull III, H. R., Wickham, D., Wiocox, B., & Ruef, M. (2000). Applying positive behavior support and functional behavioral assessment in schools. *Journal of Positive Behavior Interventions, 2*(3), 131-143.

Sugai, G., Sprague, J. R., Horner, R. H., & Walker, H. M. (2000). Preventing school violence: The use of office discipline referrals to assess and monitor school-wide discipline intervention. *Journal of Emotional and Behavior Disorders, 8*, 94-101.

Theoharis, G., Causton, J., & Tracy-Bronson, C. P. (2016). Inclusive reform as a response to high-stakes pressure? Leading toward inclusion in the age of accountability. *Teachers College Record, 118*(14), 1-30.

Todd, A. W., Campbell, A. L., Carter, D. R., & Dickey, C. R. (2009). The effect of a targeted intervention to reduce problem behaviors: Elementary school implementation of Check In-Check Out. *Journal of Positive Behavior Interventions, 10*(1), 46-55.

Trask, C. L., & Kosofsky, B. E. (2000). Developmental considerations of neurotoxic exposure. *Neurology Clinics*, *18*, 541-562.

Turnbull, A. P., Pereira, L., & Blue-Banning, M. (2000). Teachers as friendship facilitators. *TEACHING Exceptional Children, 32*(5), 66-70.

Turnbull, A. P., Turnbull, R., Erwin, E. J., Soodak, L. C., & Shogren, K. A. (2013). **장애아 가족지원: 가족 전문가 장애아 협력과 신뢰를 통한 긍정적 성과** [*Families professionals and exceptionality: Positive outcomes through partnerships and trust* (6th ed.)]. (이미숙, 노진아, 김연하, 김정민, 김태영, 한민경 공역). 서울: 학지사. (원저는 2011년에 출판).

Walker, H. M., Horner, R. H., Sugai, G., Bullis, M., Sprague, J. R., Bricker, D., & Kaufman, M. J. (1996). Integrated approaches to preventing antisocial behavior patterns among school-age children and youth. *Journal of Emotional and Behavior Disorders*, *4*(4), 194-209.

Walker, H. M., Ramsey, E., & Gresham, F. M. (2004). *Antisocial behavior in schools: Evidence-based practices* (2nd ed.). Pacific Grove, CA: Brooks/Cole.

Weinstein, C. S. (1979). The physical environment of the school: A review of research. *Review of Educational Research*, *49*(4), 577-610.

Werner, D. (2009). *Disabled village children: A guide for community health workers, rehabilitation workers, and families*. Berkeley, CA: The Hesperian Foundation.

Whaley, K. T., & Bennett, T. C. (1991). Promoting engagement in early childhood special education. *Teaching Exceptional Children*, *23*(4), 51-54.

Wikipedia[웹사이트] (2021. 3. 25.). URL: https://en.wikipedia.org/wiki/Normalization_(people_with_disabilities)

Winick, M. (1971). Cellular changes during placental and fetal growth. *American Journal of Obstetrics and Gynecology, 109*(1), 166-176.

Wu, Y. W., Croen, L. A., Shah, S. J., Newman, T. B., & Najjar, D. V. (2006). Cerebral palsy in a term population: Risk factors and neuroimaging findings. *Pediatrics, 118*, 690-697.

Vygotsky, L. (1980). *Becoming partners with children: From play to conversation*. San Antonio, TX: Special Press.

Zionts, T. J. (2005). Examining student-teacher relationships: A potential case for attachment theory. In K. Kerns & R. Richardson (Eds.), *Attachment theory in middle childhood* (pp. 231-254). London: Guilford.

찾아보기

인명

내용

저자 소개

양명희(Yang, Myounghee)

미국 University of Oregon에서 정서 · 행동장애아 교육을 전공(교육학 석사, 철학 박사)했고, 전주대학교와 광신대학교에서 근무했으며, 현재는 '우물가 배움터'에서 다음 세대를 세우기 위한 연구와 교육을 계속하고 있다.

장애유아 통합교육

Early Childhood Inclusive Education

2021년 9월 5일 1판 1쇄 인쇄
2021년 9월 10일 1판 1쇄 발행

지은이 • 양명희
펴낸이 • 김진환
펴낸곳 • ㈜ 학지사

04031 서울특별시 마포구 양화로 15길 20 마인드월드빌딩
대표전화 • 02-330-5114 팩스 • 02-324-2345
등록번호 • 제313-2006-000265호

홈페이지 • http://www.hakjisa.co.kr
페이스북 • https://www.facebook.com/hakjisabook

ISBN 978-89-997-2487-9 93370

정가 19,000원